자·막·없·이·혼·자·서·드·라·마·즐·기·기

빨강머리 앤

자막없이 보기

빨강머리 앤 **자막없이 보기**

초판 1쇄 인쇄 2010년 7월 20일
초판 1쇄 발행 2010년 7월 25일

원작 루시 모드 몽고메리
편저 이충훈, 황혜진
펴낸이 조치영
책임편집 홍성은
마케팅 손정선, 손지훈
경영지원 마하선
디자인 김송미
펴낸곳 스크린영어사

서울특별시 관악구 대학동 1514번지
TEL (02) 887-8416
FAX (02) 887-8591
http://www.screenplay.co.kr

등록일자 1997년 7월 9일
등록번호 제16-1495
ISBN 978-89-6415-049-8

자·막·없·이·혼·자·서·드·라·마·즐·기·기

빨강머리 앤

자막없이 보기

이충훈 · 황혜진 **편저**

스크린영어사
Screen English Publishing co.

이 책의 구성과 활용법

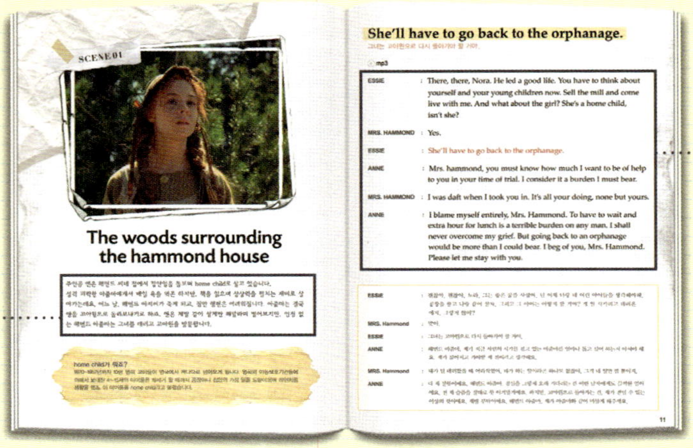

SCENE 주요 장면
생생한 mp3 원음을 들으며
Scene 주요 장면을 파악한다.

SCENE 소개
학습에 앞서 내용 이해에 도움이 되도록
해당 Scene의 줄거리를 미리 읽어본다.

Anne's Essential Expressions
현지인들이 가장 많이 사용하는
필수표현들만 모아서 정리했다.

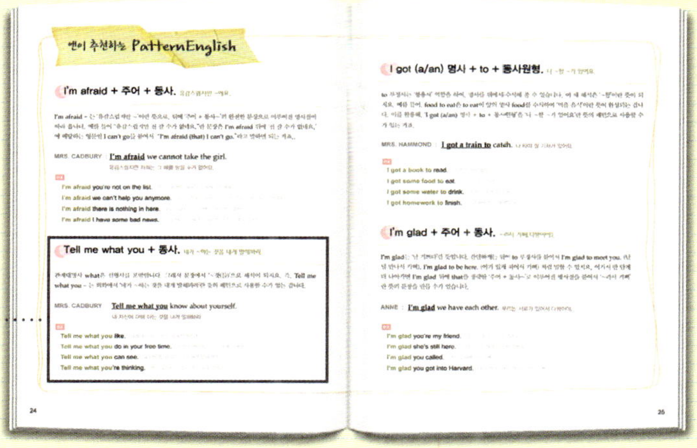

앤이 추천하는 Pattern English

단어만 바꿔 실생활에서 바로 써먹을 수 있는 유용한 패턴 잉글리시

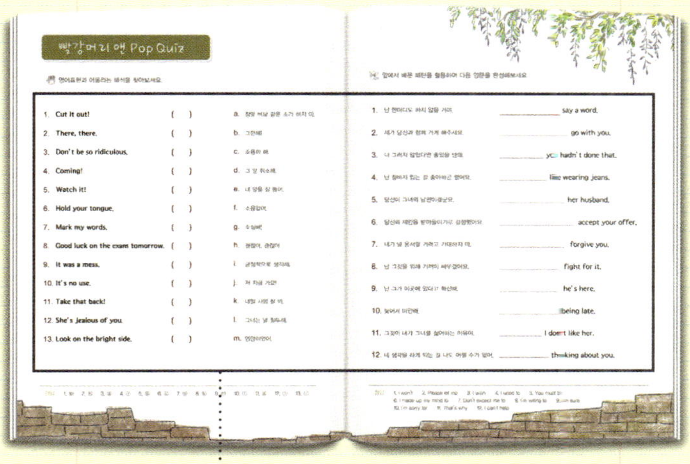

빨강머리 앤 Pop Quiz

파트 마지막마다 연습문제를 통해
그동안 익힌 내용을 점검한다.

CONTENTS

Part 1

Scene 1	The woods surrounding the Hammond house	10
Scene 2	The Fairview Orphanage	18
Scene 3	The Lynde House	26
Scene 4	Outside the house	34
Scene 5	The Cuthbert kitchen	42
Scene 6	Anne's room	50
Scene 7	The Sunday school picnic	58
Scene 8	The Schoolhouse 1	66
Scene 9	The Schoolhouse 2	74
Scene 10	The celebration at the Spurgeon farm	82
Scene 11	The Cutbert living room	90
POP QUIZ		98

Part 2

Scene 12	The schoolhouse	102
Scene 13	The Cuthbert kitchen	110
Scene 14	Lawson's Mercantile	118
Scene 15	The Barry pond 1	126
Scene 16	The Barry pond 2	134
Scene 17	Anne's bedroom	142
Scene 18	Bright River train station	150
Scene 19	Beach front	158
Scene 20	The Cuthbert porch	166
POP QUIZ		174

Part 3

Scene 21 Beach front 178
Scene 22 Outside the Avonlea post office 186
Scene 23 Cuthbert porch 194
Scene 24 Road, riding buggy home 202
Scene 25 Anne's room 210
Scene 26 Cutbert kitchen 218
Scene 27 Road at night 226
Scene 28 Back at reception 234
Scene 29 Kingsport train staition 242
Scene 30 Anne's classroom 250
Scene 31 Anne's room at college 258

POP QUIZ 266

Part 4

Scene 32 Miss Stacye's offcie 270
Scene 33 School auditorium 278
Scene 34 Emmeline's room 286
Scene 35 Maple hurst 294
Scene 36 Miss Brooke's office 302
Scene 37 Anne's classroom 1 310
Scene 38 Kingsport 318
Scene 39 Anne's classroom 2 326
Scene 40 Diana's house 334

POP QUIZ 342

We are nearly home.

Anne of Green Ga

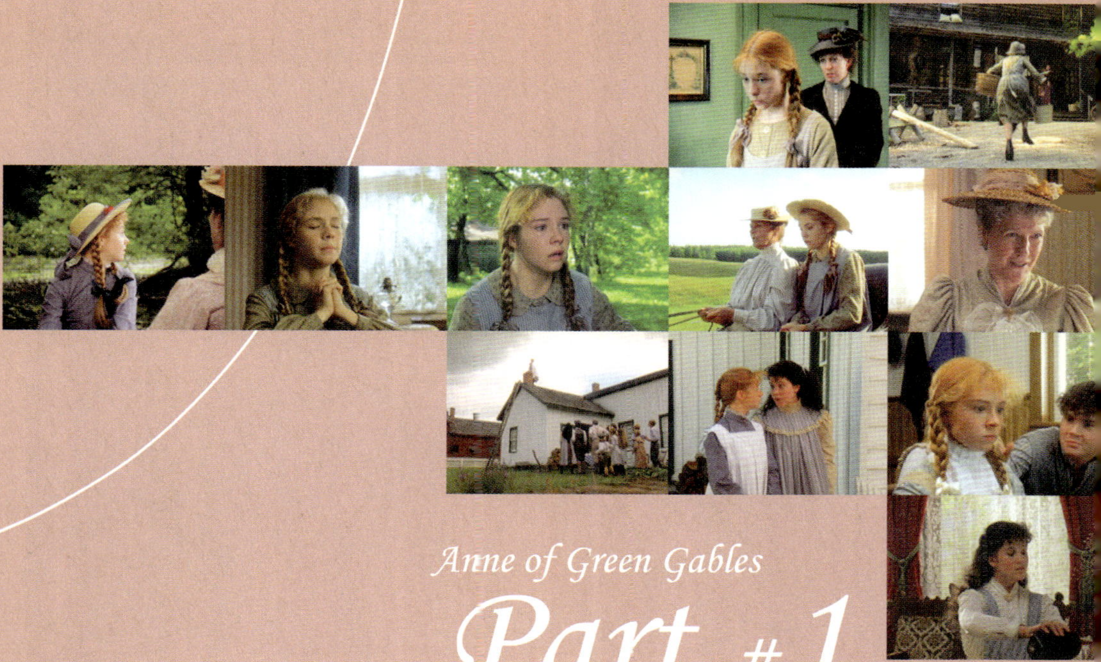

Anne of Green Gables

Part #1

SCENE 01

The woods surrounding the Hammond house

주인공 앤은 해먼드 씨네 집에서 집안일을 돌보며 home child로 살고 있습니다. 성격 괴팍한 아줌마에게서 매일 욕을 먹곤 하지만, 책을 읽으며 상상력을 펼치는 재미로 살아가는데요, 어느 날 해먼드 아저씨가 죽게 되고, 집안 형편은 어려워집니다. 아줌마는 결국 앤을 고아원으로 돌려보내기로 하죠. 앤은 제발 같이 살게만 해달라며 빌어보지만, 인정 없는 해먼드 아줌마는 그녀를 데리고 고아원을 방문합니다.

home child가 뭐죠?

1870–1957년까지 10만 명의 고아들이 영국에서 캐나다로 넘어오게 됩니다. 영국의 아동보호기관들에 의해서 보내진 4~15세의 아이들은 18세가 될 때까지 공장이나 집안의 가정일을 도맡아 하며 하인처럼 생활을 했죠. 이 아이들을 home child라고 불렀습니다.

She'll have to go back to the orphanage.

그녀는 고아원으로 다시 돌아가야 할 거야.

mp3

ESSIE	:	There, there, Nora. He led a good life. You have to think about yourself and your youngens now. Sell the mill and come and live with me. And what about the girl? She's a home child, isn't she?
MRS. HAMMOND	:	Yes.
ESSIE	:	She'll have to go back to the orphanage.
ANNE	:	Mrs. Hammond, you must know how much I want to be of help to you in your time of trial. I consider it a burden I must bear.
MRS. HAMMOND	:	I was daft when I took you in. It's all your doing, none but yours.
ANNE	:	I blame myself entirely, Mrs. Hammond. To have to wait and extra hour for lunch is a terrible burden on any man. I shall never overcome my grief. But going back to an orphanage would be more than I could bear. I beg of you, Mrs. Hammond. Please let me stay with you.

ESSIE	:	괜찮아, 괜찮아, 노라. 그는 좋은 삶을 사셨어. 넌 이제 너와 아이들을 생각해야해. 공장을 팔고 나랑 같이 살자. 그리고 그 아이는 어떻게 할 거야? 개 일 시키려고 데려온 애지, 그렇지 않아?
MRS. HAMMOND	:	맞아.
ESSIE	:	그녀는 고아원으로 다시 돌아가야 할 거다.
ANNE	:	해먼드 아줌마, 제가 지금 시련의 시기를 겪고 있는 아줌마를 얼마나 돕고 싶어 하는지 아셔야 해요. 제가 짊어지고 가야할 제 짐이라고 성각해요.
MRS. HAMMOND	:	내가 널 데려왔을 때 어리석었어. 네가 하는 일이라곤 하나도 없잖아. 그저 네 일만 할 뿐이지.
ANNE	:	다 제 잘못이에요, 해먼드 아줌마. 점심을 그렇게 오래 기다리는 건 어떤 남자에게도 끔찍한 일이에요. 전 제 슬픔을 절대로 못 이겨낼 거예요. 하지만, 고아원으로 돌아가는 건, 제가 견딜 수 있는 이상의 것이에요. 제발 부탁이에요, 해먼드 아줌마. 제가 아줌마와 같이 머물게 해주세요.

Anne's Essential Expressions

Coming! 저 지금 가요!

누군가가 나를 이리 오라며 불렀을 때, 우리는 "지금 가요."라는 말을 하곤 하죠. 이 말에 해당하는 것이 바로 "Coming!"입니다. 언뜻 생각하면 지금 간다고 하는 거니까 "Going!"이라고 해야할 것 같지만, 이 때는 Go가 아닌 Come이 쓰인답니다. 또한 앞에 I'm을 붙여서 "I'm coming!"이라고 할 수도 있습니다.

ANNE : **Coming!** Mrs. Hammond. 해먼드 씨, 저 지금 가요.

Dialogue

A : Dan! Where are you? Come here right now!

B : Okay, Jenny, I'm coming.

A : 댄! 어디 있는 거야? 지금 당장 이리로 와봐!

B : 알았어, 제니야. 지금 가.

Watch it! 조심해!

"Watch it!"은 말 그대로 그것을 보라는 거라고 생각하시면 됩니다. 즉, 앞에 뭔가 위험한 것이 있으니 그것을 보고 조심하라는 뜻이지요. 그래서 "조심해!"라는 뜻이 되며, it 대신에 out을 써서 "Watch out!"이라고 할 수도 있습니다. 비슷한 표현으로는, "Look out!", "Heads up!" 등이 있습니다.

MRS. HAMMOND : Oh, **watch it!** You, sloppy girl!
오, 조심해! 이 잘 흘리고 다니는 애야!

Dialogue

A : Hey, watch it!

B : Oh, thanks. That was close.

A : 야, 조심해!

B : 오, 고마워. 큰일 날 뻔했다.

What's the matter? (=What happened?) 무슨 일이야?

누군가가 안색이 안 좋다거나 화가 나 보인다거나 한다면, "무슨 일이야?"라며 상대에게 물을 수 있겠죠. 이 때 쓸 수 있는 표현이 "What's the matter?"입니다. 또한 비슷한 표현인 "What happened?"도 있는데요, 이건 무슨 일이냐고 묻는다기보다는 "어떻게 된 거야?"라는 뜻에 더 가깝습니다.

TOM : What's the matter? 무슨 일이야?

Dialogue

A : John, what's the matter? You look pale.

B : I don't know. I just feel dizzy.

A : 존, 무슨 일이야? 너 안색이 창백해.

B : 나도 모르겠어. 그냥 좀 어지러워.

Cut it out! 그만 좀 해!

"Cut it out!"은 상대방이 하는 행동이 마음에 안 들거나 잘못된 것일 경우, 그만 하라며 나무랄 때 쓰는 표현입니다. "그만 좀 해!", "그만 둬!" 등의 뜻으로 쓰이며, 비슷한 표현으로는, "Stop it!", "That's enough!", "Knock it off" 등이 있습니다.

TOM : Cut it out! 그만 좀 해!

Dialogue

A : You two! Cut it out! Go to your room.

B : Yes, mom. I'm sorry.

A : 너희 둘! 그만 좀 해! 너희들 방으로 가거라.

B : 네, 엄마. 죄송해요.

He's been in a temper. 그는 화가 나 있었어.

temper는 기분이나 성미, 성질을 뜻하죠. 그래서 기분이 좋고 나쁘고를 in a good temper / in a bad temper를 이용해 말하기도 하는데요. bad 없이 그냥 in a temper라고 해도 '기분이 나쁜, 화가 난' 이란 뜻이 됩니다. 여기서는 서술어가 has been 즉, 현재완료로 쓰였으니 계속해서 화가 나 있다는 것을 알 수 있죠.

TOM : **He's been in a temper** over lunch.
그가 점심 때 열을 좀 냈어.

Dialogue

A : What's wrong with him? He's been in a temper these days.

B : Give him some slack. He got divorced last week.

A : 쟤 왜 저래? 요즘 계속 화가 나 있잖아.
B : 좀 봐줘. 걔 지난주에 이혼했어.

There, there. 괜찮아. 괜찮아.

누군가 울고 있으면 가서 달래주기 마련이죠. 이 때 쓸 수 있는 표현이 바로 "There, there."입니다. 딱히 뜻이 있다기보다는 그냥 상대를 다독여주는 거라고 볼 수 있는데요, 굳이 해석하자면, "괜찮아." 정도가 되겠습니다. 하지만 어른들 사이에서는 잘 쓰이지 않고요, 주로 아이를 달랠 때 많이 쓰입니다.

ESSIE : **There, there,** Nora. 괜찮아, 괜찮아, 노라.

Dialogue

A : There, there. Oh, don't cry. Everything's gonna be okay.

B : No, it's not! I'm doomed!

A : 괜찮아, 괜찮아. 오, 울지 마. 모든 게 다 잘 될 거야.
B : 아뇨, 그렇지 않아요! 다 끝났다고요!

I blame myself. 전 제 자신을 탓하고 있어요.

blame은 '비난하다, ~의 탓으로 돌리다' 등의 뜻을 가진 단어입니다. 그리고 여기서는 재귀대명사인 myself와 같이 쓰였죠. 즉 blame oneself는 '~스스로를 비난하다, 탓하다'란 뜻이 됩니다. 반대로 상대에게 날 비난하지 말라고 이야기할 때는 Don't를 이용해서 "Don't blame me."라고 할 수 있습니다.

ANNE : **I blame myself** entirely, Mrs. Hammond.
해먼드 씨, 전 전적으로 제 자신을 탓하고 있어요.

Dialogue

A : I screwed up. I screwed up everything.

B : Don't blame yourself. It wasn't your fault.

A : 내가 망쳤어. 내가 다 망쳤다고.

B : 네 자신을 비난하지 마. 그건 네 잘못이 아니었어.

I'll take none of your cheek. 네 건방진 말은 듣지 않겠어.

cheek은 빰이나 볼을 의미하는 단어이지만, 구어로 '버릇없는 말이나 태도'를 뜻하기도 합니다. 즉 여기서는 "I'll take none of your cheek."이라고 했으므로 "네 버릇없는 말은 하나도 듣지 않겠다." 즉, "그런 소리는 하지 마."라는 뜻이 되죠. I'll take없이 그냥 "None of your cheek."이라고 말해도 "건방진 소리 하지 마."라는 뜻이 됩니다.

MR. HAMMOND : **I'll take none of your cheek**, Anne Shirley.
네 건방진 말은 듣지 않겠다, 앤 셜리.

Dialogue

A : I just wanted to help you.

B : None of your cheek!

A : 전 그냥 당신을 돕고 싶었어요.

B : 건방진 소리 하지 마!

앤이 추천하는 Pattern English

Will you + 동사원형? 너 ~할래?/~해 줄래?

Will은 미래를 나타내는 조동사이지만, 어떤 부탁을 할 때 쓰이기도 합니다. Could you나 Would you만큼 정중한 표현은 아니지만, 간단한 요청이나 부탁을 할 때 쓰이며, 조동사이니 뒤에는 동사 원형이 옵니다.

MRS. HAMMOND : **Will you** just take him and clean up?
넌 그냥 걔를 데려가서 좀 닦아줄래?

ex

Will you help me? 나를 도와줄래?

Will you marry me? 나랑 결혼해 줄래요?

Will you go there with me? 나와 함께 거기에 가 줄래요?

Will you hear me out? 내 말 좀 끝까지 들어볼래?

I won't + 동사원형. 나는 ~하지 않을 거야.

앞서 말한 will이 미래로 쓰일 때는 '~할 거야'라는 뜻을 나타내는데요, 보통 자신이 세운 계획이나 자신의 의지를 말할 때 쓰입니다. 이것의 부정형인 won't(=will not)는 반대로 '~하지 않을 거야'라는 뜻을 지니게 되죠.

ANNE : **I won't** do it again. 다시는 안 그럴게요.

ex

I won't wear that dress. 난 그 드레스 안 입을 거야.

I won't say a word. 난 한 마디도 하지 않을 거야.

I won't be back. 난 돌아오지 않을 거야.

I won't let you do that. 난 네가 그걸 하게 하지 않을 거야.

You have to + 동사원형. 너 ~해야 해.

have to는 should, must와 마찬가지로 '~해야 한다'라는 뜻을 지니고 있습니다. 하지만 should보다는 조금 강하고, must보다는 조금 약하다고 볼 수 있죠. 상대방에게 어떤 것을 강조하거나 명령식으로 전달할 때 쓸 수 있으며, have to 뒤에는 동사의 원형이 와야 합니다. 한 가지 알아두어야 할 것은 have to는 부정으로 바뀔 경우 뜻에 주의해야 한다는 것입니다. don't have to는 '~하지 말아야 한다'가 아니라 '~할 필요가 없다'는 뜻이 되니 잘 기억해두셔야 합니다.

ESSIE : **You have to** think about yourself and your youngens.
넌 네 자신과 애들을 생각해야 해.

ex

You have to do this right now. 너 지금 당장 이걸 해야 해.

You have to be there tonight. 너 오늘 밤에 거기에 있어야 해.

You have to wait for him. 넌 그를 기다려야 해.

You have to return this book. 너 이 책을 돌려줘야 해.

Please let me + 동사원형. 제가 ~하게 해주세요.

let은 '~하게 하다'라는 뜻의 사역동사로 'let + 목적어+ 동사원형'의 어순을 취합니다. 즉, 누군가가 무엇을 하게 해달라는 뜻으로 쓸 수 있죠. 여기에 please가 붙어 좀 더 부탁하는 느낌을 띠게 되었습니다. 상대방이 무언가 내 부탁을 들어주지 않을 경우, 'Please let me 동사원형'의 패턴을 사용해 말할 수 있습니다.

ANNE : **Please let me** stay with you. 제발 절 당신과 함께 있도록 해주세요.

ex

Please let me know. 제가 알게 해주세요. (제게 알려주세요.)

Please let me sleep now. 절 지금 자게 해주세요.

Please let me go with you. 제가 당신과 함께 가게 해주세요.

Please let me buy that house. 제가 그 집을 사게 해주세요.

SCENE 02

The Fairview Orphanage

앤을 데리고 온 해먼드 씨는 고아원에 무작정 그녀를 맡기고 떠나려합니다. 지금은 아이들이 많아서 받을 수 없다고 고아원 원장이 말해보지만, 그녀는 기차를 타야한다며 그냥 가버리죠. 그렇게 다시 앤은 고아원에 오게 되고, 6개월간 우울한 날들을 보냅니다. 하지만 어느 날, 원장이 앤에게 기쁜 소식을 전해주죠. Prince Edward Island에 아이를 원하는 두 집이 있는데, 그 중 한 집으로 앤을 보내겠다고 말합니다. 앤은 뛸 듯이 기뻐하며 감사하다고 말합니다.

Prince Edward Island는 어디?

캐나다 세인트로렌스만(灣) 남부에 있는 섬으로 이루어진 주(州)로 캐나다 연방 중 가장 작은 곳이라고 합니다.

I've decided that you will be one of them.

너를 그들(새로운 가족에게 가는 아이들) 중에 한 명으로 결정했다.

mp3

MRS. CADBURY : Anne Shirley, get undressed at once! Have you no respect for rules and regulations?

ANNE : I'm sorry Mrs. Cadbury, but I wasn't paying attention.

MRS. CADBURY : You haven't been paying attention for the past six months.

ANNE : Oh I know I'll improve. It's just that my life is a perfect graveyard of buried hopes now. That's a sentence I read once and I say it over to comfort myself in these times that try the soul.

MRS. CADBURY : We've had a request for two of our girls to live with families on Prince Edward Island. And I've decided that you will be one of them.

ANNE : Oh, thank you, Mrs. Cadbury. Thank you with all my heart!

MRS. CADBURY : 앤 셜리, 당장 옷을 갈아입어라. 넌 규칙과 규정은 중시하지 않는 거니?

ANNE : 죄송해요, 캐드버리 선생님. 제가 집중을 하고 있지 않았어요.

MRS. CADBURY : 넌 지난 6개월 동안 집중을 하지 않았어.

ANNE : 아, 제가 나아질 거란 걸 알아요. 그냥 제 삶이 이제 희망이 완전히 묻혀 버린 묘지와 같기 때문에 그래요. 전에 책에서 읽은 문장인데 자꾸 되뇌면 위안이 돼요.

MRS. CADBURY : 프린스 에드워드 섬에서 여자 아이 두 명을 입양하겠다는 가정이 있다. 너를 그 중 한 집으로 보내려고 해.

ANNE : 아, 감사해요. 캐드버리 선생님. 진심으로 감사드려요.

Anne's Essential Expressions

I sent a reply to your letter. 나 네 편지에 대한 답장을 보냈어.

편지에 대한 답장은 영어로 a reply letter 또는 간단히 a reply라고 합니다. 구체적으로 무엇에 대한 답장인지는 전치사 to를 뒤에 붙여서 a reply to A (A에 대한 답장) 형태로 만들어 주면 되지요. 즉, I sent a reply to your letter는 "나 너의 편지에 대한 답장을 보냈어."란 뜻이 되는 겁니다.

MRS. CADBURY : Mrs. Hammond, **I sent a reply to your letter** just this morning.
해먼드 씨, 전 오늘 아침에 막 당신의 편지에 답장을 보냈어요.

Dialogue

A : I sent a reply to your letter about a week ago.
B : Really? But I haven't got it yet.

A : 난 네 편지에 대한 담장을 약 1주일 전에 보냈어.
B : 정말? 하지만 난 아직 못 받았는데.

It really isn't worth telling. 그건 정말 말할 가치가 없어요.

worth는 뒤에 동명사를 수반하여 '~할 가치가 있는'이란 뜻으로 해석됩니다. 즉, worth telling은 '말할 가치가 있는', worth buying은 '살 가치가 있는', worth eating은 '먹을 가치가 있는'이란 뜻이 되는 거죠. 무언가 말하기조차 싫은 대상에 대해서는 It really isn't worth telling이라고 말해보세요.

ANNE : Well, **it really isn't worth telling**, Mrs. Cadbury.
음, 그건 정말 말할 가치가 없어요, 캐드버리 선생님.

Dialogue

A : Do you want to talk about it now?
B : No, I don't want to. It really isn't worth telling.

A : 지금 그것에 대해서 말하고 싶니?
B : 아니, 그러고 싶지 않아. 그건 정말 말할 가치가 없어.

Aren't they lovely names? 그것들은 멋진 이름이지 않나요?

'멋진, 훌륭한'이란 뜻의 형용사로 특히 영국 쪽 영어를 쓰는 원어민들이 즐겨 사용하는 어휘가 바로 lovely입니다. 대명사 they는 사람을 가리켜 '그들'이란 뜻도 있지만, 사물들을 가리킬 경우는 '그것들'이란 뜻도 되죠. 즉, Aren't they lovely names?는 "그것들은 멋진 이름이지 않나요?"라고 물어보는 질문이 됩니다.

ANNE : Aren't they lovely names? 그것들은 멋진 이름이지 않나요?

Dialogue

A : My dog's name is Ping, and my cat's name is Pong.
Aren't they lovely names?

B : Yeah, I think so.

A : 제 강아지 이름은 "핑"이고, 제 고양이 이름은 "퐁"이에요. 멋진 이름들이지 않나요?

B : 네, 그런 것 같네요.

I can promise that. 난 그건 약속할 수 있어요.

동사 promise는 '약속하다'란 뜻입니다. 약속을 하고자 하는 내용은 명사나 대명사 형태로 promise 뒤에 바로 위치시켜 주면 되지요. 예를 들어 '기부를 하는 걸 약속하다'란 말은 '기부'에 해당하는 명사 donation을 동사 뒤에 붙여서 promise a donation이라고 말하면 되는 거죠. 또는, 목적어로 사람을 위치시켜 '~에게 약속하다'란 뜻으로 말할 수도 있습니다.

ex) Can you promise me? (내게 약속해 줄 수 있어?)

MRS. HAMMOND : I can promise that. 난 그건 약속할 수 있어요.

Dialogue

A : Can you promise that you will come to the meeting?

B : Sure. I can promise that.

A : 회의에 올 것이라고 약속하실 수 있나요?

B : 물론이죠. 그건 약속할 수 있습니다.

Wait a minute! 잠깐 기다려요!

과거 유행하던 코미디 유행어 중에 "웨이리 미니~"가 있었습니다. 바로 Wait a minute!의 영어 발음과 비슷한 한국말을 사용한 유행어였지요. Wait a minute!은 상대방에게 "잠깐만!" "잠깐만 기다려요!"라는 뜻으로 사용하는 표현입니다. 이외에도 비슷한 표현들로 Hold on! / Wait a second! / Hang on! 등도 같이 외워두도록 하세요.

MRS. CADBURY : Mrs. Hammond, **wait a minute!**
해먼드 씨, 잠깐 기다려요!

Dialogue

A : Wait a minute. I'll be right back.

B : Okay. Be back quick.

A : 잠깐 기다려요. 저 금방 돌아올게요.

B : 알았어요. 빨리 돌아와요.

Thank you with all my heart! 진심으로 감사드려요.

상대방에 감사하다란 뜻으로 사용할 수 있는 영어표현에는 여러 가지가 있습니다. 그 중 가장 간단한 것이 "Thank you. / Thanks."죠. 이 뒤에 with all my heart를 붙이게 되면 말 그대로 '온 맘을 다해서 감사하다'란 뜻이 되는 거죠. 요즘 일상생활 회화에서는 잘 사용되지 않지만, 과거의 회화체 영어나 문어체 영어에서는 자주 찾아볼 수 있는 감사 표현 중 하나입니다.

ANNE : **Thank you with all my heart!** 진심으로 감사드려요.

Dialogue

A : You defended my honor. Thank you with all my heart.

B : Don't mention it.

A : 제 편을 들어주셨잖아요. 진심으로 감사드려요.

B : 별 말씀을요.

· defend one's honor : ~의 편을 들어주다

Get into your nightgown. 잠옷을 입거라.

get into는 '~로 들어가다'란 뜻입니다. 예를 들어, Get into the building이란 말은 '빌딩 안으로 들어가라.'란 뜻이 되지요. 반면, 이 표현은 '(옷을) 입다'란 뜻으로도 사용됩니다. 결국은 옷 안으로 사람의 몸이 들어가는 것이기 때문이죠. '(옷을) 입다'란 뜻에는 get into 외에 put on도 같이 외워두세요. ex) Put on your clothes.(옷 입어.)

MRS. CADBURY : Now, **get into your nightgown** and go to bed.
이제, 잠옷 입고 자도록 해라.

Dialogue

A : What time is it, mom?

B : It's half past nine. Get into your nightgown and go to bed.

A : 몇 시에요, 엄마?

B : 9시 반 이구나. 잠옷 입고 자도록 해라.

I prefer to sit here. 전 여기 앉아있는 게 더 좋아요.

동사 prefer는 '~을 선호하다'란 뜻입니다. prefer의 목적어로는 명사, to 부정사, 동명사 등이 모두 위치할 수 있지요. 본 문장의 경우 I prefer to sit here는 "나 여기에 앉는게 더 좋아요."란 뜻인데, to sit을 동명사 형태인 sitting으로 바꿔서 "I prefer sitting here."라고 해도 역시 옳은 문장이 됩니다.

ANNE : **I prefer to sit here.** 전 여기 앉아있는 게 더 좋아요.

Dialogue

A : Where would you like to sit, here or there?

B : I prefer to sit here.

A : 어디에 앉고 싶으세요, 이쪽이요 아니면 저쪽이요?

B : 전 여기 앉는 게 더 좋아요.

앤이 추천하는 Pattern English

I'm afraid + 주어 + 동사. 유감스럽지만 ~에요.

I'm afraid ~ 는 '유감스럽지만 ~'이란 뜻으로, 뒤에 '주어 + 동사~'의 완전한 문장으로 이루어진 명사절이 따라 옵니다. 예를 들어 "유감스럽지만 전 갈 수가 없네요."란 문장은 I'm afraid 뒤에 '전 갈 수가 없네요.'에 해당하는 영문인 I can't go를 붙여서 "I'm afraid (that) I can't go."라고 말하면 되는 거죠..

MRS. CADBURY : **I'm afraid** we cannot take the girl.
유감스럽지만 저희는 그 애를 받을 수가 없어요.

ex

I'm afraid you're not on the list. 유감스럽지만 귀하는 목록에 없으세요.

I'm afraid we can't help you anymore. 유감스럽지만 저희는 더 이상 댁을 도와드릴 수 없어요.

I'm afraid there is nothing in here. 유감스럽지만 이 안에는 아무것도 없어요.

I'm afraid I have some bad news. 유감스럽지만 제가 전해드릴 나쁜 소식이 있어요.

Tell me what you + 동사. 네가 ~하는 것을 내게 말해봐라.

관계대명사 what은 선행사를 포함합니다. 그래서 문장에서 '~것(들)'으로 해석이 되지요. 즉, Tell me what you ~ 는 회화에서 '네가 ~하는 것을 내게 말해봐라'란 뜻의 패턴으로 사용할 수가 있는 겁니다.

MRS. CADBURY : **Tell me what you** know about yourself.
네 자신에 대해 아는 것을 내게 말해봐라.

ex

Tell me what you like. 네가 좋아하는 것을 내게 말해봐라.

Tell me what you do in your free time. 여가시간에 하는 것을 내게 말해봐.

Tell me what you can see. 당신이 볼 수 있는 것을 내게 말해 봐요.

Tell me what you're thinking. 네가 생각하고 있는 것을 내게 말해봐라.

I got (a/an) 명사 + to + 동사원형. 나 ~할 ~가 있어요.

to 부정사는 '형용사' 역할을 하여, 명사를 뒤에서 수식해 줄 수 있습니다. 이 때 해석은 '~할'이란 뜻이 되지요. 예를 들어, food to eat은 to eat이 앞의 명사 food를 수식하여 '먹을 음식'이란 뜻이 완성되는 겁니다. 이를 활용해, 'I got (a/an) 명사 + to + 동사원형'을 '나 ~할 ~가 있어요'란 뜻의 패턴으로 사용할 수가 있는 거죠.

MRS. HAMMOND : <u>**I got a train to**</u> catch. 나 타야 할 기차가 있어요.

ex

I got a book to read. 나 읽을 책이 있어.

I got some food to eat. 나 먹을 음식이 있어.

I got some water to drink. 나 마실 물이 좀 있어.

I got homework to finish. 나 끝내야 할 숙제가 있어.

I'm glad + 주어 + 동사. ~라서 기뻐(다행이야).

I'm glad는 '난 기쁘다'란 뜻입니다. 간단하게는 뒤에 to 부정사를 붙여서 I'm glad to meet you.(난 널 만나서 기뻐), I'm glad to be here.(여기 있게 되어서 기뻐)처럼 말할 수 있지요. 여기서 한 단계 더 나아가면 I'm glad 뒤에 that을 생략한 '주어 + 동사~'로 이루어진 명사절을 붙여서 '~라서 기뻐'란 뜻의 문장을 만들 수가 있습니다.

ANNE : <u>**I'm glad**</u> we have each other. 우리는 서로가 있어서 다행이야.

ex

I'm glad you're my friend. 당신이 내 친구라서 기뻐요.

I'm glad she's still here. 그녀가 아직 여기 있어서 기뻐요.

I'm glad you called. 네가 전화해줘서 기뻐.

I'm glad you got into Harvard. 네가 하버드대학에 들어가서 기뻐.

SCENE 03

The Lynde House

일을 도와줄 남자아이를 기대했던 매튜는 여자아이가 기다리고 있는 것을 보고 놀라는 데요. 하지만 어쩔 수 없이 집으로 데려옵니다. 집으로 가는 동안 앤은 이 동네가 얼마나 아름답고 여기서 살게 된 자신이 얼마나 행복한지에 대해 쉬지 않고 이야기 하죠. 하지만 여자아이를 집으로 데려온 것을 본 마릴라는 도로 돌려보내라며 매튜에게 화를 냅니다. 일단 오늘은 늦었으니 오늘밤은 자고 내일 다른 곳으로 보내겠다고 말하는 것을 들은 앤은 속상해하고요. 과연 앤은 고아원으로 돌아가게 될까요?

You don't want me because I'm not a boy?

내가 남자아이가 아니라서 날 원하지 않는 거예요?

mp3

MARILLA : Matthew Cuthbert, who is that?

MATTHEW : It's a girl.

MARILLA : I can see that. Where's the boy?

MATTHEW : There weren't any. Just her. I figured we just couldn't leave her there no matter what the mistake was.

MARILLA : You figured! Well, this is a fine kettle of fish. This is what comes of sending word instead of going ourselves, Matthew.

ANNE : You don't want me? You don't want me because I'm not a boy?

MARILLA : 매튜 커스버트, 저 앤 누구예요?

MATTHEW : 여자 아이야.

MARILLA : 그건 나도 알겠어요. 남자 아이는 어디에 있어요?

MATTHEW : 남자 아이는 없었어. 저 애 뿐이었어. 실수가 무엇이었든지 간에 그 애를 그곳에 혼자 남겨둘 수는 없다고 생각했어요.

MARILLA : 그렇게 생각했다고요? 이거 난감하게 됐네요. 우리가 직접 가지 않고 말을 전달해서 이렇게 된 거예요, 메튜.

ANNE : 절 원하지 않으시는 건가요? 제가 남자가 아니기 때문에 절 원하지 않으시는 건가요?

Anne's Essential Expressions

He was in his suit. 그는 양복을 입고 있었어요.

suit은 '양복'을 의미합니다. 즉, in one's suit은 '양복을 입고 있는'이란 뜻이 되는 거죠. 참고로 관용표현 중에 in one's birthday suit이란 표현이 있습니다. 우리가 태어날 때는 알몸으로 태어나는 것처럼 본 표현은 '발가벗은'이란 뜻으로 사용이 되지요.
ex) He was in his birthday suit. (그는 발가벗고 있었어.)

RACHEL : He was in his suit. 그는 양복을 입고 있었어요.

Dialogue

A : What was Josh wearing at the party?

B : He was in his suit.
I mean, who wears a suit at the Halloween Party?

A : 조쉬는 파티에서 뭘 입고 있었니?
B : 그는 양복을 입고 있었어. 그러니까, 도대체 누가 할로윈 파티에 양복을 입냐고?

I was kind of worried about you. 나 조금 네 걱정을 했어.

be worried about은 '~을 걱정하다'란 뜻의 관용표현입니다. 즉, "I was worried about you."는 "나 네 걱정을 했었어."란 뜻이 되는 거죠. kind of는 '얼마쯤, 조금'이란 의미의 구어 표현인데요, 즉, "I was kind of worried about you."란 말은 "조금 네 걱정을 했어."란 뜻이 되는 거죠.

RACHEL : I was kind of worried about you. 나 조금 네 걱정을 했어.

Dialogue

A : Where were you? I was kind of worried about you.

B : You? Worried about me? I don't think so.

A : 너 어디에 있었니? 나 조금 네 걱정을 했어.
B : 너가? 내 걱정을 했다고? 그럴 것 같지 않은데.

Don't be so ridiculous. 정말 바보 같은 소리 하지 마!

상대방이 말도 안 되는 말이나 어리석은 말을 할 때 "바보 같은 소리 하지 마!" "엉뚱한 소리 하지 마!"란 의미로 사용할 수 있는 표현이 바로 "Don't be ridiculous."입니다. 형용사인 ridiculous(우스꽝스러운, 엉뚱한)를 강조해 주기 위해서 so를 앞에 붙여서 "Don't be so ridiculous."라고 말할 수 있답니다.

RACHEL : **Don't be so** utterly **ridiculous**, Thomas!
정말 그렇게 바보 같은 소리 하지 마요, 토마스!

Dialogue

A : Sir, I want to take a christmas vacation.
B : What? Don't be so utterly ridiculous! You know our company is going through a rough time.

A : 저, 크리스마스 휴가를 내고 싶습니다.
B : 뭐? 정말 그렇게 바보 같은 소리 하지 말게! 우리 회사가 힘든 시간을 겪고 있는 거 자네도 알지 않은가.

You can't be serious! 설마 진심은 아니시죠?

You can't be는 '너 ~ 일리가 없다'라는 강한 의심의 표현으로 사용됩니다. serious는 '진지한, 진심인'이란 뜻의 형용사이므로, 상대방에게 "You can't be serious."란 말은 "넌 진심일 리가 없어."란 뜻으로 좀 더 의역하면 "설마 진심은 아니시죠?"란 뜻의 표현이 되는 거죠.

RACHEL : **You can't be serious!** 설마 진심은 아니시죠?

Dialogue

A : I'm going to adopt the baby.
B : What? You can't be serious.

A : 나 그 아기를 입양할 거예요.
B : 뭐라고요? 설마 진심은 아니시죠?

There's been a big mistake. 큰 실수가 있었어요.

There is ~ 는 '~가 있다'라는 현재형이고, There has been ~은 '~가 있었다'라는 현재완료형입니다. 즉, 과거에 있었던 일이 현재에까지 그 영향을 미칠 때 사용할 수 있는 표현 방식이죠. 과거에 큰 실수가 있었고, 그것이 지금의 상황에도 영향을 미치고 있다는 뜻으로 "There's been a big mistake."라고 말할 수 있습니다.

MATTHEW : **There's been a big mistake.** 큰 실수가 있었어요.

Dialogue

A : There's been a big mistake.

B : What mistake? Tell me specifically.

A : 큰 실수가 있었어요.

B : 무슨 실수요? 구체적으로 말해 봐요

· specifically : 구체적으로

Am I talking too much? 제가 너무 말이 많나요?

talk too much는 '말을 너무 많이 하다'란 뜻이죠. "He's talking too much."라고 한다면 "그는 말이 너무 많아."란 뜻이 됩니다. 사람들과 대화를 할 때, 다들 조용히 있는데, 나만 신나게 떠들고 있다면 한 번쯤 "Am I talking too much?"(제가 너무 말이 많나요?)라고 물어볼 수 있겠죠?

ANNE : **Am I talking too much?** 제가 너무 말이 많나요?

Dialogue

A : Am I talking too much?

B : Yes, you are. I'd appreciate it if you just be quiet.

A : 제가 너무 말이 많나요?

B : 네, 그러시네요. 그냥 조용히 계셔주시면 감사하겠어요.

We're nearly home. 우리 거의 집에 다 왔어.

be home이란 표현은 '집에 왔다'란 뜻으로 사용됩니다. 예를 들어, 직장에서 퇴근한 남편이나 아빠가 집에 도착했을 때 "나 왔어"란 뜻으로 사용할 수 있는 영어표현이 바로 "I'm home."이죠. 마찬가지로 "We're home."은 "우리 집에 왔어."란 뜻이지만, '거의'란 뜻의 부사 nearly가 함께 쓰이면 "우리 거의 집에 다 왔어."란 뜻이 되는 거죠.

ANNE : We're nearly home. 우리 거의 집에 다 왔어.

Dialogue

A : We're nearly home.

B : Hurry up, dad. I gotta pee.

A : 우리 거의 집에 다 왔다.

B : 서둘러요, 아빠. 나 오줌 싸야 해요.

· gotta = have got to : ~해야만 하다 / pee : 오줌을 싸다

I'm overwhelmed. 저 감정이 북받쳤어요.

동사 overwhelm은 무언가를 '압도하다'란 뜻을 갖고 있습니다. 수동태 형태로 사람의 감정이 be overwhelmed되었다고 한다면 어떠한 감정이 날 압도한 상태, 즉 우리말로 '감정이 북받치다'라고 해석될 수 있겠습니다. 좀 더 구체적으로 어떤 감정으로 북받쳤는지를 얘기하고 싶을 때는 전치사 with를 써서 "I'm overwhelmed with joy."(저 기쁨의 감정으로 북받쳤어요.)라고 말할 수 있지요.

ANNE : I'm overwhelmed. 저 감정이 북받쳤어요.

Dialogue

A : I'm overwhelmed because you... you are so amazing.

B : Oh, stop it. You're blushing me.

A : 전 감정이 복받쳐요, 당신이..당신이 너무 놀랍기 때문이에요.

B : 오, 그만해요. 얼굴 빨개지잖아요.

· blush : ~을 붉히다, 얼굴이 빨개지다

앤이 추천하는 Pattern English

I wish + 주어 + had (not) + p.p. ~(안) 했다면 좋았을 텐데.

'I wish + 주어 + had (not) + p.p ~'의 패턴은 이미 벌어진 일의 반대 상황을 가정해서 말을 하는 표현 방식의 하나이지요. 예를 들어, 어떤 말을 한 상대에게, 그것에 대해 "네가 그 말을 안 했다면 좋았을 텐데."라고 한다면, "I wish you hadn't said that."이라고 말할 수 있는 거죠.

RACHEL : **I wish you'd consulted** me first. 당신이 나와 먼저 상의했으면 좋았을 텐데요.

ex

I wish you had come to me first. 너 내게 먼저 왔다면 좋았을 텐데.

I wish you had called me. 너 내게 전화했다면 좋았을 텐데.

I wish you had said something to us before. 너 우리에게 전에 뭔가 말을 했다면 좋았을 텐데.

I wish you hadn't done that. 너 그러지 않았다면 좋았을 텐데.

I used to + 동사원형. 난 ~하곤 했어요.

used to는 과거에는 했지만 지금은 더 이상 하지 않는 행동, 습관, 생각을 말할 때 사용합니다. 예를 들어, 과거에는 담배를 피웠지만, 이제는 끊어서 더 이상 피지 않는다면, used to를 사용해 "I used to smoke." 라고 말하면 되는 것이죠.

ANNE : **I used to imagine** I was living here. 제가 여기 사는 걸 상상해보곤 했어요.

ex

I used to play the violin. 난 바이올린을 연주하곤 했어요.

I used to think I can't dance. 난 내가 춤을 못 춘다고 생각하곤 했어요.

I used to like wearing jeans. 난 청바지 입는 걸 좋아하곤 했어요.

I used to get up early when I was young. 난 어렸을 때 일찍 일어나곤 했어요.

You don't know anything about + 명사.

넌 ~에 대해선 아는 게 하나도 없잖아.

동사는 '~다'로만 해석되는 게 아닙니다. 문맥에 따라서 '~잖아'라도 해석이 될 수 있지요. 즉, 'You don't know anything about ~'은 '넌 ~에 대해선 아는 게 하나도 없잖아'라고 자연스럽게 해석을 해줄 수 있는 겁니다. about은 전치사이기에 당연히 그 뒤는 명사, 동명사 등의 명사 상당어구가 위치해야 합니다.

RACHEL : Well, **you don't know anything about** raising children.
음, 당신은 아이를 기르는 것에 대해선 아는 게 하나도 없잖아요.

ex

You don't know anything about teaching. 넌 가르치는 것에 대해 아는 게 하나도 없잖아.

You don't know anything about computers. 넌 컴퓨터에 대해 아는 게 하나도 없잖아.

You don't know anything about my family. 넌 우리 가족에 대해 아는 게 하나도 없잖아.

You don't know anything about Korean history. 넌 한국 역사에 대해 아는 게 하나도 없잖아.

You must be + 형용사/명사. 너 ~임에 틀림없구나. 너 ~이겠구나.

조동사 must는 '~해야만 한다'는 강요, 의무의 뜻도 있지만, '~임에 틀림없다'는 확신의 의미로도 사용됩니다. 즉, 'You must be ~' 패턴은 '너 ~임에 틀림없구나' 혹은 '너 ~이겠구나'란 의미가 되는 거죠. 예를 들어, 친구의 아들이 시험에서 빵점을 받았다면 그 친구에게 "너 실망했겠구나."란 뜻으로 "You must be disappointed."라고 말할 수 있는 거죠.

MARILLA : **You must be** hungry. 너 배고프겠구나.

ex

You must be tired. 너 피곤하겠구나.

You must be thirsty. 너 목마르겠구나.

You must be her husband. 당신이 그녀의 남편이겠군요.

You must be Mr. James. 당신이 제임스 씨겠군요.

SCENE 04

Outside the house

앤을 다시 고아원으로 보내기 위해 마릴라는 앤을 데리고, 아이를 부탁했던 스펜서 씨 집으로 찾아갑니다. 스펜서 씨는 마침 여자아이를 원하는 사람이 있으니 그 집에 넘기면 되겠다고 하죠. 하지만 평소 마릴라가 좋아하지 않는 블루엣 씨가 아이를 원한다고 하자, 마릴라는 내키지 않는데요. 앤 또한 두 쌍둥이가 있는데다가 무섭게 쏘아대는 그녀를 보고는 그 집에 가느니 차라리 고아원으로 돌아가겠다고 합니다. 마릴라는 매튜와 다시 얘기를 해보겠다며 앤을 데리고 집으로 돌아오지만, 사실 마음은 이미 앤을 데리고 있기로 정한 것 같네요.

There seems to be some queer mistake.

이상한 실수가 있는 것 같네요.

mp3

MARILLA : There seems to be some queer mistake, Sarah.
We told Roberta for you to get us a boy.

MRS. SPENCER : Oh Marilla! You don't say!
Well, Roberta distinctly said that you wanted a girl.

MARILLA : I knew I should have gone myself.

MRS. SPENCER : I am dreadfully sorry, Marilla.

MARILLA : I suppose the asylum will take the child back?

MRS. SPENCER : Well as a matter of fact, Mrs. Blewett was up here yesterday asking me if I could get her a little girl.
She has such a large family, you know, ten children and another one on the way. She's simply beside herself for help.

MARILLA : 몇 가지 이상한 실수가 있는 것 같아요, 사라.
로베르타에게 남자 아이를 찾아 달라고 말했거든요.

MRS. SPENCER : 아, 마릴라! 설마요. 음, 로베르타는 분명히 당신이 여자아이를 원한다고 말했어요.

MARILLA : 제가 직접 갔어야 했는데 말이죠.

MRS. SPENCER : 정말로 죄송합니다, 마릴라.

MARILLA : 아동보호소에서 아이를 다시 데리고 가겠죠?

MRS. SPENCER : 음, 사실 블루엣 씨가 어제 여기 와서 그녀에게 꼬마 여자아이를 찾아줄 수 있냐고 물으셨어요.
아시다시피 그분은 가족이 많잖아요. 10명의 아이들이 있고, 한 명이 더 태어날 예정이죠.
그녀는 제정신이 아니예요. 정말 도움이 필요하죠.

Anne's Essential Expressions

What do you mean? 무슨 소리를 하는 거야?

상대방이 하는 말을 잘 이해하지 못할 때, 원어민들이 "무슨 소리를 하는 거야?"란 뜻으로 사용하는 표현이 "What do you mean?"입니다. 동사 mean이 '뜻하다'란 의미가 있기에, 말 그대로 네가 뜻하고자 하는 것이 무엇이냐고 묻고 있는 거죠. 물론 "What are you talking about?"이라고 물어도 됩니다.

MARILLA : **What do you mean?** 무슨 소리를 하는 거야?

Dialogue

A : I wouldn't be so sure about that.

B : What do you mean?

A : 난 그것에 대해 그렇게 확신하지 않겠어.

B : 무슨 소리를 하는 거야?

Hold your tongue. 조용히 해.

상대방에게 "조용히 해!, 잠자코 있어, 입 닥쳐!"란 의미로 쓸 수 있는 영어표현으로 "Hold your tongue."이 있습니다. 비유적으로 혀를 깨물어서 하고 싶은 말을 참으라는 의미를 갖고 있는 거죠.

MARILLA : **Hold your tongue** and don't criticize your elders.
조용히 해. 나이드신 분들을 비방하지 말거라.

Dialogue

A : I don't like Mr. Kim. He is just full of it.

B : Hold your tongue. Don't talk about him that way.

A : 전 미스터 김을 좋아하지 않아요. 그는 허풍뿐이라고요.

B : 조용히 해. 그에 대해서 그런 식으로 이야기 하지 말거라.

· full of it : 허풍으로 가득 찬

She has such a large family. 그녀는 정말 식구가 많아요.

'식구가 많이 있다' 혹은 '대가족이다'라는 표현은 have 동사를 사용해서 have a large family 혹은 have a big family라고 합니다. 반대로, '식구가 적다' 혹은 '소가족이다'란 말은 have a small family라고 말하면 되지요. such는 명사 앞에서 'such + (a/an) + 명사'의 형태로 붙어서 '정말~한'이란 강조의 뜻을 만듭니다.

MRS. SPENCER : **She has such a large family**, you know.
아시다 시피, 그녀는 정말 식구가 많아요.

Dialogue

A : Mike has such a large family.

B : Really? How many kids does he have?

A : 마이크는 정말 식구가 많아요.
B : 정말요? 그는 아이가 몇이나 되나요?

I am dreadfully sorry. 정말로 죄송해요, 마릴라 씨.

부사 dreadfully는 '몹시, 아주 지독하게'란 뜻을 갖고 있습니다. 즉, "I'm sorry."는 "미안해"란 뜻이지만 "I am dreadfully sorry."는 "정말 엄청나게 미안해."란 뜻의 표현인 거죠. 이처럼 정말로 미안한 감정이 크다는 것을 나타낼 때에 dreadfully 대신 awfully를 써서 "I'm awfully sorry."라고도 말할 수 있습니다.

MRS. SPENCER : **I am dreadfully sorry**, Marilla. 정말로 죄송해요, 마릴라.

Dialogue

A : I'm dreadfully sorry. I promise it won't happen again.

B : Apology accepted.

A : 정말로 죄송해요. 다시는 그런 일 없을 거라고 약속드립니다.
B : 사과를 받아들이죠.

· Apology accepted. : 사과를 받아들이죠.

Hurry up! 서둘러!

상대방에게 "서둘러."란 의미로 쓸 수 있는 영어표현이 바로 "Hurry up!"입니다. up을 생략하고 간단히 "Hurry!"라고만 말해도 되지요. 접속사 or를 뒤에 붙여서 Hurry up or you'll ~ (서두르지 않으면 너 ~ 할 거야)란 문장 패턴으로도 회화에서 자주 사용되곤 합니다.
ex) Hurry up or you'll be late. (서두르지 않으면 너 늦을 거야.)

MARILLA : **Hurry up**, child! 서둘러라, 얘야!

Dialogue

A : Hurry up! I'm hungry. Let's go.

B : Okay. I'm almost done.

A : 서둘러! 나 배고파. 가자!
B : 알았어. 거의 다 됐어.

· be almost done : 거의 다 됐다

You'll say your prayers. 넌 기도를 하게 될 거야.

prayer는 명사로 '기도하는 사람'이란 뜻과, 그냥 '기도'란 뜻을 가지고 있습니다. '기도드리다'란 표현은 동사 say를 사용해서 say one's prayers라고 하지요. 참고로 식사를 하기 전 혹은 한 후에 드리는 감사기도는 명사 grace(은총, 자비)를 사용해서 say grace라고 합니다.
ex) We don't eat until we say grace. (우린 기도를 하기 전까지는 식사를 하지 않습니다.)

MARILLA : While you're under my roof, **you'll say your prayers.**
네가 우리 집에서 지내는 동안은 넌 기도를 하게 될 거다.

Dialogue

A : Say your prayers before you go to bed.

B : Why should I? I'm not even a Christian.

A : 자러 가기 전에 기도를 하거라.
B : 왜 그래야 하죠? 전 기독교인도 아닌 걸요.

I'll do my best. 최선을 다할게요.

do one's best는 '최선을 다하다'란 뜻을 가진 숙어표현입니다. 주어진 일에 대해서 최선을 다하겠다고 할 때 "I'll do my best"라고 말할 수 있는 거죠. 경기나 시험 등을 앞둔 사람에게는 "Do your best!"(최선을 다해!)라고 말하면 됩니다.

Anne : **I'll do my best.** 최선을 다할게요.

Dialogue

A : I'll do my best. I need at least two hours.

B : Two hours? I don't know if we even have an hour.

A : 최선을 다할게요. 최소한 두 시간은 필요합니다.

B : 두 시간요? 우리에게 한 시간 조차 있을지 모르겠네요.

Did I do alright? 제가 맞게 했나요?

do alright은 do good과 같은 뜻입니다. 즉, '잘하다, 괜찮게 하다'란 뜻이 되는 거죠. 뉘앙스 상 do good보다는 그 만족도가 다소 낮지만, 틀리지 않게 적절히 일을 처리했음을 나타내는 표현입니다. 그러므로 자신이 정확히 일을 처리했는지 알고 싶다면 상대방에게 "Did I do alright?"이라고 물어볼 수 있겠죠?

ANNE : **Did I do alright?** 제가 맞게 했나요?.

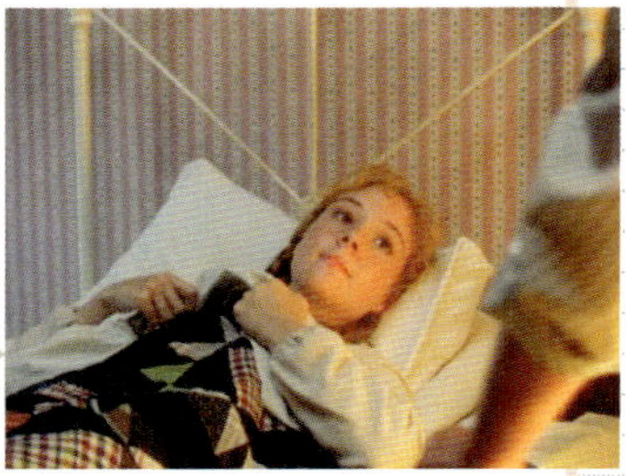

Dialogue

A : Did I do alright?

B : Yeah, you did a fine job.

A : 제가 맞게 했나요?

B : 네, 잘 하셨어요.

· do a fine job : 잘 해내다

앤이 추천하는 Pattern English

I want you to + 동사원형. 난 네가 ~했으면 해.

동사 want는 'want + 목적어 + 목적보어'의 어순을 가진 5형식 문장을 만들 수 있습니다. 이 때 목적보어는 to 부정사가 들어가야 하며 해석은 '목적어가 목적보어 하길 원하다'가 됩니다. 이를 활용한 패턴이 바로 'I want you to ~' 이죠. 우리말 해석은 '난 네가 ~ 했으면 해'가 됩니다.

MRS. BLEWETT : **I want you to** act smart and be respectful.
난 네가 똑똑하게 행동하고 예의 있게 굴었으면 해.

ex

I want you to wash the dishes. 난 네가 설거지를 했으면 한다.

I want you to be our leader. 난 네가 우리의 리더가 됐으면 해.

I want you to meet my daughter. 난 네가 내 딸을 만났으면 해.

I want you to listen to me very closely. 난 네가 내 말을 자세히 들었으면 해.

I'll take + 사람 + (to) 장소. 내가 ~를 ~로 데려갈게.

'take + 사람 + (to) 장소'는 '~를 ~로 데려가다'란 뜻이 됩니다. 동사 take가 한 지점에서 다른 지점으로 이동시키는 이미지를 갖고 있기 때문이죠. 이를 활용 한 패턴이 바로 'I'll take + 사람 + (to) 장소'로 '내가 ~를 ~로 데려갈게'란 뜻이 되는 거죠.

MARILLA : **I'll just take her** home again and talk to him.
그냥 그녀를 집으로 다시 데려가서 그와 얘기해 볼게요.

ex

I'll take you to my place. 내가 널 우리 집으로 데려갈게.

I'll take him to his office. 내가 그를 그의 사무실로 데려갈게.

I'll take her to the prom. 내가 그녀를 프롬에 데려갈게. (· prom 고등학생 졸업식 댄스파티)

I'll take you to the airport myself. 내가 직접 너를 공항에 데려갈게.

You're + 형용사 + enough to + 동사원형.

넌 ~할 만큼 충분히 ~해.

'형용사 + enough to + 동사원형'은 '~할 만큼 충분히 …한'이란 뜻을 만들어 냅니다. 예를 들어, old enough to go는 '갈 만큼 충분히 나이가 든', fast enough to be a runner는 '달리기선수가 될 만큼 충분히 빠른'이란 뜻이 되는 거죠. 이를 활용한 패턴이 바로 'You're + 형용사 + enough to + 동사원형~'입니다. 상대방에게 '넌 ~ 할 만큼 충분히 ~하다'라는 것을 말해주는 패턴이죠.

MARILLA : Well… I think **you're old enough to** think of your own prayer.
음, 네가 스스로 기도를 생각할 만큼 나이가 먹은 것 같은데.

ex

You're tall enough to play basketball. 넌 농구를 할 만큼 충분히 키가 커.

You're smart enough to understand his lecture. 넌 그의 강의를 이해할 만큼 충분히 똑똑해.

You're sexy enough to seduce the man. 넌 그 남자를 유혹할 만큼 충분히 섹시해.

You're bad enough to commit a crime. 넌 범죄를 저지를 만큼 충분히 악해.

I should have + p.p(과거완료). 난 ~했어야 했어.

'I should + 동사원형~'은 '난 ~해야 해'라는 뜻의 패턴입니다. 이 때 '동사원형' 대신에 현재완료형인 'have + p.p.'가 들어가면 과거에 하지 못했던 행동, 생각을 두고, 그것을 '했어야 했어'라는 뜻의 후회의 가정표현이 됩니다. 즉, 'I should have + p.p.'는 '난 ~했어야 했어'라고 후회의 뜻을 가진 회화패턴이 되는 것이죠.

ANNE : **I should have said** Amen instead of yours respectfully.
'올림'이라고 말하는 대신에 '아멘'이라고 말했어야 했어.

ex

I should have slept early last night. 어젯밤에 일찍 잤어야 했어.

I should have stayed home yesterday. 난 어제 집에 있었어야 했어.

I should have studied English harder. 난 영어 공부를 더 열심히 했어야 했어.

I should have sent you a letter. 너에게 편지를 보냈어야 했어.

SCENE 05

The Cuthbert kitchen

앤은 마릴라가 자신을 다시 고아원으로 보내지 않을까 마음 졸이는데요. 마릴라는 아직 결정하지 않았다며 일단 얼마간 두고 본 후에 이야기하자고 합니다.

그 날 아침, 말을 가려하지 않기로 소문난 이웃인 레이첼이 찾아오는데요. 앤을 보고는 비쩍 마른데다가 머리가 당근처럼 빨갛다고 말하죠. 머리색이 콤플렉스인 앤은 이 말을 듣고 흥분하며 레이첼에게 쏘아붙이고는, 울면서 뛰쳐나가죠.

쫓아나간 마릴라는 레이첼이 심하긴 했지만 어른이니 그러면 안 되니, 가서 사과하라고 앤을 타이르지만, 그녀는 그런 말을 듣고 절대 사과할 수 없다며, 사과하느니 차라리 고아원으로 돌아가겠다고 하네요.

매튜는 마릴라 몰래 앤의 방에 들어가, 앤을 다시 타이르며 꼭 진심으로 사과할 필요는 없으니 그냥 사과하는 척만 하고 함께 잘 지내자고 합니다. 매튜가 자신이 함께 있어주기를 바란다는 것을 느낀 앤은 고마운 마음에 그러겠다고 합니다.

Her hair is as red as carrots.

그녀 머리색이 당근처럼 빨갛네.

mp3

MARILLA	:	This is a friend and neighbour of mine, Mrs. Rachel Lynde. Anne Shirley.
ANNE	:	How do you do, Mrs. Lynde?
RACHEL	:	Well, her looks are certainly nothing to consider. I mean, she's terribly skinny and homely, Marilla. Come over here, child. Lawful heart, her hair is as red as carrots.
ANNE	:	How dare you say I'm skinny and… Carrots! You're a rude, impolite, unfeeling woman and I hate you!
MARILLA	:	Anne Shirley!
ANNE	:	How would you like to have nasty things said about you! How would you like to be told that you're fat and ugly and a sour old gossip!

MARILLA	:	앤 셜리, 이 분은 나의 친구이자 이웃이신 레이첼 린드 씨란다.
ANNE	:	처음 뵙겠습니다. 린드 씨.
RACHEL	:	음, 얘의 외모는 고려해 볼 것도 없겠는 걸요. 제 말은, 흉측할 정도로 말랐고 못 생겼네요, 마릴라. 이리로 와 보거라, 얘야. 이런, 머리색은 당근만큼이나 빨갛잖아요.
ANNE	:	어떻게 감히 제가 삐쩍 말랐고, 당근 같다고 말하실 수 있죠? 당신은 무례하고, 예의없고, 감정이 없는 여자군요. 전 당신이 싫어요!
MARILLA	:	앤 셜리!
ANNE	:	남들이 아줌마에 대해 불쾌한 말들을 하면 기분이 어떠시겠어요? 남들이 아줌마를 뚱뚱하고 못 생기고 수다쟁이 늙은이라고 하면 어떠시겠어요?

Anne's Essential Expressions

Her hair is as red as carrots. 그녀의 머리카락은 당근만큼이나 빨개요.

'as + 형용사/부사의 원급 + as'는 두 대상을 비교할 때 이거나 그거나 그게 그거다, 즉 둘의 비교되는 성질이 비슷비슷하다는 뜻을 나타내기 위해 사용되는 원급비교 형태입니다. 예를 들어, Tom과 Jane이 서로 키가 비슷하다면 "Tom is as tall as Jane."이라고 말하면 되는 거죠.

RACHEL : **Her hair is as red as carrots.**
그녀의 머리카락은 당근만큼이나 빨개요.

Dialogue

A : Her hair is as red as carrots.
B : That's strange. I thought she was blonde.

A : 그녀의 머리카락은 당근만큼이나 빨개요.
B : 그거 이상하네요. 전 그녀가 금발이라고 생각했어요.

Mark my words. 내 말을 잘 들어.

"Mark my words."는 상대방에게 자신이 하는 말을 잘 들으라는 의미로 사용할 수 있는 말입니다. 동사 mark는 '표식을 하다'란 뜻이 있는데, 즉, 이 표현은 선생님들이 학생들에게 무언가 중요한 내용이 나왔을 때, 잘 듣고 꼭 기억해 두란 의미로 '밑줄 쫙~~~'이라고 말하는 것과 거의 유사한 의미를 가진 말이라고 할 수 있겠습니다.

RACHEL : **Mark my words**, Marilla. 내 말을 잘 들어, 마릴라.

Dialogue

A : Mark my words. You're never going to see her again.
B : What makes you so sure about that?

A : 내 말 잘 들어. 넌 다시는 그녀를 보지 못하게 될 거야.
B : 어째서 그것에 대해 그렇게 자신하는 거지?

Here comes Rachel Lynde. 레이첼 린드가 오는 구나!

'Here comes + 주어'는 원래 '주어 comes here'에서 주어를 뒤로 빼고 Here를 문두로 도치시켜 만든 문장입니다. 즉, '~가 (여기로) 온다'란 뜻으로 해석이 될 수 있지요. "Here comes the bus."는 "버스가 온다.", Here comes the train은 "기차가 온다."란 뜻의 문장이 되는 거죠.

MARILLA : Oh, Good Lord! **Here comes Rachel Lynde.**

아, 세상에나! 레이첼 린드가 오는 구나!

Dialogue

A : Here comes the train!

B : Oh, finally. They never come on time.

A : 기차가 온다!

B : 아, 드디어 오는구나. 제 시간에 절대로 안 온다니까.

· on time : 제시간에, 정각에

We're still considering on it. 저희는 아직도 심사숙고 중이에요.

동사 consider는 무언가를 '고려하다, 심사숙고하다'란 뜻입니다. 단순히 가볍게 생각해보는 것이 아니라, 무언가의 타당성을 시간을 두고 깊이 생각해 보는 것이지요. 무언가를 두고 계속 고려중이라면 "I'm still considering on it."이라고 말하시면 됩니다.

MARILLA : Well, **we're still considering on it.**

음, 저희는 아직도 심사숙고 중이에요.

Dialogue

A : Have you guys made up your mind?

B : No, we're still considering on it.

A : 너희들 결정했니?

B : 아뇨, 저희 아직도 심사숙고 중이에요.

· make up one's mind : 결심하다, 결정하다

I can't bear it any longer. 전 더 이상은 못 참겠어요.

bear는 동사로 '참다, 견디다'란 뜻이 있습니다. 회화에서 "참을 수가 없어요."라고 말할 때는 목적어 it을 뒤에 붙여서 "I can't bear it."이라고 말하지요. any longer는 '이 이상은'이란 표현으로 "I can't bear it any longer."는 "더 이상은 못 참겠다."란 뜻이 됩니다. bear보다 구어체에서 더 많이 쓰이는 '참다'란 뜻을 가진 표현은 put up with입니다. ex) I can't put up with him.(전 그를 참을 수가 없어요.)

ANNE : I just **can't bear it any longer.** 전 그냥 더 이상은 못 참겠어요.

Dialogue

A : That's it. I've had enough. I can't bear it any longer.

B : Calm down and take a deep breath before you blow up.

A : 됐어. 질려버렸어. 더 이상은 못 참겠다고.

B : 진정하고 화내기 전에 크게 숨을 들이 마셔봐.

· take a breath : 숨을 쉬다 / blow up : (화가) 폭발하다

Couldn't you just kind of smooth it over?

그냥 좀 이 일을 원만히 수습하면 안 되겠니?

smooth over는 틀어진 상황이나 사태를 큰 문제를 일으키지 않고 '원만히 수습하다'란 뜻이 있습니다. smooth가 동사로 '매끄럽게 하다'란 뜻이 있기 때문이죠. 여기서는 자신과 싸운 여인에게 사과를 하지 않겠다고 버티는 앤에게 매튜 아저씨가 와서 그냥 원만히 해결하면 안 되는지를 묻기 위해서 "Couldn't you just kind of smooth it over?"라고 하죠.

MATTHEW : **Couldn't you just kind of smooth it over?**
그냥 좀 이 일을 원만히 수습하면 안 되겠니?

Dialogue

A : I know you're very angry with your father.
But couldn't you just kind of smooth it over?

B : I'll try, but I can't promise.

A : 네가 아빠에게 화가 난 것 알아. 하지만 그냥 좀 이 일을 원만히 수습하면 안 되겠니?

B : 노력하겠지만 장담은 못 드려요.

You were too hard on her. 너 그녀에게 너무 심했어.

누군가에게 너무 엄격하게 심하게 대하는 것을 두고 be hard on이란 표현을 사용합니다. 전치사 on 뒤에 심하게 대하는 대상을 언급해 주면 되지요. 그러므로 "You were too hard on her."는 "너 그녀에게 너무 심했어."란 뜻의 문장이 됩니다. 누군가가 스스로에게 굉장히 엄격하게 대하는 사람이 있다면 "He[She] is too hard on himself[herself]."라고 말할 수 있겠죠?

MARILLA : You were too hard on her, Rachel! 너 그녀에게 너무 심했어, 레이첼!

Dialogue

A : Do you think I was too hard oh him?

B : No, you've gotta hang tough. It's for his own good.

A : 내가 그에게 너무 심했다고 생각해요?

B : 아뇨, 결심을 바꾸지 마세요. 다 그를 위해서잖아요.

· have gotta : ~해야만 하다 / hang tough : 결심을 바꾸지 않다, 강하게 나가다

She deserves an apology. 그녀는 사과를 받을 자격이 있어.

동사 deserve는 '~할 만하다' 혹은 '~을 받을 자격이 있다'는 뜻입니다. 어떤 상황에 대해서 "난 그럴 만한 자격이 있어." "난 그럴 만해."라고 말할 때 "I deserve it."이라고 하면 되지요. apology는 '사과, 사죄'란 뜻의 명사 이므로 deserve an apology는 '사과를 받을 자격이 있다'란 뜻이 됩니다.

MARILLA : She deserves an apology. 그녀는 사과를 받을 자격이 있어.

Dialogue

A : You can't treat her like that. She is much older than you. She deserves an apology.

B : I'm not going to apologize to her. Over my dead body.

A : 너 그녀를 그렇게 대하면 안 돼. 그녀는 너보다 훨씬 나이가 많잖아. 그녀는 사과를 받을 자격이 있어.

B : 그녀에게 전 사과하지 않을 거예요. 내 눈에 흙이 들어가기 전에는 절대 안 돼요.

앤이 추천하는 Pattern English

I made up my mind to + 동사원형. 나 ~하기로 결정했어(결심했어).

무언가를 하기로 결정[결심]했을 때 사용할 수 있는 패턴이 바로 I made up my mind to ~입니다. 결심한 내용을 to 뒤에 붙여서 말해 주면 되지요. make up one's mind는 '결정하다, 결심하다'란 뜻인데, 같은 뜻을 가진 동사 decide를 대신 사용해서 I decided to ~라고 말해도 역시 같은 의미의 회화 패턴이 됩니다.

ANNE : **I made up my mind to** be patient. 나 인내심을 갖기고 결심했어요.

ex

I made up my mind to quit my job. 난 일을 그만두기로 결심했어요.

I made up my mind to go to Yale. 난 예일대에 가기로 결정했어요.

I made up my mind to accept your offer. 당신의 제안을 받아들이기로 결정했어요.

I made up my mind to be a doctor. 난 의사가 되기로 결심했어요.

Don't expect me to + 동사원형. 내가 ~할 거라고 기대하지 마.

상대방이 내가 무엇을 할 것이라고 기대하고 있다면 'Don't expect me to ~' 패턴을 사용해서 그 기대를 깨줄 수 있습니다. expect는 '기대하다, 고대하다'란 뜻인데, 'expect + 목적어 + to 부정사'의 어순으로 말해야 합니다. 이 때 해석은 '목적어가 ~ 하기를 기대하다'가 되지요.

RACHEL : **Don't expect me to** visit here again. 내가 여길 다시 방문할 거라고 기대하지 마.

ex

Don't expect me to help your sister. 내가 네 여동생을 도와줄 거라 기대하지 마.

Don't expect me to root for you. 내가 널 응원할 거라고 기대하지 마.

Don't expect me to forgive you. 내가 널 용서할 거라고 기대하지 마.

Don't expect me to forget what you did to me. 네가 내게 한 짓을 내가 잊을 거라고 기대하지 마.

I'm willing to + 동사원형. 나 기꺼이 ~할 용의가 있어.

어떤 일에 대해서 자신이 기꺼이 그것을 하겠다는 '의향'을 표현할 때 사용할 수 있는 패턴이 바로 I'm willing to ~입니다. be willing to는 '기꺼이 ~ 하다'란 뜻을 가지고 있기 때문이죠. be 동사로 이루어진 표현이므로 상대방에게 '너 ~할 용의 있니?'라고 물을 때는 'Are you willing to ~?' 패턴을 사용해서 물으시면 됩니다.

ANNE : **I'm willing to** go. 저 기꺼이 갈게요.

ex

I'm willing to forgive him. 난 그를 기꺼이 용서할 거예요.

I'm willing to fight for it. 난 그것을 위해서 기꺼이 싸우겠더요.

I'm willing to take the risk. 난 기꺼이 위험을 감수하겠어요.

I'm willing to sell my house to save him. 난 그를 살리기 위해 내 집을 기꺼이 팔겠어요.

Don't forget to + 동사원형. ~하는 거 잊지 마.

상대방에게 '~하지 마'라고 말할 때는 문장의 시작을 Don't ~로 해주면 됩니다. forget은 '잊다'란 뜻이므로 "Don't forget."은 "잊지 마."란 뜻이 되지요. 구체적으로 무엇을 잊지 말아야 하는지는 to 부정사를 뒤에 붙여서 말해 주면 됩니다. 그러니 Don't forget to ~를 '~하는 거 잊지 마'란 뜻의 패턴으로 기억해 두시면 되는 거죠.

MARILLA : **Don't forget to** say your prayers. 기도하는 거 잊지 말거라.

ex

Don't forget to call me. 나한테 전화하는 거 잊지 마.

Don't forget to turn off your computer. 컴퓨터 끄는 거 잊지 마.

Don't forget to pick up my son. 내 아들 데리러 가는 거 잊지 마.

Don't forget to feed the birds. 새들에게 먹이 주는 거 잊지 마.

SCENE 06

Anne's room

레이첼에게 사과를 하러 가기로 한 앤과 마릴라는 옷을 잘 차려입고 그녀의 집으로 갑니다. 앤을 그럴듯하게 지어낸 사과를 하며 그녀에게 용서를 구하고, 그녀는 용서를 받아들이며, 마릴라에게 그녀를 이번 주 일요일에 있는 교회 피크닉에 데리고 오라고 합니다. 가서 친구를 만날 수 있다는 말에, 앤은 설레는데요.

마릴라가 레이첼의 집에 갈 때 했던 브로치가 없어져, 그녀는 브로치를 예쁘다고 칭찬했던 앤에게 혹시 가져갔냐고 다그칩니다. 그녀는 한번 자신의 옷에 꽂아보긴 했지만 도로 제자리에 가져다놨다고 하는데요. 마릴라는 솔직히 말하라며 그녀를 믿지 않고, 사실을 말할 때까지 피크닉에 데려갈 수 없다고 말합니다. 이에 친구를 만나고 싶은 마음이 간절한 앤은 거짓말을 지어내서 자신이 하고 나갔다가 잃어버렸다고 말하죠.

하지만 마릴라는 잃어버렸다는 말에 더 화가 나 교회에 데려갈 수 없다며 짐이나 싸놓으라고 이야기하고 나가는데요. 밖으로 나가려고 숄을 두르는 순간, 숄에 있는 브로치를 발견합니다. 결국 앤과 서로 화해를 한 마릴라는 그녀를 데리고 피크닉에 가죠.

Did you take it out and lose it?

니가 가져가서 잃어버렸니?

mp3

MARILLA	:	Have you seen my amethyst brooch?
ANNE	:	Yes…
MARILLA	:	Did you touch it?
ANNE	:	I pinned it on yesterday, but just to see what it looked like.
MARILLA	:	You had no business to meddle with my brooch. Where did you put it?
ANNE	:	Back on the pincushion. Honestly, Marilla. I didn't mean to meddle and I promise I'll never do it again. That's the one good thing about me. I never do the same wrong thing twice.
MARILLA	:	The brooch is gone and you were the last one to handle it. Did you take it out and lose it?
ANNE	:	I didn't.

MARILLA	:	너 내 자수성 브로치를 봤니?
ANNE	:	네…
MARILLA	:	네가 만진 거니?
ANNE	:	제가 어제 꽂아 봤어요. 그냥 어떻게 보일지 보고 싶어서요.
MARILLA	:	내 브로치를 네가 만지면 안 되지. 어디다가 놨니?
ANNE	:	바늘겨레에 다시 꽂아 두었어요. 정말이에요, 마릴라 아줌마. 제가 만질려고 했던 건 아니에요. 다시는 그러지 않겠다고 약속할게요. 제 장점 중 하나가 그거예요. 전 결코 같은 잘못을 두 번 저지르지 않거든요.
MARILLA	:	브로치는 사라져 버렸고, 그걸 마지막으로 만진 게 너잖니. 네가 가져가서 잃어버린 거니?
ANNE	:	아니에요.

Anne's Essential Expressions

What are you muttering about? 뭘 그렇게 중얼거리고 있니?

주위에 보면 혼자서 중얼거리길 좋아하는 사람들이 꼭 한 명씩은 있습니다. '중얼거리다'란 뜻을 가진 동사는 영어로 mutter입니다. 만약 상대방이 뭐라고 중얼거린다면 What are you muttering about?이라고 물으시면 되는 거죠.

MARILLA : **What are you muttering about?**
뭘 그렇게 중얼거리고 있니?

Dialogue

A : Hey, what are you mutterig about?

B : Nothing. Never mind.

A : 야, 너 뭘 그렇게 중얼중얼 거리고 있니?

B : 아무것도 아냐. 신경쓰지 마.

What you said was true. 네가 말했던 것은 사실이었어.

What은 의문사로 '무엇'이란 뜻만 있는 것이 아니라 '~것'이란 뜻으로 명사절을 이끌어 주기도 합니다. 즉, what you said는 '네가 말했던 것'이란 뜻이 되는 거죠. what you did는 '네가 했던 것', what you ate은 '네가 먹었던 것'이란 해석이 됩니다. 이러한 명사절은 문장에서 주어 역할을 할 수가 있기에 "What you said was true."는 "네가 말했던 것은 사실이었어."란 뜻이 되는 겁니다.

ANNE : **What you said was true.** 네가 말했던 것은 사실이었어.

Dialogue

A : What you said was true. You were right.

B : Yeah, I'm always right.

A : 네가 말했던 것은 사실이었어. 네가 옳았어.

B : 응, 난 항상 옳아.

Come along! 어서 와!

come along은 '오다'란 뜻을 가진 숙어입니다. 상대방에게 어서 오라는 의미로 주어 없이 명령문 형태로 "Come along!"이라고 말할 수 있지요. 상황에 다라서 come along은 우리말로 '가다'란 의미로 해석하는 것이 더 자연스러울 때가 있습니다. 예를 들어, 파티에 간다고 하는 친구가 있다면 "나도 따라 갈래."란 의미로 "I want to come along."이라고 말하곤 하지요.

MARILLA : Oh, for goodness sakes, child, bite your tongue and **come along!**

오, 이런 세상에나, 애야. 입 다물고 오기나 해.

Dialogue

A : Come along, Jackson! Let's go!

B : What is so urgent? Somebody died?

A : 어서 와, 잭슨! 가자!

B : 뭐가 그렇게 급한데? 누가 죽기라도 했어?

She's about your age. 그녀는 네 나이 또래야.

age는 '나이'라는 뜻을 가진 명사입니다. be about one's age는 우리말로 '누구의 나이 또래이다'로 해석될 수 있지요. 즉, "She's about your age."는 "그녀는 네 나이 또래야."란 의미가 되는 것입니다. 보통 우리나라 문법책에서는 '원급비교'인 'as + 형용사 + as'형태를 사용해서 "She is as old as you."(그녀는 너만큼 나이가 들었어)란 문장을 더 많이 알려주지간, 'be about one's age'가 실제로 더 자주 사용됩니다.

MARILLA : **She's about your age.** 그녀는 네 나이 드래야.

Dialogue

A : How old is Maria?

B : Well, I guess she's about your age.

A : 마리아가 나이가 어떻게 돼?

B : 음, 네 나이 또래인 것 같아.

What should I call you? 뭐라고 불러 드릴까요?

동사 call은 '전화하다'란 뜻 이외에 '부르다'란 의미도 있습니다. 상대방의 호칭을 어떻게 불러야 할지 난감할 때는 "What should I call you?"라고 물어보도록 하세요. 동사 call의 다의어적 의미를 활용한 유머 하나 보고 넘어갈까요?

· Humor A : Please call me a taxi. 저 택시 좀 (전화해서) 불러주세요.
B : Okay. You're a taxi. 네. 당신은 택시입니다.

ANNE : **What should I call you?** 뭐라고 불러 드릴까요?

Dialogue

A : What should I call you?
B : Lee is fine.

A : 뭐라고 불러 드릴까요?
B : "리"라고 불러주세요.

How do you like them? 어떠세요?

상대방에게 뭔가를 권한 후, 그것들이 맘에 드는지 혹은 그렇지 않은지 여부를 물을 때, 원어민들이 즐겨 사용하는 질문이 바로 "How do you like them?"입니다. 우리말로 "그것들을 어떻게 좋아하세요?"가 아니라 간단히 '어떠세요?'에 해당하는 질문 표현이죠. 한 가지 더 알려드리자면, 뒤에 apples를 붙여서 무언가 자랑거리를 말한 후에 약 올리듯이 "How do you like them apples?"(어떠셔? / 약 오르지?)라고 말할 수도 있답니다.

MARILLA : **How do you like them?** 어떠세요?

Dialogue

A : Try on these shoes. How do you like them?
B : Oh, they are very comfortable.

A : 이 신발들을 신어보세요. 어떠세요?
B : 아, 매우 편하네요.

I'll never do it again. 다시는 그러지 않을게요.

무언가를 다시는 하지 않겠다는 결심을 나타낼 때 쓸 수 있는 표현이 바로 "I'll never do it again." 입니다. never는 '결코 ~ 하지 않다'란 뜻으로 조동사 뒤에 위치하여 사용되지요. 좀 더 강하게는 I swear ~(나 맹세해요)를 붙여서 "I swear I'll never do it again."(나 맹세코 다시는 그거 하지 않을 거예요.)라고 말할 수도 있습니다.

ANNE : **I'll never do it again.** 나 다시는 그러지 않을게요.

Dialogue

A : How could you do this to me?

B : I'm really sorry. I'll never do it again.

A : 어떻게 내게 이럴 수가 있나요?

B : 정말 미안해요. 다시는 그러지 않을게요.

You wouldn't believe the truth. 넌 그 사실을 믿지 못할 거야.

will not의 축약형인 won't와 would not의 축약형인 wouldn't의 차이점은 won't의 경우, 다소 강한 의지와 객관적인 확신으로 '~하지 않을 것이다'란 뜻인 반면, wouldn't는 반드시 그럴 것이라는 보장은 없지만 현재 상황으로 봤을 때는 '그럴 것이다'라는 다소 그 어감이 순화된 표현 방식이라고 할 수 있겠습니다. 즉, "You wouldn't believe the truth."는 "넌 그 사실을 믿지 못할 거야."라는 뜻이 되는 거죠.

ANNE : **You wouldn't believe the truth.**
넌 그 사실을 믿지 못할 거야.

Dialogue

A : You wouldn't believe the truth.

B : Well, why don't you try me?

A : 넌 그 사실을 믿지 못할 거야.

B : 음, 한 번 시도나 해보는 게 어때요?

앤이 추천하는 Pattern English

You look + 형용사. ~ 해 보여요.

상대방의 외모나 상태를 보고 '~해 보이다'란 의미로 사용할 수 있는 패턴이 바로 'You look + 형용사'입니다. 젊어 보이는 사람에게는 "You look young." 키가 커 보이는 사람에게는 "You look tall."과 같이 말할 수 있는 거죠. 사람의 성질을 나타내는 형용사는 앞에 so를 붙여 그 성질을 더 강조해 줄 수 있답니다.

ANNE : Oh, Miss Cuthbert, **you look** so elegant. 오, 커스버트 선생님, 너무 우아해 보이세요.

ex

You look beautiful. 아름다워 보이세요.

You look worried. 걱정돼 보이세요.

You look tense. 긴장돼 보이세요.

You look serious. 심각해 보이세요.

I'm sure + 주어 + 동사. 난 ~라고 확신해요.

I'm sure는 '난 확신해요'란 뜻입니다. 이 표현은 뒤에 '~것'으로 해석이 되는 that 절을 붙여서 구체적으로 무엇을 확신하는지를 나타내 줄 수 있습니다. 예를 들어 '그는 널 사랑한다(He loves you)'라는 것을 확신한다면 "I'm sure that he loves you."라고 하면 되지요. 이때 that은 생략이 가능하답니다.

MARILLA : **I'm sure** you're right, Rachel. 난 네가 옳다고 생각해, 레이첼.

ex

I'm sure you remember me. 난 네가 날 기억할거라고 확신해.

I'm sure he's here. 난 그가 이곳에 있다고 확신해.

I'm sure you'll be fine. 난 네가 괜찮을 거라고 확신해.

I'm sure there's something wrong. 난 무언가 잘못됐다고 확신해.

Have you seen + 명사? 너 ~ 본 적 있니?

현재완료 'have + p.p.'는 경험을 말할 때 쓰입니다. 예를 들어, "난 고래를 본 적이 있어."란 말의 서술어는 saw가 아니라 have seen을 써서 "I have seen a whale."이라고 해야 하는 거죠. 이런 현재 완료의 의문형은 Have를 주어의 앞으로 이동시키면 되죠. 이를 활용해 상대방에게 무엇을 본 적이 있는지 물을 때는 'Have you seen ~ ?'이란 패턴을 사용해 질문을 던지도록 하세요.

MARILLA : **Have you seen** my amethyst brooch? 너 내 자수성 브로치 본 적 있니?

ex

Have you seen my car key? 너 내 자동차 열쇠 본 적 있니?

Have you seen Mr. Jordan? 너 조단 씨를 본 적 있니?

Have you seen this photo before? 너 이 사진 전에 본 적 있니?

Have you seen his new house? 너 그의 새 집을 본 적 있니?

I'm ready to + 동사. 나 ~할 준비가 됐어요.

I'm ready는 '난 준비가 됐어요'란 뜻입니다. 구체적으로 무엇을 할 준비가 되었는지를 말하고 싶다면 뒤에 to 부정사, 즉 'to + 동사원형~'을 붙여서 문장을 확장시켜 주면 되지요. 예를 들어, "난 춤 출 준비가 됐어요."란 말은 "I'm ready to dance."라고 말하면 되는 겁니다.

ANNE : Marilla, **I'm ready to** confess. 저 고백할 준비가 되었어요.

ex

I'm ready to have another baby. 나 아이를 또 가질 준비가 됐어요.

I'm ready to get out of here. 나 여기서 나갈 준비가 됐어요.

I'm ready to get to work. 나 일 할 준비가 됐어요.

I'm ready to begin my journey. 나 여행을 시작할 준비가 됐어요.

SCENE 07

The Sunday school picnic

드디어 피크닉에 가게 된 앤은 설레는 마음에 흥분을 감추지 못합니다. 마릴라는 앤에게 자제하라고 주의를 준 후, 사람들에게 그녀를 소개하죠. 그리고 기다리던 또래 친구 다이애나를 만나게 됩니다. 둘은 만나자마자 금세 친해지며 죽이 잘 맞는 친구가 되죠.

다이애나는 앤과 함께 작은 배를 타며 강에서 놀고 있는 다른 친구들에 대해 이야기해 주는데요, 길버트를 이야기하며 잘생기지 않았냐고 물어봅니다. 하지만 아까 처음 봤을 때 자신에게 윙크를 했던 길버트를 그녀는 내켜하지 않네요.

I have a feeling we're going to get along really well.

우리가 정말 친해질 거라는 느낌이 들어.

mp3

ANNE	: He is handsome, but I think your Gilbert is awfully bold to wink at a strange girl.
DIANA	: I wish he'd wink at me. He's sixteen, but he's in our class. His father's been ill and he's been away for two years.
ANNE	: Good! I mean I don't want to be the only one behind in school.
DIANA	: That's Mr. Phillips, our schoolteacher. He's dead gone on Prissy Andrews, and Prissy thinks she's Queen Bee just because she's studying her entrance to Queen's. He moons over her something terrible. That's Josie Pye, and she moons over Gilbert. Josie just wants attention. I hope she nearly drowns.
ANNE	: I wish it had been me. It would be such a romantic experience nearly to drown.

ANNE	: 그는 잘 생겼어. 하지만 네가 좋아하는 길버트는 모르는 여자에게 윙크를 할 정도로 지나치게 뻔뻔해.
DIANA	: 그가 내게 윙크를 해주면 좋을 텐데. 걔는 13살 이야. 하지만 나랑 같은 수업을 들어. 아빠가 아프셔서 2년 동안 쉬었거든.
ANNE	: 잘 됐네. 그러니까 내말은 나 혼자만 학교에서 나이가 많은 애이기 싫거든.
DIANA	: 저 분이 우리 선생님 필립스 씨야. 프리시 언드류에게 사족을 못써. 프리시는 퀸스 학교 입학시험을 준비한다고 공주병에 걸려 있어. 선생님은 걔에게 넋이 나갔지. 저 애는 조시 파이, 길버트에게 빠져 있어. 관심을 끌려고 난리야. 물에나 빠졌으면 좋겠다.
ANNE	: 그게 나였다면 좋았을 텐데. 거의 물에 빠져 죽을 뻔한 것은 굉장히 로맨틱한 경험일 거야.

Anne's Essential Expressions

I'm very proud of you. 난 네가 매우 자랑스럽단다.

be proud of는 '~가 자랑스럽다'란 뜻의 숙어 표현입니다. 자랑스러운 정도를 더 강하게 나타내고 싶다면 '매우'란 뜻의 부사 very를 형용사 proud 앞에 붙여서 be very proud of라고 말하면 되지요.

MR. BARRY : **I'm very proud of you**, Diana.

난 넨가 매우 자랑스럽단다, 다이애나.

Dialogue

A : You did a very good job. I'm very proud of you.

B : Thanks, dad.

A : 너 아주 잘 했구나. 네가 아주 자랑스럽다.

B : 고마워요, 아빠.

I've been counting on you. 난 너를 믿어왔어.

count on는 '~에게 기대다, 의지하다, 믿다'란 뜻을 가진 관용표현입니다. "난 널 믿고 있어."란 말은 현재진행형 시제 'be + ~ing'를 써서 "I'm counting on you."라고 말하면 되지요. 반면, 과거에서부터 지금까지 쭈욱 '믿어 왔다'란 말을 하고 싶다면 계속적 용법으로 사용되는 현재완료 시제를 사용해 "I've been counting on you."라고 말하면 됩니다.

MARILLA : **I've been counting on you** coming to Green Gables.

난 네가 Green Gables에 올 거라고 너를 믿어왔어.

Dialogue

A : I've been counting on you for years.

B : I know. I promise I won't disappoint you.

A : 난 수 년 동안 자네를 믿어왔어.

B : 알고 있어요. 실망시켜드리지 않겠다고 약속해요.

Calm down. 진정해.

흥분을 하거나 화가 난 상대방에게 감정을 진정시키라는 의미로 원어민들이 즐겨 사용하는 표현 중의 하나가 바로 Calm down입니다. 우리말로 "진정해"란 뜻이지요. Calm down과 같은 의미로 상대방에게 진정하란 의미로 사용되는 표현에는 Chill / Relax / Cool down 등이 있으니 같이 외워두세요.

MARILLA : For pity's sake, **calm down**, Anne. 제발 진정해, 앤.

Dialogue

A : I'm so angry. I'm going to kick his ass.

B : Hey, calm down. Okay?

A : 나 너무 화가 나. 그 자식 혼쭐을 내주겠어.

B : 야, 진정해. 알겠지?

· kick one's ass : ~를 혼쭐을 내주다

Who's your friend? 네 친구는 누구니?

be동사를 포함하는 문장의 의문문은 be동사를 주어 앞으로 위치이동 시켜 주면 됩니다. 그리고 who(누구), why(왜), when(언제), where(어디) 등의 의문사를 이용한 의문문을 만들 경우에는 의문사를 be 동사 앞에 위치시켜 주면 되는 거죠. 이를 활용해, 누군가가 어떤 사람인지 궁금하다면 Who's your friend?(네 친구 누구야?), Who's your teacher?(네 선생님은 누구야?) 등으로 질문을 던지실 수 있습니다.

GILBERT : Hey Diana, **who's your friend?** 안녕, 다이애나. 네 친구는 누구니?

Dialogue

A : Who's your friend here?

B : Oh, this is Jack. Jack, I'd like you to meet Tom. He's my classmate.

A : 여기 네 친구는 누구니?

B : 아, 얘는 잭이야. 잭, 내 친구 탐을 소개해줄게. 얘는 같은 반 친구야.

· I'd like you to meet + 사람 : ~를 소개시켜 줄게

I guess so. 아마 그럴 거예요.

동사 guess는 추측, 예상과 관련한 동사입니다. 즉, "I guess so."는 100% 확신은 할 수 없지만, 짐작상 그럴 것 같다고 약하게 동의할 때 쓸 수 있는 표현이지요. '동사 + so'의 형태로 이루어지는 표현에는 "I guess so."이외에, I think so(그런 것 같아요), I believe so(난 그럴 거라고 믿어), I suppose so(그럴 거 같애) 등이 있습니다.

DIANA : **I guess so.** 아마 그럴 거예요.

Dialogue

A : Do you understand what I mean?

B : Yeah, I guess so.

A : 내가 뭘 뜻하는지 이해가 가요?

B : 네, 그런 것 같아요.

He's in our class. 그는 우리 반이야.

class는 '학급, 반'이란 뜻을 가진 명사입니다. be in one's class는 '~의 반 이다'란 뜻의 표현인 겁니다. 학창 시절에 "얘는 우리 반이야.", "얘는 우리 반이 아냐."와 같은 말을 자주하고는 했었는데요, 이는 영어로 "He[She]'s in our class." 혹은 "He[She]'s not in our class."와 같이 말할 수 있는 거죠.

DIANA : He's sixteen, but **he's in our class.** 걔는 16살이지만, 우리 반이야.

Dialogue

A : Who's that guy over there? He's very hot.

B : Oh, that's Jake. He's in my class.

A : 저기 있는 저 남자 누구야? 굉장히 섹시하다.

B : 아, 잰 제이크야. 쟤는 우리반이지.

· over : 저기에, 저쪽에 / hot : 섹시한

She moons over Gilbert. 걘 길버트에 넋을 잃고는 해.

moon over는 '~에 넋을 잃다'라는 뜻의 관용표현입니다. 마치 달 위를 둥둥 떠다니는 사람처럼 아주 그냥 누군가에게 넋을 놓고 있다는 의미의 표현이지요. 또 다른 숙어로 be fascinated with란 표현 역시 '~에 넋을 잃다'란 뜻으로 사용되니 같이 기억해 두도록 하세요.

ex) She is fascinated with you.(그녀는 네게 넋을 잃었어.)

DIANA : That's Josie Pye, and **she moons over Gilbert.**
걔는 조시 파이야. 걘 길버트에 넋을 잃고는 해

Dialogue

A : Isn't he handsome? All the girls moon over him.

B : I don't know. Actually, I think I am more handsome than he is.

A : 걔 잘생기지 않았니? 모든 여자애들이 그에게 넋을 잃어.
B : 모르겠어. 사실, 내가 걔보다 더 잘 생긴 것 같아.

Josie just wants attention. 조시는 그냥 관심받길 원하는 거야.

특별히 다른 이들의 관심을 받길 원하는 사람들이 있습니다. 멋진 명품 가방을 메고 다니는 것도 결국은 남들의 관심을 끌기 위한 행동이 아닐까 싶은데요. 이와 같이 '관심을 받길 원하다'란 말은 영어로 간단히 want attention이라고 말하면 되지요.

DIANA : **Josie just wants attention.**
조시는 그냥 관심받길 원하는 거야.

Dialogue

A : Why is Mike acting so weird?

B : I guess he just wants attention.

A : 마이크가 왜 저렇게 이상하게 행동하는 걸까?
B : 그냥 관심받길 원하는 것 같은데.

앤이 추천하는 Pattern English

I'd like you to + 동사. 나는 네가 ~했으면 좋겠어(~하길 바래).

정중하게 상대방에게 무언가를 하라고 요청할 때 쓸 수 있는 패턴이 바로 I'd like you to ~입니다. I want you to ~(난 네가 ~하길 원해) 패턴에 비해서 좀 더 정중하고 부드러운 느낌으로 사용할 수 있는 패턴이죠.

MARILLA : Mr. Barry. **I'd like you to** meet Anne Shirley.
배리 씨. 앤 셜리를 만나셨으면 해요. (= 앤 셜리를 소개해 드릴게요)

ex

I'd like you to forgive me. 난 네가 날 용서해 주면 좋겠어.

I'd like you to walk with me. 난 네가 나와 산책하면 좋겠어.

I'd like you to count backwards from 10. 난 네가 10부터 숫자를 거꾸로 세길 바래.

I'd like you to write a letter to Susan. 난 네가 수잔에게 편지를 쓰길 바래.

Don't you think + 주어 + 동사? 넌 ~라고 생각하지 않니?

상대방이 동의를 구할 때 사용할 수 있는 패턴이 바로 'Don't you think ~?'입니다. 'Don't you ~?'는 부정의문문으로 이미 자신이 생각하는 바를 정한 상태에서 상대방에게 그렇지 않은지 여부를 물어볼 때 사용할 수 있는 패턴이죠.

DIANA : **Don't you think** Gilbert's handsome? 넌 길버트가 잘 생겼다고 생각하지 않니?

ex

Don't you think you should call the police? 넌 경찰을 불러야 한다고 생각하지 않니?

Don't you think his speech was too long? 넌 그의 연설이 너무 길었다고 생각하지 않니?

Don't you think Britney Spears is over the hill? 넌 브리트니 스피어스가 한 물 갔다고 생각하지 않니?

Don't you think that's a little unfair? 넌 그게 좀 불공평하다고 생각하지 않니?

There aren't[isn't] any + 복수 명사[단수명사]. ~가 전혀 없어요.

There is[are] ~는 '~가 있다'라는 뜻으로 무언가의 존재 유무를 말할 때 원어민들이 가장 즐겨 사용하는 패턴이지요. 말하고자 하는 대상이 전혀 없다면 'There isn't any ~'와 'There aren't any ~'의 패턴을 사용해서 말하면 됩니다. 예를 들어, 단수 추상명사인 water가 전혀 없다는 것을 말할 때는, "There isn't any water."라고 하면 되고, 복수인 books가 전혀 없다는 것을 말할 때는, "There aren't any books." 라고 말하면 되는 거죠.

DIANA : But **there aren't any** other girls in it. 하지만 그 안에는 다른 여자애들은 전혀 없어요.

ex

There isn't any fruit in the freezer. 냉장고에는 과일이 전혀 없어요.

There isn't any chair in the kitchen. 부엌에 의자가 전혀 없어요.

There aren't any tall buildings in this city. 이 도시에는 높은 빌딩이 전혀 없어요.

There aren't any seats available. 이용 가능한 좌석이 전혀 없어요.

I think + 주어 + 동사. 난 ~라고 생각해.

I think ~는 어떤 사안에 대해서 자신의 의견이나 생각을 조심스럽게 말할 때 사용할 수 있는 패턴입니다. 어떤 문장 앞에 I think를 붙여서 말을 하면 '난 ~라고 생각해' 혹은 '~인 것 같아'란 뜻이 되죠.

MRS. ALLAN : **I think** she's enchanting. 난 그녀가 매력적이라고 생각해.

ex

I think we should tell him the truth. 난 우리가 그에게 사실을 말해야 한다고 생각해.

I think we have elected the wrong president. 난 우리가 대통령을 잘못 선출했다고 생각해.

I think this movie will be boring. 난 이 영화가 재미없을 거라고 생각해.

I think he should dump Jane. 난 그가 제인을 차버려야 한다고 생각해. (· dump 사귀던 사람을 차버리다)

SCENE 08

The Schoolhouse 1

학교에 다니게 된 앤은 수업 첫 날, 길버트가 당근이라고 놀리자 화를 못 참고 석판을 그의 머리 위에 내려칩니다. 그 일로 선생님께도 혼나고 속상해하며 집에 돌아온 앤은 오는 길에 만난 행상인에게 염색약을 사서 머리를 물들이는데요. 검정으로 나온다고 했던 머리가 보기 흉한 녹색 빛으로 나오자 앤은 울어버리고 맙니다.

학교에서 있었던 일을 듣고 앤을 혼내기 위해 그녀의 방에 들어온 마릴라는 그녀의 머리를 보고는 다시는 그러지 말라며 봐주는데요. 또한 그녀를 집에 데리고 있기로 결정했다고 말합니다. 그렇게 앤은 머리를 자르고 다시 학교생활을 하게 되지만, 길버트의 사과도 받아주지 않으며 그를 무시해버립니다.

It was my fault, sir. I…I was teasing her.

제 실수였어요, 선생님. 제가 그녀를 놀렸어요.

mp3

GILBERT : Hey carrots! Carrots!

ANNE : How dare you!

(Anne breaks Gilbert's slate over his head.)

MR. PHILLIPS : Anne Shirley, what is the meaning of this?

GILBERT : It was my fault, sir. I…I was teasing her.

MR. PHILLIPS : You will stand at the blackboard for the rest of the day. I will not tolerate this kind of vindictive temperament in my class. Anne Shirley has a very bad temper and she will learn to control it. You will write this 100 times before leaving today.

(After class)

GILBERT : Hey, Anne wait! I'm sorry for teasing you about your hair. Don't be mad at me for keeps.

GILBERT : 이봐, 당근! 당근!

ANNE : 어떻게 감히 그럴 수가 있니!

(앤이 길버트의 머리에 석판을 깬다.)

MR. PHILLIPS : 앤 셜리, 이게 무슨 짓이니?

GILBERT : 제 잘못이에요, 선생님. 제가… 제가 그녀를 놀리고 있었어요.

MR. PHILLIPS : 넌 남은 시간 동안 칠판 앞에 서 있어라. 난 내 수업에서 이런 고약한 보복행위를 하는 걸 보고 넘길 수는 없다. 앤 셜리는 성질이 아주 나쁘다. 그녀는 그것을 제어하는 방법을 배울 거다. 넌 오늘 집에 가기 전까지 이 말을 100번 써라.

(수업이 끝난 후)

GILBERT : 야, 앤, 기다려! 네 머리가지고 놀려서 미안해. 계속 화내지 마.

Anne's Essential Expressions

Diana Barry is my bosom friend.

다이애나 배리는 저의 절친한 친구예요.

bosom은 보통 명사로 쓰여 '가슴, 속'이란 뜻을 가지고 있는데요. 여기서는 형용사로 '친한'이란 뜻이 됩니다. 즉, bosom friend는 서로의 속 마음을 마음껏 터놓고 이야기할 수 있는 절친한 친구를 말하죠.

ANNE : **Diana Barry is my bosom friend.**
다이애나 배리는 제 절친한 친구예요.

Dialogue

A : Who is that girl over there?
B : Her name is Jenny Smith. She is my bosom friend.

A : 저기 있는 저 여자 누구죠?
B : 그녀의 이름은 제니 스미스예요. 저의 절친한 친구죠.

How dare you! 어딜 감히!

상대방이 자신에게 해서는 안 될 말을 하거나 버릇없이 행동할 경우, 어이없음을 나타낼 때 "How dare you!"라고 말할 수 있습니다. dare는 '감히 ~하다'란 뜻이 있으므로, "How dare you!"는 우리말로 "어딜 감히!" "어떻게 감히 네가!" 정도로 해석될 수 있는 표현이지요.

ANN : **How dare you!** 어딜 감히!

Dialogue

A : I'm here to see your daughter.
B : How dare you! Get out of here.

A : 따님을 보려고 왔습니다.
B : 어딜 감히! 여기서 나가.

· I'm here to + **동사원형** : ~하려고 왔어요

Don't be mad at me for keeps. 계속 내게 화내지는 마.

keep은 명사로 '보존, 유지'란 뜻이고, for keeps는 '계속하여'란 뜻입니다. 즉, "Don't be mad at me for keeps."는 "내게 계속 화내지 마."란 뜻의 말이죠. for keeps는 '농담이 아닌 진짜로'란 뜻도 있습니다. ex) Now we're playing for keeps.(이제 우린 진짜로 하는 거야.)

GILBERT : Don't be mad at me for keeps.
계속 내게 화내지는 마.

Dialogue

A : I'm sorry I teased you. Please don't be mad at me for keeps.

B : Okay, but you have to make it up to me.

A : 놀려서 미안해. 제발 계속 내게 화내지는 마.
B : 알았어. 하지만 넌 내게 실수에 대한 보상을 해야 해.

· make it up to A : A에게 잘못에 대한 보상을 하다

Gilbert always makes fun of the girls.
길버트는 항상 여자애들을 놀려요.

make fun of는 '~를 놀리다'란 뜻을 가진 표현입니다. fun이 '재미'란 뜻의 명사이므로 누군가를 놀려서 이러한 재미를 만들어 낸다는 의미의 표현인 거죠. 예를 들어, "그는 나를 놀려."는 "He makes fun of me.", "그녀는 내 머리스타일을 놀려."는 "She makes fun of my hairstyle."이라고 말하면 되는 거죠.

DIANA : Gilbert always makes fun of the girls.
길버트는 항상 여자애들을 놀려.

Dialogue

A : Amy always makes fun of what I wear.

B : Really? She's so mean.

A : 에이미는 항상 내가 입는 옷을 가지고 놀려요.
B : 정말? 걘 정말로 못됐구나.

· mean : 비열한, 못된

Don't play innocent with me. 내게 시치미 떼지 말거라.

innocent는 형용사로 '순진한, 결백한'이란 뜻을 갖고 있습니다. 동사 play는 무언가 그렇지 않은 것을 그런 척 연기한다는 뉘앙스를 가지고 있기 때문에 play innocent는 우리말로 '내숭떨다'란 뜻이 되죠. 또는 잘못을 해놓고 자기가 하지 않은 것처럼 군다는 의미로 '시치미 때다, 오리발 내밀다'란 의미로도 해석될 수 있습니다.

MARILLA : **Don't play innocent with me.**
내게 시치미 떼지 말거라.

Dialogue

A : I know what you did last summer. Don't play innocent with me.
B : I have no idea what you're talking about.

A : 난 네가 작년 여름에 한 짓을 알고 있어. 내게 시치미 떼지 마.
B : 네가 무슨 소릴 하는 건지 전혀 모르겠다.

· have no idea : 전혀 모르다.

What have you done to your hair? 네 머리에 무슨 짓을 한 거니?

do는 '하다'란 동사이므로 방향을 나타내는 전치사 'to + 대상'이 뒤에 붙으면 '그 대상에 무언가를 하다'란 뜻이 됩니다. 현재완료 have + p.p. 형태는 경험을 나타내기에 상대방에게 What have you done to ~?라고 물으면 '~에 무슨 짓을 한 거야?'란 뜻의 질문이 됩니다. 가령, "너 네 차에 무슨 짓을 한 거야?"는 "What have you done to your car?"라고 하면 됩니다.

MARILLA : Anne Shirley, **what have you done to your hair?**
앤 셜리, 네 머리에 무슨 짓을 한 거니?

Dialogue

A : What have you done to your hair?
B : I dyed it. I dyed it brown. You don't like it, do you?

A : 네 머리에 무슨 짓을 한 거니?
B : 염색했어. 갈색으로 염색한 거야. 너 마음에 안 드는 구나, 그렇지?

I've come to a decision. 나 결정했어요.

decision은 '결정, 결심'이란 뜻의 명사로 come to a decision은 '결정을 하다'란 뜻입니다. 결정을 내리는 행위를 마치 어느 목표한 장소를 향해서 다가오는(come)것처럼 비유해서 나타낸 표현이지요. 현재완료 'have + p.p.'는 과거의 시점에서 해오던 일이 지금 막 완료되었을 때 쓸 수 있기에 "I've come to a decision."은 결정을 내리기 위해 이전부터 고민을 하다 드디어 결정을 했다는 뜻을 내포하고 있습니다.

MARILLA : I've come to a decision. 나 결정 했어요.

Dialogue

A : I've come to a decision. I'm going to study in America.

B : Good. When do you plan to leave for America?

A : 나 결정했어요. 나 미국에서 공부할 거야.

B : 좋아. 언제 미국으로 떠날 계획이니?

Good luck on the exam tomorrow. 내일 시험 잘 봐.

상대방이 무언가를 하기로 예정되어 있는 상황에서 그것에 대해 행운을 빌어 줄 때, 사용할 수 있는 말이 바로 "Good luck!"입니다. 구체적으로 어떤 것에 대해서 행운을 빌어준다는 것을 말할 때는 전치사 on과 함께 그 대상을 언급해 주면 되지요. 예를 들어, 시험(the exam)을 잘 보라고 행운을 빌어주고 싶을 때는 "Good luck on the exam."이라고 말해주면 되는 겁니다. 참고로 "내게 행운을 빌어줘."란 뜻으로 "Wish me luck."이란 말도 같이 기억해 주세요.

ANNE : Good luck on the exam tomorrow. 내일 시험 잘 봐.

Dialogue

A : Good luck on the exam tomorrow.

B : Thanks. I'll try my best.

A : 내일 시험 잘 봐.

B : 고마워. 최선을 다할게.

앤이 추천하는 Pattern English

I'm sorry for + 동사ing. ~해서 미안해.

상대방에게 미안하다고 사과할 때 쓰는 대표적인 말은 "I'm sorry."입니다. 여기에 구체적으로 자신이 범한 어떤 행동에 대해서 사과를 전달하고자 할 때는 전치사 for와 함께 사과하고자 하는 행동을 '동사ing' 형태로 나타내주면 되지요. 참고로 행동이 아닌 어떤 대상에 대해 사과를 할 때는 for 뒤에 동사ing 형태가 아닌 명사가 와도 됩니다. ex) I'm sorry for everything.(모든 게 다 미안해.)

GILBERT : Hey, Anne, wait! **I'm sorry for** teasing you about your hair.
야, 앤, 기다려! 네 머리 갖고 놀려서 미안해.

ex

I'm sorry for being late. 늦어서 미안해.

I'm sorry for making fun of you. 널 놀려서 미안해.

I'm sorry for eavesdropping. 엿들어서 미안해.

I'm sorry for bringing you here. 널 이 곳에 데려와서 미안해.

That's why + 주어 + 동사. 그것이 ~ 한 이유야.

어떤 결과나 행동에 대해서 그 이유를 설명해 주고자 할 때는 'That's why ~'의 패턴을 사용할 수 있습니다. 우리말로는 '그게 ~ 한 이유야'로 해석이 되지요. why 뒤에는 무엇을 했는지에 대한 내용을 '주어 + 동사'로 이루어진 완전한 문장으로 말해 주면 됩니다.

DIANA : I know, but I had to talk to you right away. **That's why I used the white flags.**
나도 알아. 하지만 바로 너랑 얘기를 해야만 했어. 그게 내가 백기를 사용한 이유야.

ex

That's why they followed me. 그것이 그들이 날 따라온 이유야.

That's why I don't like her. 그것이 내가 그녀를 싫어하는 이유야.

That's why she is so tired. 그것이 그녀가 그렇게 피곤한 이유야.

That's why you have to help him. 그것이 네가 그를 도와주어야 하는 이유야.

You're not going to + 동사원형? ~ 하지 않을 건가요?

상대방이 무언가를 할 거라고 생각해오던 상태에서, 정반대의 상황이 펼쳐진다면 '~ 하지 않을 건가요?'라고 물을 수 있습니다. 이에 해당하는 패턴이 바로 'You're not going to ~?'이지요. 'You're not going to ~.'는 평서문일 경우 '넌 ~하지 않을 거다.'란 뜻이지만, 끝 부분을 올려서 말하면 '~하지 않을 건가요?'라는 의문문이 되지요. 우리말도 그렇지만 영어도 끝을 올려서 말하면 의문문이 된다는 것 기억해 두세요.

ANNE : **You're not going to** send me back? 날 되돌려 보내지 않을 건가요?

ex

You're not going to come back? 돌아오지 않을 건가요?

You're not going to kill me? 날 죽이지 않을 건가요?

You're not going to have breakfast? 아침 먹지 않을 건가요?

You're not going to study English? 영어공부 하지 않을 건가요?

Aren't you supposed to + 동사원형? 너 ~해야 되는 거 아니니?

be supposed to는 '~하기로 되어있다'란 뜻입니다. 즉, 무언가를 하기로 계획이 되어있다는 뜻이지요. 그러므로 'Aren't you supposed to ~?'는 '너 ~하기로 되어있는 거 아니야?'란 뜻의 패턴이 됩니다. 예를 들어, 지금 일을 하고 있어야 하는데, 밖에서 농땡이 피우며 커피를 마시고 있는 사람에게 "Aren't you supposed to work?"(너 일해야 되는 거 아니니?)라고 물을 수 있는 거죠.

Anne : Diana, **aren't you supposed to** be studying?
다이애나, 너 공부하고 있어야 되는 거 아니니?

ex

Aren't you supposed to be with her? 그녀와 함께 있어야 되는 거 아니니?

Aren't you supposed to be in your office? 넌 사무실에 있어야 되는 거 아니니?

Aren't you supposed to be on a plane? 너 비행기 타고 있어야 되는 거 아니니?

Aren't you supposed to see Mr. Brown here? 너 여기서 브라운 씨를 봐야 되는 거 아니니?

SCENE 09

The Schoolhouse 2

수학시험에서 길버트가 1등을 하고 앤이 2등을 하자, 길버트는 앤에게 미소를 보내지만, 앤은 무시해버립니다. 그 다음 스펠링 테스트에서 앤이 길버트를 이기자, 길버트는 축하한다고 말하지만, 앤은 계속 차가운 태도로 그를 대하며, 다음번엔 전부 다 이기겠노라고 말합니다. 다이애나는 왜 그렇게 길버트에게 차갑게 대하냐며 그가 친구에게 앤이 학교에서 가장 똑똑한 여자이고, 자신은 예쁜 여자보다 똑똑한 여자가 더 좋다고 했다고 말하자, 앤은 자신을 놀리려고 그런 거라며 그의 말을 믿으려 들지 않습니다.
마지막 시험에서 결국 앤과 길버트가 공동 1등을 하게 되고, 시험 이후 그들을 맡았던 선생님은 마을을 떠나게 됩니다.

Next time, I shall be first in every subject.

다음번엔, 내가 모든 과목에서 1등할거야.

mp3

GILBERT : Congratulations on the spelling test, Anne.
Oh well, at least you're acknowledging me now.
That's an improvement.

ANNE : It is impolite to pass a person without at least nodding.
And so I nod out of elementary good breeding. Nothing more.

GILBERT : Oh, why don't you get off your high horse?

ANNE : Thank you for your heart-felt congratulations, Mr. Blythe.
But allow me to inform you that next time, I shall be first in every subject.

DIANA : Anne, you've got more nerve than a fox in a henhouse.

ANNE : I don't see any need in being civil to someone who chooses to associate with the likes of Josie Pye.

GILBERT : 스펠링 시험 이긴 거 축하한다, 앤.
오, 이제 최소한 날 아는 척은 해주네. 한결 나아졌네.

ANNE : 사람을 모른 척하는 건 무례하지.
최소한의 예의는 지키기 위해서 끄덕인 거야. 다른 뜻은 없었어.

GILBERT : 오, 그만 좀 도도한 척하지 그래?

ANNE : 진심으로 축하해 줘서 고마워, 블라이드.
하지만 다음번엔 내가 모든 과목에서 이길 거라는 걸 알아둬.

DIANA : 앤, 그렇게 뻣뻣하게 굴지 마.

ANNE : 조시 파이 같은 애와 사귀는 사람한테 친절하게 굴 필요는 없는 것 같은데.

Anne's Essential Expressions

Time's up! 시간 다 됐다!

주어진 시험 시간이 다 지나가면, 선생님들이 꼭 하는 말이 바로 "Time's up!"입니다. 우리말로 "시간 다 됐다!"란 뜻이지요. be up은 '~이 다 되다, ~이 다 소진되다'란 뜻을 가지고 있기 때문입니다.

MR. PHILLIPS : Alright, class, **time's up**. Place your pencils beside your papers.
자, 얘들아, 시간 다 됐다. 시험지 옆에 연필을 놓도록.

Dialogue

A : I need more time, Mr. Clark.
B : No, time's up. Please put your pencil down.

A : 전 시간이 더 필요해요, 클락 선생님.
B : 안 된다. 시간 다 됐어. 연필 내려 놓거라.

Why don't you get off your high horse?

건방은 그만 떨지 그러니?

high horse는 '말 위에 높이 타고 있는 상태' 즉, 비유적으로 '시건방진 태도' '오만한 태도'를 뜻합니다. get off는 '~에서 내리다' 즉, 결국 '오만한 태도를 버리다'란 뜻이 되는 겁니다.

DIANA : **Why don't you get off your high horse?** 건방은 그만 떨지 그러니?

Dialogue

A : Why don't you get off your high horse?
You're no better than anyone else.
B : Look who's talking!

A : 너 건방은 그만 떨지 그러니? 넌 다른 사람들보다 나을 게 없다고.
B : 사돈 남말 하시네!

· Look who's talking! : 사돈 남말 하시네!

How do you spell "ugly"? "ugly"의 철자가 뭐죠?

영어를 배우다 보면 매 단어의 스펠링을 외우는 것이 쉬운 일이 아닙니다. 동사 spell은 '~의 철자를 쓰다'란 뜻입니다. 이를 활용해 어떤 단어의 스펠링을 물을 때는 'How do you spell ~?'이라고 물으면 되지요. 상대방에게 "당신 이름 스펠링이 뭐죠?"라고 묻고 싶다면 "How do you spell your name?"이라고 질문을 던지면 됩니다.

DIANA : **How do you spell "ugly"?** "ugly"의 스펠링이 뭐죠?

Dialogue

A : How do you spell "ugly"?

B : Oh, I don't know. I suck at spelling.

A : "ugly"의 철자가 뭐죠?

B : 아, 몰라요. 나 철자쓰기는 형편없어요.

· suck at : ~ 에 형편없다

Congratulations on the spelling test.

스펠링 테스트 (이긴 거) 축하해.

"Congratulations!"는 유명한 생일 축하 노래도 있듯이 "축하해요!"란 뜻을 가지고 있습니다. 반드시 뒤에 s가 붙는다는 것 잊지 마세요. 좀 더 구체적으로 축하해 주고자 하는 대상을 언급할 때는 전치사 on을 써서 내용을 확장시켜 주면 되지요.

GILBERT : **Congratulations on the spelling test,** Anne. 스펠링 테스트 (이긴 거) 축하해, 앤.

Dialogue

A : Congratulations on your new job!

B : Thank you. Let's go for a drink! It's my treat.

A : 새 일자리 (얻은 거) 축하해!

B : 고마워. 한 잔 하러 가자. 내가 쏠게.

· It's my treat. : 내가 쏜다.

Take that back! 그 말 취소해!

상대방이 하지 말았어야 하는 말, 혹은 나를 기분 나쁘게 하는 말을 내뱉었을 때, "그 말 취소해!"란 뜻으로 원어민들이 즐겨 사용하는 표현이 바로 "Take that back!"입니다. take back은 무언가를 '도로 가지고 가다'란 뜻이 있고 여기서 that은 상대방이 한 말이 되는 거죠. 이미 뱉은 말을 취소하고 싶지 않을 때는 I won't take it back!이라고 말하면 됩니다.

ANNE : **Take that back**, Diana Barry! 그 말 취소해, 다이애나 배리!

Dialogue

A : Mike doesn't love you. He just took advantage of you.

B : That's not true. Take that back!

A : 마이크는 널 사랑하지 않아. 그는 그냥 널 이용한 것뿐이야.

B : 그렇지 않아. 그 말 취소해!

· take advantage of : ~를 이용하다

She's jealous of you. 그녀는 널 질투해.

jealous는 형용사로 '질투심이 많은, 시샘하는'이란 뜻을 가진 형용사입니다. 그래서, be jealous of는 '~를 질투하다'란 뜻을 가진 숙어표현이지요. 동사 envy 역시 '부러워하다, 시샘하다'란 뜻이 있으므로 같이 기억해 두도록 하세요. ex) I envy you.(난 당신이 부러워요.)

DIANA : **She's jealous of you.** 그녀는 널 질투해.

Dialogue

A : Why is Jane being mean to me?

B : She's just jealous of you.

A : 왜 제인은 내게 못되게 구는 걸까?

B : 그녀는 그냥 널 질투하는 거야.

I am leaving Avonlea 전 에이번리를 떠나요.

'be동사 + ing' 형태의 현재 진행형은 '~하는 중이다'란 의미를 갖습니다. 하지만, 이 현재 진행형은 아주 가까운 미래의 일을 나타내 주기도 하죠. 물론 이때 해석은 '~하는 중이다'가 아닌 '~할 거예요'가 되지요.

MR. PHILLIPS : And now, the sad news. **I am leaving Avonlea.**

그럼, 이제, 슬픈 소식이에요. 전 에이번리를 떠나요.

Dialogue

A : What time are you leaving tomorrow?

B : I'm leaving at 6:30.

A : 너 내일 몇 시에 떠나니?

B : 나 6시 30분에 떠날 거야.

You've got more nerve than a fox in a henhouse.

넌 닭장에 들어간 여우보다도 더 뻔뻔스럽구나.

have a nerve는 '대담하다, 뻔뻔하다'란 뜻입니다. 누군가 다른 사람들은 창피하거나 양심상 걸려서 하지 못할 일들을 대담하게 혹은 뻔뻔하게 하는 사람에게 쓸 수 있는 표현이지요. have는 have got과 같은 뜻이라 have got a nerve라고도 쓸 수 있습니다. 본 문장에서는 마치 닭장에 들어가 닭을 잡아먹는 여우보다도 더 뻔뻔하다는 뜻으로 "You've got more nerve than a fox in a henhouse."라고 말하고 있습니다.

DIANA : **You've got more nerve than a fox in a henhouse.**

넌 닭장에 들어간 여우보다도 더 뻔뻔스럽구나.

Dialogue

A : How could you do that?
You've got more nerve than a fox in a henhouse.

B : I'll take that as a compliment.

A : 너 어떻게 그럴 수 있니? 넌 닭장에 들어간 여우보다도 더 뻔뻔스럽구나.

B : 그 말 칭찬으로 받아들일게.

앤이 추천하는 Pattern English

I'll + 동사원형 ~할 거예요.

무언가를 하겠다고 자신의 의지를 밝힐 때 쓸 수 있는 패턴이 바로 'I'll ~'입니다. 우리말로 '나 ~할 거야'란 뜻이죠. 'I'm going to + 동사원형'의 패턴 역시 미래에 자신이 할 것을 말할 때 쓰이는 패턴인데요, I'll은 그 순간의 의지 또는 막연한 미래의 일을 말할 때, 그리고 I'm going to는 이미 확고히 예정되어 있는 일을 언급할 때 주로 사용됩니다.

MR. PHILLIPS : **I'll** collect your papers once everyone has left.
모두 나가고 나서 너희들 시험지를 걷을 거야.

ex

I'll go and shut the door. 내가 가서 문을 닫을게.

I'll play hooky tomorrow. 나 내일 땡땡이 칠 거야. (· play hooky 땡땡이치다.)

I'll always be there for you. 내가 널 위해 항상 그 곳에 있을게.

I'll have a cheese burger with french fries. 전 감자튀김에 치즈버거를 먹을게요.

Don't be afraid of + 명사. ~을 두려워하지 마.

be afraid of는 '~을 두려워하다'란 숙어표현입니다. 입대를 앞두고 두려워하는 친구, 큰 수술을 앞두고 무서워하는 친구 등에게는 'Don't be afraid of(~을 두려워하지 마)' 패턴을 사용해서 말을 건네 줄 수 있겠죠?

ANNE : **Don't be afraid of** the bullies, Diana. (· bully 약한 아이들을 괴롭히는 사람)
약한 아이들을 괴롭히는 사람들을 두려워하지 마, 다이애나.

ex

Don't be afraid of the ball. 공을 두려워하지 마.

Don't be afraid of a little debt. 약간의 빚을 두려워하지 마.

Don't be afraid of the change. 변화를 두려워하지 마.

Don't be afraid of me. I won't bite you. 날 두려워하지 마. 물지 않을 테니까.

Let's + 동사원형. ~하자.

무언가를 하자고 제안할 때 원어민들이 즐겨 사용하는 패턴 중의 하나가 바로 'Let's ~' 패턴입니다. '~다'로 끝나는 영어 동사를 '~하자'로 바꿔주는 역할을 하는 패턴이지요. 반대로 '~하지 말자'라고 말하고 싶을 때는 Let's 뒤에 부정의 의미를 가진 not을 붙여서 'Let's not + 동사원형'의 패턴으로 말하시면 됩니다. ex) Let's not eat this.(이거 먹지 말자.)

MR. PHILLIPS : Alright, **let's** begin the spelling bee.
좋았어. '스펠링 비'(스펠링 게임)를 시작해 보자.

ex

Let's go to bed. 자자. (· go to bed 자러가다)

Let's take a break. 쉬자. (· take a break 휴식을 취하다.)

Let's order a pizza. 피자 시키자.

Let's do this later. 이거 나중에 하자.

I would like to + 동사원형. ~하고 싶어요.

부드럽게 자신이 하고 싶은 것을 상대방에게 전달할 때 사용할 수 있는 패턴이 바로 'I would like to ~'입니다. 우리말로 '나 ~ 하고 싶어요'로 해석이 되지요. 상대방에게 '~하고 싶으세요?'라고 물을 때는 'Would you like to ~?' 패턴으로 질문을 던지시면 되지요.

MR. PHILLIPS : **I would like to** announce the mathematics half term results.
이번 학기 수학 시험 결과를 발표하겠습니다.

ex

I would like to propose a toast. 건배 제의를 하고 싶습니다.

I would like to read a different book. 다른 책을 읽고 싶어요.

I would like to have a cheese burger. 치즈버거를 먹고 싶습니다.

I would like to donate 1000 dollars. 1000달러를 기부하고 싶습니다.

SCENE 10

The celebration at the Spurgeon farm

필립스선생님의 송별회를 하고 남아있던 중, 조시가 울타리 위를 걷다 뛰어내리며 길버트에게 안기자, 앤은 별것도 아닌 걸로 뽐내냐며 자신은 지붕 위도 걸을 수 있다고 말합니다. 이에 조시는 믿을 수 없다며 한번 해보라고 하자, 앤은 오기를 부리며 시도하는데요. 결국 지붕 위에서 떨어져 한쪽 다리를 삐고 맙니다. 길버트가 도와주겠다고 나서지만, 그녀는 도움은 필요 없다며, 일부러 그와 다른 방향으로 가기위해 숲으로 돌아서 갑니다. 하지만 숲을 가던 중 방치 돼 있던 우물에 빠져 결국 나머지 다리마저 삐고 맙니다.
혼자 걸을 수 없게 된 앤은 다이애나에게 가서 그녀의 아버지께 도움을 요청하라고 하고, 결국 앤은 그녀의 아버지에게 안겨 집으로 돌아옵니다. 마릴라는 계속 말썽이냐며 화를 내지만, 그녀가 반에서 1등을 했다는 말을 듣고는 기뻐합니다.

I dare you to walk the ridgepole of Moody's kitchen roof.

한번 무디의 부엌 지붕 마룻대를 걸어봐.

mp3

ANNE	: I suppose some people consider it an accomplishment to walk a little picket fence, Diana. I knew a girl in Marysville who could walk the ridgepole of a roof!
JOSIE	: I don't believe it! You sure couldn't, little Miss Bookworm!
ANNE	: Oh couldn't I?
GILBERT	: Oh, it's a little risky, don't you think, Anne?
ANNE	: Is it indeed, Mr. Blythe?
JOSIE	: I dare you! I dare you to walk the ridgepole of Moody's kitchen roof.
DIANA	: Don't do it, Anne. Nevermind her. It's not a fair dare.

ANNE	: 누구는 고작 울타리 위를 걷는 걸 대단하다고 생각하나봐, 다이애나. 매리스빌에 사는 여자애는 지붕 위도 걷는다던데.
JOSIE	: 못 믿겠어! 넌 못할걸, 이 책벌레야!
ANNE	: 오, 내가 못할까?
GILBERT	: 오, 좀 위험한데, 그렇게 생각 안 해, 앤?
ANNE	: 그럴까, 블라이드?
JOSIE	: 어디 한번 해봐! 무디의 부엌 지붕을 한번 걸어봐.
DIANA	: 하지 마, 앤. 걘 무시해. 이건 말도 안 되는 거야.

Anne's Essential Expressions

I think she sprained her ankle 그녀가 발목을 접질린 것 같아요.

동사 sprain은 발목, 손목 따위를 '접질리다, 삐다'란 뜻을 가진 동사입니다. 즉, sprain one's ankle 은 '발목을 접질리다'란 뜻이 되지요. sprain과 함께 동사 twist 역시 '삐다'란 의미로 사용되니 같이 기억해 두도록 하세요. ex) Mike fell and twisted his ankle.(마이크는 넘어져서 발목을 삐었어요.)

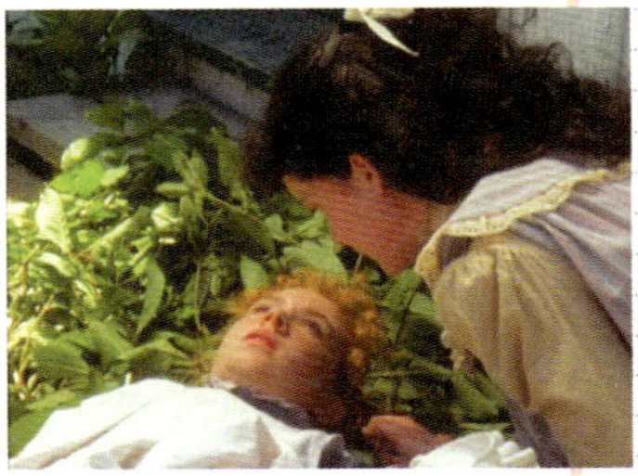

CLASSMATE : **I think she sprained her ankle.**
그녀가 발목을 접질린 것 같아요.

Dialogue

A : What happened to her hand?

B : I think she sprained her wrist.

A : 걔 손이 왜 저래?

B : 손목을 접질린 것 같아요.

My foot caught on something. 발에 뭐가 걸렸어.

다리가 뭔가에 걸릴 때 "My foot caught on something."이라고 말해보세요. catch on이 '~을 잡다'란 뜻이 있으므로, '내 발이 무언가를 잡았다' 즉, '내 발에 뭔가가 걸렸다'란 뜻이 되는 거죠.

ANNE : **My foot caught on something.** 발에 뭐가 걸렸어.

Dialogue

A : You're freaking me out! Why did you just scream?

B : Sorry, my foot caught on something.

A : 너 때문에 놀랐잖아! 왜 소리를 지른 거야?

B : 미안해, 발에 뭐가 걸렸어.

· freak someone out : ~를 화들짝 놀라게 하다

I dare you! 어디 한 번 해봐!

상대방에게 무언가를 한 번 해보라고 장난 혹은 협박식으로 압박을 가할 때 원어민들이 즐겨 사용하는 표현이 바로 "I dare you!"입니다. 우리말로 "어디 한 번 해봐!"란 뜻을 가진 표현이지요. 구체적으로 상대에게 해보라는 내용은 you 뒤에 to 부정사로 이루어진 내용을 붙여서 말해주면 됩니다.
ex) I dare you to kiss him.(어디 한 번 그에게 키스를 해봐.)

JOSIE : **I dare you!** 어디 한 번 해봐!

Dialogue

A : Say something bad about Mrs. Kim. I dare you!

B : What are you, seven?

A : 킴 선생님에 대해서 뭔가 나쁘게 말해봐. 어디 한 번 해봐!
B : 너 뭐야, 일곱 살이냐?

· What are you, seven? : (상대방이 유치하게 굴 때 많이 사용) 너 뭐야, 일곱 살이냐?

That won't be necessary. 그럴 필요 없습니다.

necessary는 '필요한, 없어서는 안 될'이란 뜻을 가진 형용사입니다. 누군가가 불필요한 무언가를 하겠다고 할 때, 굳이 그럴 필요 없음을 말하고자 할 때는 "That won't be necessary."라고 말하시면 됩니다. 이 때 that은 특별한 의미 없이 그 상황을 의미하며 주어 자리를 지키는 역할을 할 뿐이므로 that 대신에 it을 사용해서 "It won't be necessary."라고 말해도 같은 뜻이 됩니다.

ANNE : **That won't be necessary.** 그럴 필요 없습니다.

Dialogue

A : Are you hungry?
Do you want me to make you something to eat?

B : No, I'm leaving soon, so that won't be necessary.

A : 너 배고프니? 뭐 먹을 것 좀 만들어 줄까?
B : 아뇨, 저 곧 가요, 그러니 그러실 필요 없습니다.

Nevermind her. 그녀는 신경 쓰지 마.

상대방에게 무언가를 신경 쓰지 말라는 의미로 원어민들은 "Never mind."란 표현을 즐겨 사용합니다. 동사 mind가 "신경 쓰다, 마음에 두다"란 뜻이 있기 때문이죠. 그리고 Never와 mind를 붙여서 nevermind라고 하면 이 자체가 하나의 동사로 뒤에 목적어를 취할 수 있게 됩니다. 즉 "Nevermind her."는 "그녀는 신경 쓰지 마"란 뜻이 되는 거죠.

DIANA : Don't do it, Anne. **Nevermind her.** 그러지 마, 앤. 그녀는 신경 쓰지 마.

Dialogue

A : I hate her. She's such a pain in the neck.

B : Hey, nevermind her. She's not worth it.

A : 난 걔가 싫어. 걘 정말 눈엣가시야.

B : 야, 걘 신경 쓰지 마. 그럴 가치 없어.

· a pain in the neck : 눈엣가시 / worth : ~할 가치가 있는

Why don't we cut through here? 여기를 헤치고 나아가는 건 어때?

상대방에게 같이 무언가를 하자고 제안할 때 가장 즐겨 사용되는 질문 패턴이 바로 Why don't we ~?입니다. 예를 들어, 한참 재미있게 놀다가 친구에게 "이제 공부하는 게 어때?"라고 제안을 하고 싶다면, "Why don't we study now?"라고 물어보면 되지요. cut through는 길이 나있지 않은 곳을 "헤치고 나아가다"란 뜻이므로, "Why don't we cut through here?"는 "여기를 헤치고 나아가는 건 어때?"란 해석이 됩니다.

GILBERT : **Why don't we cut through here?**
여기를 헤치고 나아가는 건 어때?

Dialogue

A : Why don't we cut through here?

B : No, I know a shortcut. Just follow me.

A : 여기를 헤치고 나아가는 건 어때?

B : 아냐, 내가 지름길을 알아. 그냥 날 따라와.

Look on the bright side. 긍정적으로 생각해.

bright side는 '밝은 면'이란 뜻으로 "Look on the bright side."는 "밝은 면을 봐." 즉, "긍정적으로 생각해." 혹은 "낙관적으로 생각해."라는 뜻이 되죠. 세상과 상황을 긍정적으로 낙관적으로 보자는 의미로 사용되는 속담인 "Every cloud has a silver lining."(하늘이 무너져도 솟아날 구멍은 있다.)도 같이 외워두세요.

MR. BARRY : Marilla, **look on the bright side.** 마릴라, 긍정적으로 생각해.

Dialogue

A : I know you're feeling down about what happened. But, hey, look on the bright side.

B : What bright side? Everything is over!

A : 일어난 일들로 네가 우울한 거 알아. 하지만, 이봐, 긍정적으로 생각해.

B : 뭘 긍정적으로 생각하는데? 모든 게 끝났다고!

· feel down : 우울해하다 / be over : 끝나다

So am I. 나도 그래.

상대방의 말에 "나도 그래!"란 의미로 사용할 수 있는 표현 중에 하나가 바로 "So am I."입니다. 이 표현은 "I am so."에서 So가 앞으로 도치된 표현이죠. 단, 이 표현을 사용하기 위해서는 상대방이 한 말이 be 동사가 들어간 긍정문이어야 합니다. 예를 들어, 친구가 "I am 24 years old."(난 24살이야.)라고 말했을 경우, 이 문장은 be 동사도 있고, 긍정문이기 때문에 "나도 그래."란 뜻으로 "So am I."라고 말할 수가 있는 거죠.

ANNE : **So am I.** 나도 그래.

Dialogue

A : Oh, I ate too much. I'm stuffed.

B : So am I.

A : 아, 나 너무 많이 먹었어. 배가 터질 것 같아.

B : 나도 그래.

· be stuffed : 배가 터질 듯이 꽉 차다

앤이 추천하는 Pattern English

You're in no condition to + 동사원형. 넌 ~할 상태가 아니야.

우리들도 보통 컨디션이 좋다 혹은 나쁘다는 말을 많이 합니다. condition은 '건강상태'를 뜻하는 명사지요. 건강상태도 좋지 않은 상대방이 무리해서 무언가를 하려고 한다면, 'You're in no condition to ~' 패턴을 사용해서 충고를 해주세요. 우리말로 '넌 ~ 할 상태가 아니야'란 뜻이 됩니다.

DIANA : <u>**You're in no condition to**</u> walk home. 너 집에 걸어갈 상태가 아니야.

ex

You're in no condition to talk now. 넌 지금 말할 상태가 아니야.

You're in no condition to drive home. 넌 집에 운전해서 갈 상태가 아니야.

You're in no condition to make a wise choice. 넌 현명한 선택을 할 상태가 아니야.

You're in no condition to do anything. 넌 어떤 것도 할 상태가 아니야.

I can't help + 동사ing. ~하게 되는 걸 나도 어쩔 수 없어.

본능이 너무 강해서 이성을 이용한 자신의 의지로는 도저히 제어가 안 되어 뭔가를 하는 경우가 종종 있습니다. 이럴 경우 '~하는 걸 나도 어쩔 수 없어'라는 뜻으로 사용할 수 있는 패턴이 바로 'I can't help ~'입니다. 어쩔 수 없이 하게 되는 행동을 뒤에 '동사ing'로 이어서 말해주면 되지요.

ANNE : <u>**I can't help**</u> feeling sorry for him. 그가 불쌍한 마음이 드는 걸 나도 어쩔 수 없어.

ex

I can't help being cautious. 조심스럽게 되는 걸 나도 어쩔 수 없어.

I can't help thinking about you. 네 생각을 하게 되는 걸 나도 어쩔 수 없어

I can't help drinking coffee. 커피를 마시게 되는 걸 나도 어쩔 수 없어.

I can't help taking pictures of my children. 우리 아이들의 사진을 찍게 되는 걸 나도 어쩔 수 없어.

I don't + 동사원형. 난 ~하지 않아.

study(공부하다), eat(먹다), sleep(자다) 등의 일반 동사의 부정형은 주어의 인칭에 따라서 앞에 don't / doesn't를 붙여 주면 됩니다. 즉, don't study는 '공부하지 않다', don't eat은 '먹지 않다', don't sleep은 '자지 않다'가 되지요. 이처럼 자신이 무언가를 하지 않는다는 것을 말하고 싶다면 'I don't ~' 패턴을 사용해서 문장을 시작하면 됩니다.

JOSIE : **I don't** believe it! 난 그걸 믿지 않아.

ex

I don't trust you. 난 널 믿지 않아.

I don't take a nap. 난 낮잠을 자지 않아.

I don't listen to the music. 난 음악을 듣지 않아.

I don't sleep more than 10 hours. 난 10시간 이상 자지 않아.

What are we going to + 동사원형? 우리 뭐 ~ 해야 하지?

나를 포함한 주위 사람들과 함께 무엇을 해야 할지, 무엇을 먹어야 할지, 무엇을 읽어야 할지 등등을 모를 때, 'What are we going to ~ ?' 패턴을 사용해 말하면 됩니다. 예를 들어, 친구들과 극장에 갔는데, 무슨 영화를 봐야할지 모르겠다면 친구들에게 "What are we going to see?"(우리 뭘 봐야 하지?)라고 질문을 던질 수 있는 거죠.

DIANA : **What are we going to** do? 우리 뭐(어떻게) 해야 해?

ex

What are we going to draw? 우리 뭘 그려야하지?

What are we going to eat? 우리 뭘 먹어야하지?

What are we going to wear? 우리 뭘 입어야하지?

What are we going to buy for his birthday present? 우리 그의 생일 선물로 뭘 사야하지?

SCENE 11

The Cutbert living room

마릴라가 외출하는 동안 다이애나가 집으로 놀러오기로 합니다. 마릴라는 앤에게 다이애나와 함께 과일케이크를 먹으며 선반에서 라스베리 주스를 꺼내 마시라고 하는데요. 라스베리 쥬스를 한 번도 마셔본 적이 없는 앤은 병이 여러 개 있는 선반을 보자 구분을 하지 못하고, 와인을 꺼냅니다. 이를 알지 못한 채 다이애나에게 건네주고는 자신은 다과를 준비하러 부엌으로 가죠.

다이애나는 기다리는 동안 맛있다며 여러 잔을 마시다가 결국 취하고 맙니다. 몸이 안 좋은 것 같다며 집으로 가겠다는 다이애나를 앤은 말리지만, 그녀는 결국 집으로 뛰어가 버립니다. 앤은 바로 쫓아가지만, 다이애나는 이미 집에 다다랐고, 그녀의 엄마가 그녀의 취한 모습을 보고 앤에게 화를 냅니다. 그녀는 자신은 쥬스를 준 것뿐이라고 이야기하지만, 다이애나의 엄마는 믿지 않고 다시는 다이애나를 만날 생각을 하지 말라며 돌려보냅니다.

Diana will never see you again.

다이애나는 널 다시는 못 만날 거다

mp3

MRS. BARRY	:	What on earth's the matter, Diana?
RACHEL	:	She's drunk!
MRS. BARRY	:	Anne Shirley, what did you give my Diana to drink?
ANNE	:	Only raspberry cordial, Mrs. Barry.
RACHEL	:	Cordial my foot! The girl smells like Jake Griffith's distillery!
MRS. BARRY	:	Drunk! My daughter is drunk! And Mrs. Lynde the chairwoman of the temperance society! You are a wicked, wicked girl Anne Shirley! It was against my better judgement to let Diana associate with an orphan and I have been proven right! Diana will never see you again. Leave our property at once

MRS. BARRY	:	도대체 무슨 일이야, 다이애나?
RACHEL	:	쟤 취했잖아요!
MRS. BARRY	:	앤 셜리, 너 다이애나에게 뭘 마시라고준거니?
ANNE	:	라스베리 쥬스를 준 것뿐인데요, 배리 아줌마.
RACHEL	:	쥬스는 무슨! 술 냄새가 진동하는구만!
MRS. BARRY	:	취했어! 내 딸이 취했다고! 금주 협회 회장인 린드씨가 여기 있는데! 넌 아주 사악한 아이로구나, 앤 셜리! 내 이성이 허락하지 않는데도 너 같은 고아랑 다이애나를 같이 어울리게 했더니, 결국 내 판단이 맞았구나! 다이애나는 다시는 널 보지 않을 거다. 당장 이 집에서 나가거라.

Anne's Essential Expressions

Make yourself comfortable. 편안하게 있으세요.

누군가 자신의 집이나 사무실에 놀러오거나 방문을 했을 때, 불편하게 있지 말고 편안하게 있으란 의미로 원어민들이 즐겨 사용하는 표현이 바로 "Make yourself comfortable."입니다. 동사 make는 5형식으로 'make + 사람 + 형용사'의 어순으로 ['사람'을 '형용사'하게 한다]는 뜻이 만들어지기 때문이죠.

ANNE : Please come in and **make yourself comfortable.** 들어와서 편하게 있어.

Dialogue

A : Mr. Jane. Come on in. Make yourself comfortable.

B : Thank you. You have a nice office.

A : 제인 씨. 들어오세요. 편안하게 있으십시오.

B : 감사합니다. 좋은 사무실을 가지고 계시군요.

· Come on in. : 들어오세요.

It was a mess. 엉망이었어.

명사 mess는 '혼잡, 엉망진창'이란 뜻을 갖고 있습니다. 즉, 어떤 상황이나 장소를 보고 "It was a mess."라고 한다면 그것이 그만큼 정리되어 있지 않은 엉망진창인 상태였다는 것을 말하는 거죠.

ANNE : **It was a mess.** 그건 엉망이었어

Dialogue

A : Did you check out the crime scene?

B : Yeah, it was a mess.

A : 범죄 현장을 확인해 보셨나요?

B : 네, 엉망이었어요.

You simply have to go by the rules.

넌 단순히 규칙대로 해야 해.

by the rules는 '규칙대로'란 뜻입니다. 동사 go와 함께 go by the rules라고 하면 '규칙대로 하다'란 뜻이 되죠. 좀 더 formal한 표현으로 '준수하다, 지키다'란 뜻을 가진 abide by를 사용한 abide by the rules(규칙을 준수하다)란 표현도 같이 기억해 두세요.
ex) Under my roof, you have to abide by my rules.(내 집에선 넌 내 규칙을 지켜야 해.)

DIANA : You simply have to go by the rules. 넌 단순히 규칙대로 해야 해.

Dialogue

A : I hate living in apartments.
There are so many rules, and I simply have to go by the rules.

B : You're right. People can't even raise a dog in an apartment.

A : 난 아파트에서 사는 거 싫어해. 규칙이 너무 많고, 단순히 규칙대로 해야 하잖아.
B : 네 말이 맞아. 사람들은 아파트에서는 개도 기를 수가 없잖아.

You can have as much as you like.

네가 원하는 만큼 많이 먹어도 돼.

as much as는 '~만큼이나'란 뜻을 갖습니다. 식사에 누군가를 초대했을 때, 초대받은 사람에게 "원하시는 만큼 많이 드세요."란 말은 이 as much as를 사용해서 "You can have as much as you like."라고 말하실 수 있는 거죠.

ANNE : You can have as much as you like.
네가 원하는 만큼 많이 먹어도 돼.

Dialogue

A : Mrs. Smith. Can I have these chicken wings?

B : Of course, you can. You can have as much as you like.

A : 스미스 선생님. 저 치킨 날개들 먹어도 되나요?
B : 물론이지. 네가 원하는 만큼 많이 먹어도 돼.

What on earth did you give her? 도대체 너 그녀에게 뭘 준거니?

What으로 시작하는 의문문의 경우 뒤에 on earth / the hell / the fuck(욕과 같으니 조심해서 써야 함) 등을 붙여서 그 의미를 강하게 바꿔줄 수 있습니다. 우리말로는 '도대체, 젠장 할' 정도의 뜻이 되죠. 예를 들어, "What did you do?"는 "너 뭐했니?"이지만, "What on earth did you do?"는 "도대체 너 뭐했니?"란 뜻이 됩니다.

MARILLA : Drunk? **What on earth did you give her?**
취했다고? 도대체 너 그녀에게 뭘 준거니?

Dialogue

A : Why is Mike crying? What on earth did you give him?

B : I didn't give him anything. He just received notice of military duty.

A : 왜 마이크가 울고 있는 거지? 너 도대체 그에게 뭘 준거니?

B : 나 쟤한테 아무것도 안 줬어요. 쟤 방금 입영통지서를 받았거든요.

Can't you tell the difference? 구별을 못하시겠어요?

difference는 명사로 '차이점, 구별'이란 뜻을 가지고 있습니다. 우리말 '구별을 하다'는 do the difference가 아닌 동사 tell을 써서 tell the difference라고 하지요. 대상들의 차이점을 구분하지 못하는 사람에게는 다소 핀잔투로 "Can't you tell the difference?"라고 물으시면 됩니다.

MARILLA : **Can't you tell the difference?** 구별을 못하시겠어요?

Dialogue

A : Can't you tell the difference between me and Jack?

B : No, I can't. You guys are like two peas in a pod.

A : 너 나하고 잭을 구별 못하겠니?

B : 못하겠어. 너희들 쌍둥이처럼 똑같이 생겼어.

· be like two peas in a pod : 쌍둥이처럼 비슷하다

My heart is broken. 마음이 너무 아파.

사랑의 아픔으로 인해서 마음이 너무 아프다는 말을 "My heart is broken."이라고 말해 보세요. 팝송 가사에서도 흔하게 들을 수 있는 문장이지요. break는 '부수다'란 뜻을 가진 동사인데 수동태 형태인 'be broken'이 되면 '부서지다, 깨지다'란 뜻이 됩니다. 이별로 인해서 심장이 부서졌다는 것은 그만큼 마음이 아프다는 것을 의미하는 거죠.

ANNE : **My heart is broken.** 마음이 너무 아파.

Dialogue

A : Jack wants to break up with me. Oh, my heart is broken.

B : Oh, don't be. There are plenty of good guys in the world. You should dump him first.

A : 잭이 나와 헤어지기를 원해. 아, 마음이 너무 아파.

B : 오, 그러지 마. 세상에는 좋은 남자들이 많이 있다고. 네가 먼저 걔를 차 버려.

· break up with : ~와 헤어지다

It's no use. 소용이 없어.

use는 '사용하다'란 동사 뜻 이외에도 '효용, 용도'란 명사의 뜻도 가지고 있습니다. 즉, "It's no use."란 표현은 "소용이 없어"란 뜻이 되는 거죠. 사물이나 행동이 소용 없다는 것뿐만 아니라, 사람에게도 쓸 수 있다는 것 기억해 두세요. cf) You're no use to me.(넌 내게 쓸모없어.)

DIANA : I cried and cried but **it's no use**, Anne.
계속 울었지만, 소용이 없어, 앤.

Dialogue

A : What do they have planned? We have to stop them.

B : It's no use. We're too late.

A : 그들이 뭘 계획해 놓은 거야? 우리는 그들을 말려야 해.

B : 소용 없어. 너무 늦었다고.

앤이 추천하는 Pattern English

May I + 동사원형? 제가 ~해도 되나요?

상대방에게 정중히 무엇을 해도 되는지 묻고자 할 때, 쓰는 패턴이 바로 'May I ~?'입니다. 우리말로 '제가 ~ 해도 되나요?'란 질문 패턴이죠. 물론 'Can I ~?'라고 물어도 그 의미는 같으나, 'May I ~?'는 좀 더 공손하고 조심스럽게 물어볼 수 있는 formal한 패턴이라고 할 수 있겠습니다.

ANN : **May I** use the rosebud spray tea set, Marilla?
제가 장미 무늬 차 세트를 써도 될까요, 마릴라?

ex

May I ask you a question? 제가 질문 하나 해도 되나요?

May I talk to you for a second? 제가 잠깐만 그 쪽과 얘기를 나눠도 될까요?

May I come in for a minute? 제가 잠깐만 들어가도 될까요?

May I use your bathroom? 제가 화장실을 사용해도 될까요?

I feel + 형용사. 나 (기분이) ~ 해.

feel 뒤에 sick, happy, bored 등의 형용사를 붙여서 자신이 느끼는 감정을 말할 수 있습니다. 직역을 하면 '~를 느껴'란 뜻이지만, 우리말 해석상 '(기분이) ~해'라고 하는 것이 좀 더 자연스럽지요. 이 패턴을 자유자재로 사용하기 위해서는 다양한 형용사들을 외워두는 것이 필수입니다.

DIANA : Oh, **I feel** sick. Oh, I gotta go home. 오, 나 아픈 것 같아. 나 집에 가야겠어.

ex

I feel good. 나 기분이 좋아.

I feel exhausted. 나 지쳤어.

I feel tired. 나 피곤해.

I feel hungry. 나 배고파.

She's trying to + 동사원형. 그녀는 ~하려고 노력 중이야.

동사 try는 '노력하다, 시도하다'란 뜻입니다. 'She's trying to ~' 패턴은 '그녀는 ~하려고 노력중이야'란 뜻이죠. 주어인 She만 바꿔서 I'm trying to ~ / You're trying to ~ / He's trying to ~ 등은 원어민들이 굉장히 즐겨 사용하는 회화패턴들 중에 하나니 반드시 입에서 자연스럽게 툭툭 튀어나올 때까지 반복해서 연습하시는 노력을 기울이셔야 합니다.

ANNE : She's trying to teach me how to cook.

그녀는 나에게 요리하는 방법을 가르쳐주려고 노력 중이야.

ex

She's trying to tell me what happened last night.

그녀는 어제 밤에 무슨 일이 있었는지 내게 말해주려고 노력중이야.

She's trying to get over her past. 그녀는 그녀의 과거를 잊으려고 노력중이야.

She's trying to break up with her boyfriend. 그녀는 그녀의 남자친구와 헤어지려고 노력중이야.

She's trying to become a lawyer. 그녀는 변호사가 되려고 노력중이야.

Stop + 동사ing. 그만 ~ 해.

상대방에게 어떤 행동을 그만하라고 할 때, 유용하게 사용할 수 있는 패턴이 바로 'Stop + 동사ing'입니다. 동사 두 개는 연달아 사양될 수가 없기에 stop 뒤에 위치하는 동사는 동사ing 형태로 표현해서 연결시켜주는 것이죠. 굳이 구체적으로 어떤 행동을 그만두라는 의미로 stop 뒤에 동사ing를 붙이지 않고 간단히 "Stop it!"(그만해!)라고 외치셔도 됩니다.

MARILLA : Stop crying. It wasn't your fault. 그만 울어라. 그건 너 잘못이 아니었어.

ex

Stop bothering me. 그만 날 귀찮게 해. (· bother ~를 귀찮게 하다)

Stop surfing the Internet. 인터넷 그만 검색 해. (· surf the Internet 인터넷을 검색하다)

Stop hitting on that girl. 저 여자를 그만 꼬셔. (· hit on ~를 꼬시다)

Stop wasting your life. 네 인생을 그만 낭비해.

빨강머리 앤 Pop Quiz

영어표현과 어울리는 해석을 찾아보세요.

1. Cut it out!	( )	a. 정말 바보 같은 소리 하지 마.
2. There, there.	( )	b. 그만해!
3. Don't be so ridiculous.	( )	c. 조용히 해.
4. Coming!	( )	d. 그 말 취소해.
5. Watch it!	( )	e. 내 말을 잘 들어.
6. Hold your tongue.	( )	f. 소용없어.
7. Mark my words.	( )	g. 조심해!
8. Good luck on the exam.	( )	h. 괜찮아, 괜찮아
9. It was a mess.	( )	i. 긍정적으로 생각해.
10. It's no use.	( )	j. 저 지금 가요!
11. Take that back!	( )	k. 시험 잘 봐.
12. She's jealous of you.	( )	l. 그녀는 널 질투해.
13. Look on the bright side.	( )	m. 엉망이었어.

정답 1. ⓑ 2. ⓗ 3. ⓐ 4. ⓙ 5. ⓖ 6. ⓒ 7. ⓔ 8. ⓚ 9. ⓜ 10. ⓕ 11. ⓓ 12. ⓛ 13. ⓘ

앞에서 배운 패턴을 활용하여 다음 영문을 완성해보세요.

1. 난 한마디도 하지 않을 거야. ______________ say a word.

2. 제가 당신과 함께 가게 해주세요. ______________ go with you.

3. 너 그러지 않았다면 좋았을 텐데. ______________ you hadn't done that.

4. 난 청바지 입는 걸 좋아하곤 했어요. ______________ like wearing jeans.

5. 당신이 그녀의 남편이겠군요. ______________ her husband.

6. 당신의 제안을 받아들이기로 결정했어요. ______________ accept your offer.

7. 내가 널 용서할 거라고 기대하지 마. ______________ forgive you.

8. 난 그것을 위해 기꺼이 싸우겠어요. ______________ fight for it.

9. 난 그가 이곳에 있다고 확신해. ______________ he's here.

10. 늦어서 미안해. ______________ being late.

11. 그것이 내가 그녀를 싫어하는 이유야. ______________ I don't like her.

12. 네 생각을 하게 되는 걸 나도 어쩔 수가 없어. ______________ thinking about you.

정답 1. I won't 2. Please let me 3. I wish 4. I used to 5. You must be 6. I made up my mind to 7. Don't expect me to 8. I'm willing to 9. I'm sure 10. I'm sorry for 11. That's why 12. I can't help

Anne of Green Ga

Anne of Green Gables

Part #2

SCENE 12

The schoolhouse

와인 사건 이후로 다이애나와 대화를 나누지도 못하는 사이가 된 앤은 속상해 하는데요, 다행히 스테이시라는 새로운 선생님이 자신을 이해해주며 따뜻한 마음을 가지신 분이라 수업을 즐기게 됩니다.
하루는 스테이시 선생님이 마릴라에게 앤이 전문대학을 가기 위한 특별수업에 들어갈 수 있도록 허락을 구하기 위해 그녀의 집을 방문하는데요. 하필 그 때 전날 만들어 놓은 푸딩에 뚜껑을 안 닫아놔서 쥐가 들어간 것을 몰래 꺼내고서는 말을 못하고 있는데, 마릴라가 그 푸딩을 선생님께 내오게 됩니다. 결국 앤은 먹으면 안 된다며 소리를 지르고 사실을 이야기하게 되죠. 하지만, 다행히도 모두들 웃고 넘기고 맙니다.

She can join the class if she wants to.

그녀가 원한다면 수업에 참여해도 돼요.

mp3

MISS STACEY : Anne is doing simply excellent work. Which is why I'm here. I wondered would you permit her to join a special class? You see I intend to give extra classes after school for those student who intend to take the entrance exams at Queen's.

MARILLA : The College in Charlottetown? Our Anne?

MISS STACEY : She's bright and energetic. Well, very determined. I think that she could pass for a teacher or even go on to the University.

MARILLA : Well I… I've always thought that a girl should learn to make a living. It's a very insecure world. Well, of course she can join the class if she wants to.

MISS STACEY : Oh, that is wonderful.

MARILLA : Why don't you stay for supper? I'm just about to set the table.

MISS STACEY : 앤은 정말로 공부를 잘하고 있어요. 그게 제가 여기 온 이유죠. 그 애가 특별수업을 들을 수 있도록 허락해 주실 수 있는지 궁금합니다. 퀸즈 대학교에 입학시험을 치를 의향이 있는 학생들을 위해서 제가 방과 후에 추가 수업을 하려고 하거든요.

MARILLA : 샬롯타운에 있는 대학 말인가요? 우리 앤이요?

MISS STACEY : 그 애는 총명하고 활기가 넘쳐요. 음, 매우 확고하기도 하고요. 전 그 애가 선생님이 될 수도 있고 혹은 대학에도 갈 수 있을 거라고 생각합니다.

MARILLA : 음, 전 항상 여자아이들도 먹고 살기 위해서는 배워야 한다고 생각해왔어요. 세상이 참 불안정하니까요. 음, 물론 그 아가 원한다면 수업을 들을 수 있죠.

MISS STACEY : 아, 감사합니다.

MARILLA : 어, 식사를 같이 하시는 게 어떨까요? 막 식탁을 차리려던 참이거든요.

Anne's Essential Expressions

Please remain after class. 수업 끝나고 남으세요.

class는 '교실'이란 뜻과 함께, '수업'이란 뜻으로 사용됩니다. 즉, "Please remain after class."란 말은 "수업 끝나고 남으세요."란 뜻이 되는 거죠. 비슷한 뜻으로 "Please see me after class."(수업 끝나고 나 찾으렴.)란 통문장도 자주 사용된답니다.

MISS STACEY : **Please remain after class**, Anne.
수업이 끝나고 남으세요, 앤.

Dialogue

A : Please remain after class, Josh.

B : Yes, Ms. Wilson.

A : 수업이 끝나고 남으세요, 조쉬.

B : 네, 윌슨 선생님.

I'd like to have a few words with you. 너와 몇 마디 나누고 싶구나.

have a word는 '짧게 대화를 나누다'란 표현입니다. 여기에 '약간의'란 뜻의 a few를 붙여서 have a few words(몇 마디 나누다)란 표현을 사용할 수도 있지요. 짧게 상대방과 이야기하고 싶을 때 유용하게 쓸 수 있는 문장입니다.

MISS STACEY : **I'd like to have a few words with you.** 너와 몇 마디 나누고 싶구나.

Dialogue

A : Jimmy, do you have time? I'd like to have a few words with you.

B : Actually, I'm a little busy right now. Please be brief.

A : 지미, 너 시간 있니? 너와 몇 마디 나누고 싶구나.

B : 사실, 제가 지금 조금 바빠요. 짧게 해주세요.

· brief : 간단한, (말을 길게 하지 말고) 짧게 하는

I'm disappointed in you. 너한테 실망이다.

disappoint는 '~를 실망시키다'란 뜻의 동사로 수동태 관용표현인 be disappointed in은 '~에게 실망하다'란 뜻으로 외워두시면 됩니다. 비슷한 의미로 let down(~를 실망시키다)란 표현도 같이 외워두세요. cf) I'm sorry I let you down. (실망시켜서 죄송해요.)

MISS STACEY : **I'm disappointed in you**, Anne. 너한테 실망이다, 앤.

Dialogue

A : You're an ass.

B : How could you say that to me? I'm disappointed in you.

A : 넌 정말 형편없는 놈이야.

B : 어떻게 내게 그런 말을 할 수 있니? 너한테 실망이다.

· ass : 형편없는 놈, 나쁜 놈

Excuse me for a minute. 잠시만 실례할게요.

상대방과의 대화 도중 잠시 자리를 비우고 다른 곳에 가봐야 할 때 원어민들이 즐겨 사용하는 표현이 바로 "Excuse me."입니다. 식탁에서 식사 도중 잠시 화장실에 가려고 일어날 때도 "Excuse me."라고 말할 수 있지요. for a minute은 직역해서 '1분 동안'이라고 해석하기 보다는 '잠깐 동안'이라고 해석하는 게 자연스럽습니다.

ANNE : **Excuse me for a minute**, Marilla.
잠시만 실례할게요, 마릴라.

Dialogue

A : Excuse me for a minute. I have to go to the bathroom.

B : Okay. Take your time.

A : 잠시만 실례할게요. 화장실에 가야 해서요.

B : 알겠습니다. 서두르지 않으셔도 돼요.

· take one's time : 천천히 하다, 서두르지 않다

What has she done now? 그녀가 이번엔 무슨 짓을 했나요?

누가 무슨 일을 저질렀냐고 물을 때, 원어민들이 즐겨 사용하는 표현이 'What have(has) + 주어 + done?'입니다. 예를 들어, 상대방이 어떤 사고를 쳤다면 "What have you done?"(너 무슨 짓을 한 거야?)이라고 외쳐 물어볼 수 있겠죠.

MARILLA : **What has she done now?** 그녀가 이번엔 무슨 짓을 했나요?

Dialogue

A : What has she done now?

B : She broke the widow again. And she just took off.

A : 그녀가 이번엔 무슨 짓을 했나요?

B : 또 창문을 깨뜨렸어요. 그리고 달아나 버렸네요.

· take off : 떠나다, 도망치다

She's bright and energetic. 그녀는 영리하고, 활기가 넘쳐요.

사람의 성품을 나타내는 형용사들은 무수히 많습니다. 그 중 bright은 '머리가 총명한' 그리고 energetic은 '에너지가 넘치는, 활기찬'이란 뜻이지요. 이러한 형용사들은 be 동사와 함께 쓰여 '~다'란 뜻이 된다는 거 절대 잊지 마세요.

MISS STACEY : **She's bright and energetic.**
그녀는 영리하고, 활기가 넘쳐요.

Dialogue

A : Tell me. What's she like?

B : She's bright and energetic. Everybody loves her.

A : 말해줘요. 그녀는 어떤 사람인가요?

B : 그녀는 영리하고 활기가 넘쳐요. 모두들 그녀를 아주 좋아하죠.

· What's A like? : A는 어떤 사람인가요?

That was a delicious dinner. 맛있는 저녁이었어요.

외국 사람들은 남이 해 준 음식을 먹을 때, 맛있다는 칭찬을 연발해 줍니다. 그게 식탁예의지요. 음식을 먹고 나면, That was delicious!(맛있었어요!), That was a lovely meal!(훌륭한 식사였어요!), That was a delicious dinner!(맛있는 저녁이었어요!)와 같은 칭찬들을 마구 날려주는 게 좋습니다.

MISS STACEY : **That was a delicious dinner**, Miss Cuthbert.
맛있는 저녁이었어요, 쿠스버트 양.

Dialogue

A : That was a delicious dinner, Susan. I really loved your pasta.

B : I'm really glad you enjoyed it.

A : 맛있는 저녁이었어요, 수잔. 파스타가 정말로 맛있더군요.
B : 맛있게 드셨다니 저도 정말 기쁘네요.

I can hardly wait to taste it. 그거 너무 맛보고 싶네요.

hardly는 '거의 ~ 않는'이란 뜻의 부정을 나타냅니다. 즉, can hardly wait to는 '~하고 싶어서 거의 기다릴 수조차 없다', 즉 '너무 ~ 하고 싶다'란 뜻이 되는 거죠. 좀 더 간단하게는 hardly 대신에 can의 부정인 can't을 써서 can't wait to라고 말하는 게 일반적입니다.

MISS STACEY : Oh, really! Well, **I can hardly wait to taste it.**
오, 정말요! 그렇담, 그거 너무 맛보고 싶네요.

Dialogue

A : I used my secret ingredient. I'm sure you'll love it.

B : Oh, really! Well, I can hardly wait to taste it.

A : 저만의 비밀 재료를 사용했어요. 분명히 좋아하실 거예요.
B : 아, 정말요! 그렇담, 그거 너무 맛보고 싶네요.

앤이 추천하는 Pattern English

You can + 동사원형. 넌 ~할 수 있다/해도 된다.

'You can ~'이란 패턴은 단순히 '넌 ~ 할 수 있어'란 뜻도 되지만, 상대방에게 무언가를 해도 된다는 허락의 의미로도 사용할 수 있습니다. 예를 들어, 아들이 엄마에게 백화점에서 "나 이거 사도 돼요?"라고 묻는다면 간단히 "Yes, you can have it."이라고 말해 줄 수 있는 거죠.

MISS STACEY : Remember, **you can** always start everything fresh tomorrow.
기억해라. 넌 항상 내일 새로운 것을 시작할 수 있단다.

ex

You can go home now. 넌 이제 집에 가도 된다.

You can have this if you want to. 네가 원한다면 이거 가져도 돼.

You can win this game. 넌 이 게임을 이길 수 있어.

You can do whatever you like. 넌 네가 좋아하는 건 무엇이든 할 수 있어.

I'm (just) about to + 동사원형. 나 막 ~하려던 참이야.

be about to는 '막 ~ 하려던 참이다'란 뜻을 가진 관용표현입니다. 우리말의 '막'이란 뜻을 강조해 주기 위해서 be about 사이에 just를 넣어서 be just about to ~라고 말을 할 수도 있지요.

MARILLA : **I'm just about to** set the table. 나 막 상차리려던 참이에요.

ex

I'm just about to text him. 나 그에게 막 문자 보내려던 참이야.

I'm just about to go out for dinner. 나 막 저녁 먹으러 나가려던 참이야.

I'm about to finish my homework. 나 숙제를 끝내려던 참이야.

I'm about to call him and ask for help. 나 그에게 전화해서 도움을 요청하려던 참이야.

Why don't you + 동사원형? 너 ~하는 게 어때?

상대방에게 무언가를 제안할 때 원어민들이 즐겨 사용하는 질문 패턴이 바로 'Why don't you ~?'입니다. 우리말로 '너 ~하는 게 어때?'란 물음이지요. 같은 맥락에서 '우리 ~ 하는 게 어때?'란 제안은 'Why don't we ~?' 패턴을 사용하시면 됩니다.

MARILLA : **Why don't you** stay for supper? 저녁 먹고 가는 거 어때요?

ex

Why don't you try this on? 너 이거 입어 보는 게 어때?

Why don't you see a doctor? 너 병원에 가보는 게 어때?

Why don't you go home and get some sleep? 너 집에 가서 좀 자는 게 어때?

Why don't you ask her out to a movie? 너 그녀에게 영화 보러 가자고 하는 게 어때?

Did you + 동사원형? 너 ~했니?

일반 동사가 서술어로 쓰이는 문장의 의문문은 주어의 인칭에 따라서 앞에 Do 혹은 Does를 붙여서 시작하면 됩니다. 물론 과거일 경우에는 Did가 오면 되지요. 그래서, 'Did you ~?' 패턴은 상대방에게 '너 ~했니?'란 질문입니다. 쉽다고 무시하지 마세요! 이런 쉬운 패턴을 100번 1000번 이상 반복한 사람들만이 외국인과 만났을 때 얼지 않고 영어로 말할 수 있는 Winner들이니까요.

MARILLA : **Did you** bring the pudding? 너 푸딩 가져왔니?

ex

Did you wash your hands? 너 손 씻었니?

Did you take my umbrella? 너 내 우산 가져갔니?

Did you read the book I gave you? 너 내가 준 책 읽었니?

Did you use my computer without my permission? 너 내 허락 없이 컴퓨터 썼니?

SCENE 13

The Cuthbert kitchen

마릴라가 하루 집을 비운 사이, 앤은 매튜와 함께 시간을 보내고 있는데요, 저녁에 다이애나가 울면서 찾아옵니다. 어린 동생이 크루프(급성 폐쇄성 후두염)에 걸렸다며 어찌 해야할지 모르겠다고 합니다. 이에 매튜는 의사를 데리러 가고, 앤이 다이애나와 함께 그녀의 집으로 가는데요. 다행히 앤은 전에 살던 집 아이들이 크루프에 자주 걸려 돌본 경험이 있기에, 크루프에 먹는 시럽을 먹이며 앤의 동생을 간호합니다.

매튜와 함께 늦게 도착한 의사는 자신이 너무 늦었기 때문에 큰일 날 뻔했다며, 앤이 잘 돌본 덕분에 아이가 살 수 있었다고 말합니다. 다음 날 이를 알게 된 다이애나의 엄마는 앤을 저녁에 초대하여 그동안 미안했다고 사과를 합니다.

I know exactly what to do for the croup.

난 급성 후두염에 걸렸을 때 어떻게 해야 하는 지 정확히 알고 있어.

mp3

ANNE : Diana!

DIANA : My little sister's awful sick with the croup.
And Mary Jo's babysitting; she doesn't know what to do.
And we can't get word to mother and father
because they're at the Rally still.

ANNE : Don't worry, Diana. Matthew will get the doctor.
We're such kindred spirits I can read his thoughts.

DIANA : Dr. Reilly's at the Rally too. Oh Anne. I'm scared.
The baby can't breathe.

ANNE : Get my coat, Diana. Stop crying, Diana.
I know exactly what to do for the croup.
Ipecac is an expectorant. Mrs. Hammond's three sets of twins
all had croup regularly, Diana, and it was me that treated them.

ANNE : 다이애나!

DIANA : 내 여동생이 후두염으로 굉장히 아파.
메리 조가 동생을 돌봐주고 있는데, 그녀는 뭘 해야 할지도 몰라.
그리고 엄마 아빠는 아직 집회에 계셔서 연락할 방법이 없어.

ANNE : 걱정하지 마, 다이애나. 매튜가 의사 선생님을 모시고 올 거야.
우린 아주 친해서 난 아저씨 생각을 읽을 수 있어.

DIANA : 의사선생님도 집회에 가셨어. 오, 앤. 나 너무 무서워. 아이가 숨을 쉬지도 못해.

ANNE : 내 코트를 갖다줘, 다이애나. 그만 좀 울어, 다이애나. 난 후두염에 어떻게 해야하는지 잘 알아.
토제를 쓰면 가래를 없앨 수 있어. 해몬드 씨네 쌍둥이들이 후두염을 자주 앓았거든.
그리고 항상 내가 그들을 치료했었어.

Anne's Essential Expressions

Go on. 계속 해.

상대방에게 하던 행동이나 혹은 하던 말을 "계속 해."라고 재촉할 때 원어민들이 즐겨 쓰는 표현이 바로 "Go on."입니다. "Keep going."도 같은 의미로 사용되는 표현 중 하나지요. 좀 더 격식을 차린 "Please continue."라고 말할 수도 있습니다.

MATTHEW : Oh, **go on.** 오, 계속 해라.

Dialogue

A : Are you listening to me?

B : Yeah, sure. Go on. I'm all ears.

A : 너 내 말 듣고 있는 거니?

B : 응, 물론이지. 계속 해. 나 잘 듣고 있어.

· be all ears : 열심히 귀를 기울이다

You're invited to dinner. 너 저녁식사에 초대되었다.

동사 invite은 '~를 초대하다'란 뜻의 동사입니다. invite A to B는 'A를 B에 초대하다'란 뜻이 되는 거죠. 수동태 형태로 주어가 be invited라는 것은 주어가 어딘가에 '초대되었다'란 뜻이 되는 거죠. 초대된 장소는 전치사 to와 함께 나타내어 주면 됩니다.

MARILLA : **You're invited to dinner.**
너 저녁식사에 초대되었다.

Dialogue

A : Go get dressed. You're invited to dinner.

B : Dinner? What dinner?

A : 가서 옷 입어. 너 저녁식사에 초대되었어.

B : 저녁 식사요? 무슨 저녁 식사요?

Mary Jo's babysitting. 메리 조가 아이를 돌보고 있어.

어린 아이들을 집에 두고 부모가 오랜 시간 외출을 해야 되는 경우, 서양에서는 아이를 돌봐줄 사람을 고용합니다. 이들을 영어로 babysitter라고 부르지요. babysit은 '아기를 돌보다'란 동사로 사용됩니다. 예를 들어, "수잔이 내 아들을 돌봐주고 있어."란 말은 "Susan is babysitting my son."이라고 말하면 되는 거죠.

DIANA : **Mary Jo's babysitting.** 메리 조가 아이를 돌보고 있어.

Dialogue

A : Did you get a babysitter for the kids?

B : Yup. My cousin, Amy, will come and babysit for me.

A : 너 애들을 돌봐 줄 사람을 구했니?

B : 응, 내 사촌 에이미가 와서 날 위해 애들을 돌봐줄 거야.

Get my coat. 내 코트를 가져와.

get은 다양한 의미로 회화에서 사용되는 필수 동사들 중 하나입니다. 여러 의미 중 무언가를 손으로 잡아서 '가져오다'란 뜻이 있지요. 명령문은 주어 없이 동사로 문장을 시작하면 되기에 상대방에 'Get + 사물!'형태로 말을 할 수 있습니다. 즉, "Get my coat."는 "내 코트를 가져와."란 뜻이 되는 거죠.

ANNE : **Get my coat, Diana.** 내 코트를 가져와, 다이애나.

Dialogue

A : Get my coat. I'm leaving.

B : But I don't know where it is.

A : 내 코트를 가져와, 나 갈 거야.

B : 하지만 어디 있는지 전 몰라요.

Put some wood in the stove. 난로에 나무를 좀 넣어요.

동사 put은 '놓다'란 뜻입니다. 'put A in B'는 'A를 B에 넣다'란 뜻이 되는 거죠. 주어 없이 동사로 문장을 시작하면 명령문이 되기 때문에 "Put some wood in the stove."는 "난로에 나무를 넣어요."란 뜻의 표현인 거죠.

ANNE : **Put some wood in the stove**, Mary Jo, and boil some water.
난로에 나무를 좀 넣어요, 메리 조, 그리고 물 좀 끓여요.

Dialogue

A : It's getting cold in here.
B : Yeah, I think so. Hey, Jack! Put some wood in the stove.

A : 안이 점점 더 추워지는 걸.
B : 응, 그런 것 같아. 야, 잭! 난로에 나무를 좀 넣어.

· get cold : 추워지다 / I think so. : 나도 그렇게 생각해

What does he look like? 그는 어떻게 생겼어요?

상대방의 외모를 물어볼 때, 원어민들이 가장 많이 사용하는 질문표현이 바로 What does 'A' look like?입니다. look like이 '~처럼 보이다' '~처럼 생기다'란 뜻이기 때문이죠. 앞에서 배웠던 "What's 'A' like?"이 외모보다는 성격이나 성품을 물어보는 뉘앙스가 강하다면 "What does A look like?"는 전적으로 외모를 물어보는 질문이 되겠습니다.

ANNE : **What does he look like?** 그는 어떻게 생겼어요?

Dialogue

A : I heard you've got a new boyfriend. What does he look like?
B : He is totally cute. He looks like Justin Timberlake.

A : 너 새 남자친구 생겼다는 것 들었어. 그 애는 어떻게 생겼니?
B : 완전 귀여워. 저스틴 팀버레이크 닮았어.

· totally : 완전히, 정말로 / cute : 귀여운

Have a lovely time. 즐거운 시간 보내요.

상대방에 "좋은 시간을 보내요!"란 뜻으로 원어민들이 즐겨 쓰는 표현이 바로 "Have a good time!"입니다. 형용사 good 대신에 여러 가지 다른 어휘들을 써서 Have a lovely time / Have a wonderful time / Have a great time과 같이 다양하게 말할 수 있답니다.

ANNE : **Have a lovely time.** 즐거운 시간 보내요.

Dialogue

A : I have a date with John tonight. I'll give you a call later.

B : Okay. Have a lovely time.

A : 나 오늘 밤에 존과 데이트가 있어. 내가 나중에 전화할게.

B : 그래. 즐거운 시간 보내.

· have a date : 데이트가 있다 / give someone a call : 누구에게 전화를 하다

I am so ashamed. 너무 부끄럽구나.

be ashamed는 '부끄럽다, 수치스럽다'란 뜻을 갖습니다. ashamed 앞에 so를 붙여주면 그 정도가 더해 '매우 부끄럽다, 아주 수치스럽다'란 뜻이 되지요. 참고로 ashamed는 뉘앙스상 그냥 단순히 가벼운 실수로 인해서 부끄럽다는 뜻이 아니라 좋지 않은 행동을 통해서 강하게 수치심을 느낄 때 사용됩니다.

MRS. BARRY : **I am so ashamed**, Anne. 너무 부끄럽구나, 앤.

Dialogue

A : Oh, I am so ashamed, Jenny. I'm so sorry.

B : It's okay. Let's just forget about that.

A : 아, 너무 부끄럽다, 제니야. 정말로 미안해.

B : 괜찮아. 그 일은 그냥 잊도록 하자.

앤이 추천하는 Pattern English

I can't + 동사원형. 난 ~할 수가 없어.

조동사 can(~을 할 수 있다)의 부정형은 cannot 혹은 can't입니다. 즉 'I can't ~.'은 '난 ~을 할 수 없어'란 뜻의 패턴이지요. 이 패턴을 말할 때 can't의 t를 [트] 라고 명확히 발음해 주지 말고, [캔]의 끝 발음을 길게 위로 올려서 말하는 것이 원어민에 가까운 발음이 됩니다.

ANNE : **<u>I can't</u>** go to school. 난 학교에 갈 수 없어요.

ex

I can't invite you to the wedding. 난 널 결혼식에 초대할 수가 없어.

I can't find my bag anywhere. 난 어디서도 내 가방을 찾을 수가 없어.

I'm sorry, but **I can't** accept your money. 미안하지만 난 너의 돈을 받을 수가 없어.

I can't do this on my own. 난 이 일을 혼자서는 할 수가 없어.

I hate to + 동사원형. 나 ~하기 싫어.

I hate는 '난 싫어해요'란 뜻입니다. 그렇다면 무엇을 싫어하는 걸까요? 구체적으로 무엇을 하는 것을 싫어하는지는 동사 뒤에 '~하는 것'으로 해석이 되는 to 부정사를 붙여줌으로써 확장해 말할 수 있습니다. 간단히 'I hate to ~'를 '나 ~하기 싫어요'란 패턴으로 외워두시면 되겠습니다.

ANNE : **<u>I hate to</u>** stay at home. 나 집에 있기 정말 싫어요.

ex

I hate to go to a bar alone. 난 혼자서 바에 가기 싫어.

I hate to sleep alone. 난 혼자서 자는 거 싫어해.

I hate to ask this, but who is Jack? 이런 질문하기 싫지만, 잭이 누구에요?

I hate to leave you like this. 이런 식으로 널 떠나기 싫어.

I am aching to + 동사원형. 나 너무 ~하고 싶어요.

우리말에 '~하고 싶어 죽겠다'란 표현이 있습니다. 그만큼 간절히 무언가를 하고 싶다는 뜻이죠. 'I am aching to ~' 패턴 역시 무언가를 하고 싶다는 간절함이 강해서 몸이 아플 정도라는 것을 나타내는 표현방식입니다. aching 대신에 dying을 써서 'I'm dying to ~'라고 말할 수도 있지요.

ANNE : **I am aching to** see Diana! 나 너무 다이어나를 보고 싶어요!

ex

I am aching to go home. 난 너무 집에 가고 싶어요.

I am aching to know the test results. 난 시험 결과를 알고 싶어 미치겠어.

I am aching to hear your story. 난 정말 당신 이야기를 듣고 싶어요.

I am aching to run my own business. 난 내 사업을 하고 싶어 미치겠어. (· run one's own business 사업을 하다)

I'm so sorry + 주어 + 동사~. ~해서 정말 미안해.

"I'm so sorry."는 "정말 미안해."란 뜻인데요, 뒤에 '주어 + 동사~'로 이루어지는 절이 붙을 경우 '~해서 정말 미안해'란 뜻의 패턴으로 사용할 수 있습니다. 예를 들어, '내가 널 무시했다'(I ignored you)란 사실을 사과하고 싶다면, "I'm so sorry I ignored you."라고 말하면 되는 거죠.

MRS. BARRY : **I'm so sorry** I ever doubted you. 내가 너를 의심해서 너무 미안하다.

ex

I'm so sorry I couldn't get here sooner. 더 일찍 오지 못해서 너무 미안해.

I'm so sorry I missed your party. 네 파티에 가지 못해서 너무 미안해.

I'm so sorry I misjudged you. 내가 널 오해해서 너무 미안해.

I'm so sorry I haven't introduced you two. 너희 둘을 소개시켜 주지 않아서 너무 미안해.

SCENE 14

Lawson's Mercantile

다이애나 부모님의 초대로 크리스마스 파티에 가게 된 앤은 처음으로 가게 되는 파티에 들떠있는데요. 매튜는 마릴라 몰래 앤이 그토록 원했던 퍼프소매가 달린 드레스를 사옵니다. 앤은 너무 좋아하며 매튜에게 감사의 인사를 전하죠.

즐거운 파티를 마치고 다이애나의 집에서 함께 잘 수 있게 된 앤은 신이 나서 다이애나와 함께 둘이 자게 될 게스트 룸까지 경주를 하기로 하는데요. 뛰어가서 침대 위로 몸을 던지자, 하루 일찍 도착해 잠을 자고 있던 다이애나의 고모가 놀라서 깨어납니다. 그녀는 불같이 화를 내며 다이애나의 피아노 레슨 수업료를 내주지 않겠다고 하죠.

다음 날, 앤은 다이애나의 고모를 찾아가 사과를 하며, 모두 자신의 잘못이니 다이애나를 용서해달라고 합니다. 그녀의 고모는 독특한 앤의 말투에 관심을 갖게 되고, 나중에 자신의 집에 놀러오겠다고 약속하면, 피아노 레슨비를 주겠다고 하죠.

It was my idea to race.

경주를 하자고 한 건 제 생각이었어요.

mp3

AUNT JO : Oh... Merciful Heavens! What is the meaning of this?

DIANA : Aunt Josephine!
Mother said you weren't coming until tomorrow!

AUNT JO : Is that any reason to try to kill me in my sleep?
Diana Barry, you are the worst behaved girl I have ever known.
Your parents will certainly hear about this outrage!

ANNE : It's all my fault ma'am. It was my idea to race.

DIANA : And we didn't know you were in here. Honestly we didn't.
Please don't tell mother, Aunt Jo. We're terribly sorry.

AUNT JO : I most certainly will tell her. She'll want to know the reason
why I've changed my mind about the music lessons
I was going to pay for. You need a few lessons in behaviour
more than in music, young lady.
Now get out of here and let a poor old woman get some sleep.

AUNT JO : 오, 이런! 이게 무슨 짓이니!

DIANA : 조세핀 고모! 엄마가 고모는 내일이나 오신다고 했는데!

AUNT JO : 그래서 내가 자는 사이에 날 죽일작정이니? 다이애나 배리, 넌 내가 아는 아이들 중에 가장 못된 아이구나. 너희 부모님께도 말씀드려야 겠구나!

ANNE : 다 제 잘못이에요. 경주하자고 한 건 제 생각이었어요.

DIANA : 여기 계신 줄 우린 정말 몰랐어요. 정말요. 제발 엄마한테 말하지 마세요. 정말 죄송해요.

AUNT JO : 네 엄마에게 꼭 말해야겠다. 네 음악 레슨비를 내주기로 했던 것을 내가 왜 취소하게 됐는지
네 엄마도 알아야할 거 아니니. 넌 음악 레슨보다 행동거지를 더 배워야하니 말이다.
이제 불쌍한 내가 다시 잠들 수 있도록 여기서 나가거라.

Anne's Essential Expressions

If you insist. 정 그러시다면요.

동사 insist는 '주장하다'란 뜻이 있습니다. If you insist는 상대방의 호의에 몇 번은 거절을 하다 결국 못 이기는 척하며 그렇게 하라고 수락을 할 때, "정 그러시다면요."이란 뜻으로 사용할 수 있는 표현입니다.

ANNE : Alright Diana. **If you insist.** 알겠어요, 다이애나. 정 그러시다면요.

Dialogue

A : I'll pick up the tab. Please let me pick up the tab.

B : Okay, if you insist.

A : 제가 계산을 할게요. 제가 계산을 하게 해주세요.

B : 알았어요. 정 그러시다면요.

· **pick up the tab** : 비용을 내다, (음식 · 술 값 등을) 계산하다.

I don't care. 난 상관 안 해.

어떤 상황이나 일에 대해서 자신은 전혀 상관하지 않는 다는 것을 나타낼 때 원어민들이 즐겨 사용하는 표현이 바로 "I don't care."입니다. "I don't care."와 함께 다소 표현이 거칠지만 "I don't give a shit!"이란 표현도 같이 외워두세요. 역시 마찬가지로 "난 상관 안 해."란 뜻의 속어 표현인데, 다소 표현이 거칠기 때문에 친한 친구들 사이에서만 쓰는 게 좋습니다.

DIANA : **I don't care.** 난 상관 안 해.

Dialogue

A : Lower your voice. He can hear you.

B : I don't care.

A : 목소리 낮춰. 그가 네가 하는 말 듣잖아.

B : 난 상관 안 해.

What can I do for you today? 무엇을 도와드릴까요?

이 표현은 여러 상점, 숍 등에서 손님에게 직원이 "무엇을 도와드릴까요?"란 의미로 쓸 수 있는 표현입니다. 혹은 단순히 친한 사이에도 쓸 수 있는 표현이지요. "How can I help you?"나 "Is there anything I can help you with?"와 같은 표현들도 같은 의미로 사용될 수 있는 것들이니 같이 기억해 두도록 하세요.

ALICE : Mr. Cuthbert! **What can I do for you today?** 쿠스버트 씨! 무엇을 도와드릴까요?

Dialogue

A : Good afternoon, what can I do for you today?

B : I'm here to open a savings account.

A : 안녕하세요. 무엇을 도와드릴까요?

B : 저 저축계좌를 만들려고 왔습니다.

· savings account : 저축계좌

Will there be anything else? 더 필요한 것 없으세요?

"Will there be anything else?" 역시 "What can I do for you today?"와 마찬가지로 상점이나 숍의 직원이 손님에게 주로 사용하는 표현 중 하나입니다. 우리말로 "더 필요 한 것 없으세요?"란 뜻이 되지요.

ALICE : **Will there be anything else**, Mr Cuthbert?

더 필요한 것 없으세요, 쿠스버트 씨?

Dialogue

A : Will there be anything else, Ms. Jackson?

B : No, that's all I need.

A : 더 필요한 것 없으세요, 잭슨 씨?

B : 아뇨, 그게 전부입니다.

That will be seventy-five cents. 75센트입니다.

물건 값을 내야 할 때, 점원이 '(얼마)입니다.'란 말을 할 때 자주 사용하는 표현이 바로 'That will be + 가격'입니다. That 대신에 It을 써도 되지요. 보통 사려고 하는 물품이 여러 개 여서 그 총액을 말해주고자 할 때는 in total(다 합쳐서)를 문장 끝에 붙여서 "That will be 100 dollars in total."처럼 말할 수 있지요.

ALICE : **That will be seventy-five cents** for the rake, Mr. Cuthbert.
그 갈퀴는 75센트입니다. 쿠스버트 씨.

Dialogue

A : That will be 200 dollars.

B : Can I pay by credit card?

A : 200달러입니다.
B : 신용카드로 계산해도 될까요?

· pay by credit card : 신용카드로 계산하다

What would you say? 넌 어떻게 할래? / 넌 뭐라고 할 거야?

상대방에게 어떻게 할지를 물을 때 짧지만 원어민들이 즐겨 사용하는 표현이 바로 "What would you say?"입니다. 좀 더 자세한 내용을 덧붙여 주기 위해서 say 뒤에 'to + 동명사'의 형태로 문장을 확장시켜 줄 수 있습니다.
ex) What would you say to going to the movies? (영화 보러 가는 게 어때?)

MATTHEW : **What would you say?**
넌 어떻게 할래? / 넌 뭐라고 할 거야?

Dialogue

A : What if he told you that he wasn't there with Susan? What would you say?

B : I'd say he was lying.

A : 만약 그가 수잔과 그 곳에 있지 않았다고 네게 말했다면 넌 뭐라고 할 거야?
B : 난 그가 거짓말을 한다고 하겠지.

We have some nice brown sugar in stock.

우린 좋은 갈색 설탕이 재고로 좀 있어요.

in stock은 '재고로'란 뜻입니다. 어떤 상품이 재고로 남아 있다는 것을 말할 때 사용할 수 있는 표현으로 토익 시험에서 자주 출제되는 숙어 표현 중 하나이지요. 반면에, 상품이 다 떨어져 남아 있지 않은 경우에는 in 대신에 out of를 써서 out of stock이라고 말하면 됩니다.
ex) We're out of stock. (다 팔렸습니다.)

ALICE : **We have some nice brown sugar in stock.**
우리 좋은 갈색 설탕이 재고로 좀 있어요

Dialogue

A : Do you have white sugar?
B : No, we're out of stock. We have some nice brown sugar in stock, though.

A : 백색 설탕 가지고 계세요?
B : 아니요, 다 떨어졌어요. 하지만 좋은 갈색 설탕이 재고로 좀 있습니다

I have a better idea. 내게 더 좋은 생각이 있어.

어떤 일에 대한 여러 가지 아이디어들을 짜낼 때, "내게 더 좋은 생각이 있어."란 뜻으로 말할 수 있는 문장이 바로 "I have a better idea."입니다. 그냥 "내게 아이디어가 있어!"라고 말할 경우에는 "I have an idea!"라고 하면 되지만, good의 비교급인 better를 붙여서 "I have a better idea!"라고 하면 "내게 더 좋은 생각이 있어!"란 뜻이 되는 거죠.

AUNT JO : **I have a better idea.** 내게 더 좋은 생각이 있어.

Dialogue

A : Why don't you stay here, Jane and I are going to look for him.
B : I have a better idea. You stay here. Jane and I'll look for him.

A : 넌 여기 있는 게 어때, 제인과 내가 그를 찾으러 갈 테니까.
B : 건내게 더 좋은 생각이 있어. 네가 여기 있어. 제인과 내가 그를 찾으러 갈 테니까.

앤이 추천하는 Pattern English

Do you have any + 명사? ~가 있어요? / ~가 있나요?

상대방에게 무엇을 가지고 있는지 여부를 묻고 싶을 때는 'Do you have any ~?' 패턴을 사용하면 됩니다. 일반 동사 have가 들어간 문장의 의문문은 주어의 인칭에 따라 주어 앞에 Do 혹은 Does를 붙여주면 되기 때문이죠. 예를 들어, "질문 있어요?"란 말은 "Do you have any questions?"라고 물으시면 되는 거죠.

MATTHEW : **Do you have any** garden rakes? 정원 갈퀴 있어요?

ex

Do you have any suggestions? 제안하실 것이 있나요?

Do you have any changes? 잔돈 있으세요?

Do you have any kids? 아이들이 있으세요?

Do you have any proof? 증거가 있나요?

I might want to + 동사원형 ~를 원할 수도 있을 것 같아.

조동사 might는 '~ 할 수 있다'는 가능성을 말할 때 사용됩니다. 즉, 'I want to ~' 패턴이 '난 ~을 원해'라는 직설적 표현이라면 'I might want to ~'는 '나 ~를 원할 수도 있을 것 같아'라는 뜻의 가능성, 추측을 나타내는 패턴이 되는 거죠.

MATTHEW : **I might want to** look at, uh... if it wouldn't be too much trouble.
크게 방해가 안 된다면 보고 싶을 수도 있을 것 같아요.

ex

I might want to be there. 내가 거기에 있고 싶어 할 수도 있을 것 같아.

I might want to go back to school. 내가 다시 학교에 돌아가길 원할 수도 잇을 것 같아.

I might want to become a doctor. 내가 의사가 되고 싶어 할 수도 있을 것 같아.

I might want to get a hot dog later on. 나 나중에 핫도그를 먹고 싶어 할 수도 있을 것 같아.

I'm going to + 동사원형. 나 ~할 계획이야(할 거야).

be going to는 '~할 예정이다'는 미래를 나타내는 시제입니다. 즉, 'I'm going to ~'(나 ~ 할 거야)란 뜻으로 사용할 수 있는 패턴이죠. 요즈음은 going to를 발음상 좀 더 부드럽게 gonna라고 말하는 경향이 많기에 'I'm going to ~'와 함께 'I'm gonna ~'라고 말하는 연습도 같이 해두셔야 합니다.

DIANA : **I'm going to** wait until I'm eighteen. 난 18살이 될 때까지 기다릴 거야.

ex

I'm going to be right back. 나 금방 돌아올게요.

I'm going to go get the mail. 나 가서 편지 가져 올게요.

I'm going to take that job. 나 그 일을 할 거야.

I'm going to read this book tonight. 나 오늘 밤 이 책을 읽을 거야.

We appreciate you + 동사ing ~ 해주셔서 감사드려요.

동사 appreciate은 상대방의 호의나 친절을 인지하고 그에 감사를 드린다는 의미를 가지고 있습니다. 이 동사는 'appreciate + 목적어 + 동사ing'의 어순으로 ['목적어'가 '동사ing'를 한 것에 감사드린다]란 의미로 사용될 수 있지요.

ANN : **We appreciate you** making up your mind so swiftly.
그렇게 빨리 결정을 내려주셔서 감사드려요.

ex

We appreciate you doing this. 이 일을 해주셔서 감사드려요.

We appreciate you coming on such short notice. 늦게 알려드렸는데도 와주셔서 감사드려요.

We appreciate you making dinner. 저녁을 만들어 주셔서 감사드려요.

We appreciate you trying to cheer us up. 저희에게 용기를 북돋워 주려고 노력해 주셔서 감사드려요.

SCENE 15

The Barry pond 1

샬롯타운에 학교 입학시험을 치러가게 된 앤은 다이애나와 함께 그녀의 고모 집에서 머물게 됩니다. 떨리는 마음을 주체할 수 없는 앤은 자신의 특기인 상상하기로도 두려움을 없앨 수가 없는데요. 드디어 시험 당일, 긴장된 마음으로 시험을 치르고 나와, 이제 학교를 옮기게 되는 스테이시 선생님과 작별인사를 합니다.

시험이 끝난 후, 다이애나의 고모 덕분에 여러 가지 경험을 하며 걱정을 버리고 즐거운 시간을 보낸 후 다시 집으로 돌아오게 되죠.

I knew you'd pull through.

네가 해낼 줄 알았어.

mp3

ANNE : Ah… for one awful moment, I felt exactly like I did three years ago when I asked Marilla if I was to stay at Green Gables.

MISS STACEY : You had me worried there for a moment. I could see you turning green. Oh, but I knew you'd pull through.

ANNE : Well, pass or fail, I'm going to miss you tremendously, Miss Stacey.

MISS STACEY : I want to wish you all the luck in the world, Anne Shirley. If anyone deserves to be successful, it's you. I'll be watching out for you even from Halifax.

ANNE : So you really are going to leave Avonlea?

MISS STACEY : I have my own little set of troubles. Oh, nothing to worry about. Remember true friends are always together in spirit.

ANNE : 아, 잠깐 동안, 3년 전에 마릴라에게 제가 그 집에 머무를 수 있는지 물어보던 때랑 똑같이 끔찍한 느낌이었어요.

MISS STACEY : 나도 정말 걱정했단다. 네 얼굴이 파랗게 질렸겄어. 오, 하지만 난 네가 해낼 줄 알고 있었지.

ANNE : 음, 합격하든 떨어지든, 전 정말 선생님이 그리울 거예요, 스테이시 선생님.

MISS STACEY : 네가 세상의 모든 행운을 다 가졌으면 좋겠다, 앤 셜리. 넌 성공할 만한 자격이 충분하니까. 핼리팩스에서도 널 지켜볼게.

ANNE : 그러니까, 정말 에이번리를 떠나시는 거예요?

MISS STACEY : 개인적인 문제가 좀 있단다. 오, 걱정할 건 아니고. 진정한 친구는 마음이 언제나 함께 있다는 걸 잊지 마라.

Anne's Essential Expressions

You'll want to cram for your exam tonight.

넌 시험을 위해 오늘 밤에 벼락 치기를 하고 싶을거야.

미국아이들도 시험 때가 되면 우리나라 학생들과 마찬가지로 벼락치기 공부를 시작합니다. '벼락치기 공부하다'는 영어로 '쑤셔넣다, 밀어넣다'란 뜻을 가진 동사 cram을 사용하면 되지요. 말 그대로 시험을 대비해 지식들을 단시간에 한꺼번에 머리에 밀어 넣는 것을 연상하시면 됩니다.

AUNT JO : I suppose **you'll want to cram for your exam tonight.**
너 오늘 밤에 시험을 위해 벼락치기를 하고 싶을것 같구나.

Dialogue

A : Have you seen Jack? He's not in his room.

B : Oh, he went to school early to cram for the exam.

A : 잭 봤어요? 방에 없네요.

B : 아, 시험 때문에 벼락치기 하려고 학교에 일찍 갔어요.

I won't get the jitters. 초조해 하지 않을 거예요.

jitters는 '초조함, 안절부절못함'이란 뜻을 가진 명사로 동사 get과 함께 쓰여 '초조해 하다, 안절부절못하다'란 뜻이 됩니다. get the jitters와 동일한 의미의 표현으로 feel nervous / feel impatient도 같이 외워두도록 하세요.

ANNE : **I won't get the jitters.** 초조해 하지 않을 거예요.

Dialogue

A : How are you feeling now?
You should be on the stage in five minutes.

B : I'm fine. I won't get the jitters.

A : 지금이 기분이 어때요? 5분 이따 무대에 오르셔야 해요.

B : 괜찮습니다. 초조해 하지 않을 거예요.

Nancy will look after you. 낸시가 널 보살펴 줄 거야.

look after는 '~를 보살피다, 돌보다'란 뜻을 가진 구동사 표현입니다. 즉, "Nancy will look after you."는 "낸시가 널 보살펴 줄 거야."란 뜻이 되는 거죠. 동사 look과 관련해서 여러 가지 파생 표현들이 있는데 다음 정도는 기억해 두시는 것이 좋습니다.

· look out 주의하다, 경계하다 / look down on ~를 낮추어 보다, 경멸하다
look forward to ~을 기대하다, 고대하다

AUNT JO : **Nancy will look after you.** 낸시가 널 보살펴 줄 거야.

Dialogue

A : Who's going to look after the baby while we're gone?

B : My cousin, Susan, will look after her.

A : 우리가 떠나 있는 동안 누가 아이를 보살펴 주지?

B : 제 사촌 수잔이 그 애를 돌봐줄 거예요.

I wish I could go with you. 내가 너랑 같이 갈 수 있다면 좋을 텐데.

상대방이 어디에 같이 가자고 할 때, 이를 거절하면서 "내가 너랑 같이 갈 수 있다면 좋을 텐데."란 아쉬움의 말은 영어로 "I wish I could go with you."라고 하면 됩니다. 'I wish I could + 동사원형'은 하나의 패턴으로 '내가 ~ 할 수 있다면 좋을 텐데'란 의미로 활용하세요.

DIANA : **I wish I could go with you.** 내가 너랑 같이 갈 수 있다면 좋을 텐데.

Dialogue

A : I wish I could go with you.

B : I know. I'll call you when I land.

A : 내가 너랑 같이 갈 수 있다면 좋을 텐데.

B : 나도 알아. 도착하면 전화할게.

· land : (비행기로) 도착하다

No wonder she has so little imagination.

그녀가 그렇게 상상력이 없다는 게 놀라운 일도 아니네.

wonder는 '경이, 놀라움'이란 뜻의 명사로 'No wonder + 문장~'의 형태로 '~는 놀라운 일도 아니다'란 뜻의 패턴으로 회화에서 즐겨 사용됩니다. 예를 들어, 반에서 항상 1등만 하는 친구의 집안이 할아버지 때부터 대대로 박사 집안이라는 말을 들었다면 "No wonder he's so smart."(걔가 그렇게 똑똑한 게 놀라운 일도 아니네)라고 말할 수 있겠죠?

ANNE : **No wonder she has so little imagination.**
그녀가 그렇게 상상력이 없다는 게 놀라운 일도 아니네.

Dialogue

A : Julie never reads.

B : No wonder she has so little imagination.

A : 줄리는 절대로 책을 안 읽어.

B : 걔가 그렇게 상상력이 없다는 게 놀라운 일도 아니네.

I have faith in you. 난 널 믿어.

have faith in은 '~를 믿다'란 숙어표현입니다. faith가 '신념, 신뢰'란 뜻을 가지고 있기 때문이죠. 즉, "I have faith in you."는 "난 널 믿어."란 뜻이 되죠. 이 말은 보통 상대방이 무언가로 힘들어하거나 괴로워할 때, 그 사람에게 용기를 주기 위한 목적으로 자주 사용하는 표현입니다.

DIANA : **I have faith in you.** 난 널 믿어.

Dialogue

A : You can do it, John. I have faith in you.

B : Okay. I won't give up.

A : 넌 할 수 있어, 존. 난 널 믿어.

B : 알았어. 포기하지 않을게.

I could see you turning green. 네 얼굴이 파랗게 질리는 게 보였어.

see, watch, feel 등의 동사를 '지각동사'라고 합니다. 이들은 문장에서 '동사 + 목적어 + 목적보어(동사원형 or 동사ing)' 형태로 문장을 이루어 '목적어가 목적보어 하는 것을 ~하다'란 형태의 5형식 문장을 만듭니다. turn green은 숙어로 사람의 얼굴이나 안색이 '파랗게 질리다'란 뜻이므로, "I could see you turning green."이란 말은 "나 네 얼굴이 파랗게 질리는 걸 볼 수 있었어." 란 뜻이 되는 거죠.

MISS STACEY : I could see you turning green.
네 얼굴이 파랗게 질리는 게 보였어.

Dialogue

A : Are you all right? I could see you turning green.

B : Don't worry. I'm okay now.

A : 너 괜찮니? 네 얼굴이 파랗게 질리는 게 보였어.

B : 걱정 마요. 이제 괜찮아요.

I was born for city life. 난 도시생활이 천성이야.

be born for는 직역하면 '~을 위해 태어나다'란 뜻입니다. 이를 의역하면 '~가 천성이다'로 해석할 수 있지요. 예를 들어, 상대방이 어떤 일을 경험도 별로 없이 아주 천부적으로 잘 수행해 낸다면 "Good work! You were born for this!"(잘했어! 너 이 일이 천성이구나!)라고 말할 수 있는 거죠.

DIANA : I was born for city life. 난 도시 생활이 천성이야.

Dialogue

A : I heard you moved to New York from Kansas a week ago. How's the city life so far?

B : Pretty good. Actually, I think I was born for city life.

A : 일주일 전에 캔자스에서 뉴욕으로 이사왔다고 들었어요. 지금까지 도시 생활이 어때요?

B : 좋아요. 사실 저 도시 생활이 천성인 것 같아요.

앤이 추천하는 Pattern English

I've never been + (to) + 명사[장소]. 난 한 번도 ~에 가 본 적이 없어.

어딘가에 가본 경험이 있다는 것을 말할 때는 현재완료 'have + p.p.'를 사용해서 'I've been (to) ~'라고 말하면 됩니다. 반대로 어딘가에 가본 경험이 전혀 없다는 것을 말할 때는 never를 붙여서 'I've never been (to) ~' 패턴으로 문장을 만들어 주면 되지요.

DIANA : **I've never been** here before. 난 전에 한 번도 여기 와 본 적이 없어.

ex

I've never been to Europe. 난 한 번도 유럽에 가 본 적이 없어.

I've never been to the church. 난 한 번도 그 교회에 가 본 적이 없어.

I've never been to New York. 난 한 번도 뉴욕에 가 본 적이 없어.

I've never been to a more romantic restaurant than this. 난 한 번도 이보다 더 낭만적인 식당에는 가 본 적이 없어.

I knew you'd + 동사 ~. 난 네가 ~ 할 줄 알고 있었어.

상대방이 어떤 행동을 하거나 어떤 상태에 있을 줄 알고 있었다는 걸 말할 때는 'I knew you'd ~' 패턴을 사용해서 말하면 됩니다. 조동사 would는 '~일 것이다'란 추측, 가능성을 의미하기 때문이죠. you 대신에 다양한 주어를 넣어서 'I knew she'd ~', 'I knew they'd ~' 등으로 다양하게 연습해 보셔야 합니다.

DIANA : **I knew you'd** pull through. 난 네가 해낼 줄 알고 있었어.

ex

I knew you'd come. 난 네가 올 줄 알고 있었어.

I knew you'd still be here. 난 네가 여전히 여기 있을 줄 알고 있었어.

I knew you'd say that. 난 네가 그 말 할 줄 알고 있었어.

I knew you'd understand. 나 네가 이해할 줄 알고 있었어.

Don't make me + 형용사. 날 ~하게 만들지 마.

동사 make는 사역동사 중 하나로 'make + 목적어 + 목적보어(형용사)'의 5형식 문장을 만들어 줍니다. 이 때 해석은 ['목적어'를 '목적보어'하게 하다]란 뜻이 되지요. 즉, 'Don't make me ~' 패턴은 '날 ~하게 만들지 마'란 뜻이 됩니다. 다양한 형용사들을 익혀서 적절한 상황에 본 패턴을 쓸 수 있도록 연습해 두세요.

ANNE : **Don't make me** nervous. 난 긴장하게 만들지 마.

ex

Don't make me ill. 날 아프게 만들지 마.

Don't make me mad. 날 열 받게 만들지 마.

Don't make me blue. 날 우울하게 만들지 마.

Don't make me irritated. 날 짜증나게 만들지 마. (· irritated 짜증난)

I wasn't meaning to + 동사원형. 난 ~하려했던 건 아니야.

mean to는 '~을 예정하다, ~을 뜻하다'란 뜻입니다. 즉, 과거진행형의 부정 형태인 'I wasn't meaning to ~'는 '난 ~ 하려했던 건 아니야'란 뜻이 되는 거죠. 굳이 과거 진행형으로 쓰지 않고, 과거형으로 해서 'I didn't mean to ~'(난 ~하려했던 건 아니야) 패턴을 사용해도 됩니다.

ANNE : **I wasn't meaning to** be funny. 나 웃기려고 했던 건 아니야.

ex

I wasn't meaning to brag. 자랑하려고 했던 건 아니야.

I wasn't meaning to insult you. 넌 모욕주려고 했던 건 아니야.

I wasn't meaning to be sarcastic. 빈정거리고 했던 건 아니야. (· sarcastic 빈정거리는, 비꼬는)

I wasn't meaning to piss anyone off. 누군가를 열 받게 하려 했던 건 아니야. (· piss A off A를 열 받게 하다)

SCENE 16

The Barry pond 2

Tennyson 시의 한 장면을 연출하고 있는 앤과 친구들은 시의 주인공인 Elaine이 직접 되어 보기로 하는데요. 다른 아이들이 무서워서 안하겠다고 하자, 앤이 Elaine이 되어, 죽은 척하고는 배에 눕게 됩니다. 아이들은 배를 강에 띄우고, 강 맞은편으로 앤을 맞기 위해 가는데요. 시를 읊으며 강을 떠내려가던 중, 배에 물이 차게 됩니다. 앤은 급하게 다리 밑으로 가, 매달려서 도움을 기다리고 배만 홀로 맞은편으로 가게 되죠. 다이애나와 친구들은 빈 배를 보고는, 앤이 물에 빠진 줄 알고 놀라서 도움을 요청하러 가고, 다리에 매달려 있던 앤은 마침 강을 건너 오던 길버트와 마주치게 됩니다. 결국 길버트가 앤을 구해주게 되는데요. 여전히 차가운 태도를 취하는 앤에게 길버트는 지난번 치른 학교 입학시험 결과를 알려줍니다. 자신과 길버트가 공동 1등을 했다는 소식을 들은 앤은 기뻐하며 친구들에게로 돌아갑니다. 앤을 걱정하고 있던 사람들은 모두 앤을 보고는 놀라는데요. 앤이 시험에서 1등 했다는 기쁜 소식을 전하자, 모두들 기뻐하죠.

I'm sorry I frightened everyone so.

모두 그렇게 놀라게 해서 죄송해요.

mp3

ANNE	:	Oh, I'm sorry I frightened everyone so. It's all my fault.
RACHEL	:	Well I'm sure that John Barry will be pleased to hear that he no longer owns a dory, Anne Shirley.
MARILLA	:	You do beat all girl. When are you going to have any sense?
ANNE	:	I think my prospects are brightening. I just saw the pass list for Queen's. For better or for worse I tied with Gilbert Blythe for first.
MARILLA	:	First!
DIANA	:	Oh Anne, you must be so proud.
MARILLA	:	I must say you've done pretty well for yourself, Anne.

ANNE	:	아, 모두를 그렇게 놀라게 해서 죄송해요. 모두 제 잘못이에요.
RACHEL	:	음, 존 배리씨가 배를 잃어버려서 좋다고 하겠구나, 앤 셜리.
MARILLA	:	너 정말 못말리겠구나. 언제 철 들래?
ANNE	:	제 앞날은 밝을 것 같은데요. 방금 퀸즈 합격자 명단을 봤는데요, 불행인지 다행인지 길버트와 공동 1등했어요.
MARILLA	:	1등이라고!
DIANA	:	오, 앤. 너 정말 자랑스럽겠구나.
MARILLA	:	너 정말 잘했구나, 앤.

Anne's Essential Expressions

We tied for first place. 우리 공동 1등이야.

동사 tie는 우리말로 경쟁이나 시합에서 '비기다'란 뜻입니다. 즉 "We tied!"는 "우리 비겼어!"란 뜻의 문장이지요. tie는 명사로 '비김'이란 뜻도 있어서 "It's a tie."(비겼어.)라고 말할 수도 있답니다. 그리고 순위를 말할 때 1등은 first place, 2등은 second place, 3등은 third place 등으로 칭하기 때문에 tie for first place는 곧, '1등 자리를 비기다'란 뜻이 되는 겁니다.

GILBERT : We tied for first place. 우린 공동 1등이야.

Dialogue

A : Who did better in the math test, you or Jackson?

B : Well, we tied for first place.

A : 수학 시험에서 누가 더 잘했니, 너야 잭슨이야?
B : 음, 우린 공동 1등이야.

Keep quiet! 조용히 해!

시끄럽게 떠들 때 상대방에게 "조용히 해."에 해당되는 영어 표현으로 Be quiet!만 있는 게 아닙니다. Be 동사 대신에 Keep을 써서 "Keep quiet!"이라고 말해도 되지요. 동사 keep은 어떤 상태를 '유지하다'란 뜻이 있기 때문에 "Keep quiet!"은 곧 "조용한 상태를 유지해라!"는 의미가 있는 겁니다.

ANNE : Ruby, keep quiet! 루비, 조용히 해!

Dialogue

A : Keep quiet! You're making a scene.

B : No, you need to keep quiet!

A : 조용히 해! 너 소란을 피우고 있잖아.
B : 아니, 네가 조용히 해!

· make a scene : 소란을 피우다

You're most welcome. 별 말씀을요. / 천만에요.

상대방이 내게 감사를 표시했을 때, "별 말씀을요." 혹은 "천만에요."란 의미로 사용할 수 있는 영어표현 중 대표적인 것이 바로 "You're welcome."입니다. "You're welcome."을 좀 더 강조해서 much/many의 최상급인 most를 붙여서 "You're most welcome."이라고 말하기도 하죠. 이 외에도 상대방의 감사 표시에 답하는 말로는 Don't mention it / No Sweat / Think nothing of it / Any time 등이 있으니 같이 기억해 두세요.

GILBERT : **You're most welcome.** 천만에요.

Dialogue

A : Thank you for your help. I really appreciate it.

B : You're most welcome.

A : 도와주셔서 고마워요. 진심으로 감사드립니다.

B : 별 말씀을요.

I'm frightened. 나 무서워.

동사 frighten은 '무서워하게 하다'란 뜻입니다. frighten처럼 '~하게 하다'란 뜻을 가진 동사들로는 surprise(놀라게 하다), disappoint(실망시키다), excite(흥분시키다) 등이 있지요. 이러한 동사들은 'be동사 + p.p.'의 수동태로 나타내게 되면 주어의 감정이 다른 무언가로 인해서 '무섭다, 놀라다, 실망하다, 흥분하다'의 뜻이 되지요. 그러므로 "I'm frightened."는 무언가로 인해서 겁을 먹은 감정 상태를 나타내는 겁니다.

RUBY : **I'm frightened.** 나 무서워.

Dialogue

A : Something horrible has happened here.

B : I'm frightened.

A : 무언가 끔찍한 일이 이곳에서 벌어졌어.

B : 나 무서워.

Life's too short to hold grudges.

인생은 원한을 갖고 살기에는 너무 짧아.

'too .. to ~ '는 '~하기에는 너무 …'한이란 뜻을 만들어 냅니다. 예를 들어, too young to drink alcohol은 '술을 마시기에는 너무 어린'이란 뜻이 되는 거죠. 위의 문장에서 hold grudges는 '원한을 품다'란 뜻이기에, 문장의 뜻은 '삶(Life)이 원한을 품기에는(to hold grudges) 너무 짧다(is too short)'는 의미가 됩니다.

GILBERT : **Life's too short to hold grudges** anyway.

어쨌든, 인생은 원한을 갖고 살기에는 너무 짧아.

Dialogue

A : Life's too short to hold grudges, my friend.

B : Yeah, you're right. I think I should forgive her now.

A : 인생은 원한을 갖고 살기에는 너무 짧네, 친구.

B : 그래, 네 말이 맞아. 이제 그녀를 용서해야 할 거 같아.

You do have good taste. 정말 안목이 좋으시군요.

have good taste는 무언가를 보는 '안목이 좋다'는 뜻의 관용표현입니다. 조동사 do는 일반동사 앞에 붙어서 말하고자 하는 내용을 강조해 주는 역할을 합니다. 즉, "You have good taste."보다 "You do have good taste."라고 말하는 것이 상대방의 안목을 좀 더 강조해주는 표현이 되는 겁니다.

ANNE : **You do have good taste**, though.

그래도 정말 안목이 좋으시네요.

Dialogue

A : Nice clothes! You do have good taste.

B : Thanks. Actually, both of my parents were fashion designers.

A : 좋은 옷이네요! 정말 안목이 좋으시군요.

B : 감사해요. 사실, 저희 부모님 두 분 모두 패션 디자이너이셨거든요.

Who told you that? 누가 말해줬니?

말하지도 않았는데, 상대방이 이미 어떤 사실을 알고 있는 경우가 있습니다. 이때는 보통 "누가 말해줬니?"라고 상대방에게 묻고는 하지요. 이때 적합한 영어표현이 바로 "Who told you that?"입니다. 'Who + 과거동사 ~?'의 질문은 '누가 ~ 했니?'라고 물을 때 유용하게 쓸 수 있으니 꼭 기억해 두세요. ex) Who gave you that? (누가 그걸 네게 줬니?) / Who said so? (누가 그렇게 말했니?)

ANNE : Who told you that? 누가 말해줬니?

Dialogue

A : How do you know that I broke up with Jane?
Who told you that?

B : Does it matter?

A : 너 내가 제인하고 헤어진 거 어떻게 알아? 누가 말해줬니?
B : 그게 중요해?

· break up with : ~와 헤어지다

You owe him an explanation. 넌 그에게 해명을 해 주어야 해.

owe someone A란 표현은 '누구에게 A를 빚지다'란 뜻을 가진 숙어입니다. 가장 대표적인 것이 '누구에게 사과를 해야 한다'란 뜻의 owe someone an apology란 표현이지요. 마찬가지로 owe someone an explanation은 '누구에게 해명을 빚지고 있다' 즉, '누군가에게 해명을 해주어야 하다'는 뜻이 되는 거죠.

DIANA : Well, I think **you owe him an explanation.**
음, 난 네가 그에게 해명을 해 주어야 한다고 생각해.

Dialogue

A : You owe him an explanation.

B : Why should I? He doesn't even want to talk to me.

A : 넌 그에게 해명을 해 주어야 해.
B : 내가 왜 그래야 하는데? 걘 나랑 얘기조차 하고 싶지 않아 하는걸.

앤이 추천하는 Pattern English

I never expected to + 동사원형. 내가 ~할 거라고는 기대하지도 않았어.

동사 expect는 '기대하다'란 뜻으로 목적어로 동명사가 아닌 to 부정사만을 받을 수 있습니다. 즉, 'I never expected to ~'는 '내가 ~ 할 거라고는 기대하지도 않았어'란 뜻이고 이를 하나의 패턴으로 외워서 연습해 두시기 바랍니다.

ANNE : **I never expected to** beat you. 내가 널 이길 거라고는 기대하지도 않았어.

ex

I never expected to hear back from her. 난 그녀에게서 답장을 받을 거라고는 기대하지도 않았어.

I never expected to fall in love with him. 난 그와 사랑에 빠지게 될 거라고는 기대하지도 않았어.

I never expected to see you guys here. 난 너희들을 여기서 보게 될 거라고는 기대하지도 않았어

I never expected to get so much attention. 난 그렇게 많은 관심을 받게 될 거라고는 기대하지도 않았어.

I'd say + 주어 + 동사 ~ 내가 볼 땐 ~ 에요.

어떤 사안에 대해서 상대방과는 혹은 일반적인 견해와는 다른 자신만의 생각이나 의견을 공손하게 전달할 때 문장의 시작을 'I'd say ~'라고 말할 수 있습니다. 직역하면 'I'd say ~'는 '난 ~라고 말하겠어요.' 지만, 자연스러운 해석을 위해 '내가 볼 땐 ~ 에요'라고 외워두시면 됩니다.

JANE : **I'd say** it's definitely auburn, and that's sort of close to blonde.
내가 볼 땐 그건 분명 적갈색이야. 그리고 그 색은 대략 금발에 가장 가까운 색이지.

ex

I'd say you're lying. 내가 볼 땐 넌 거짓말을 하고 있는 거야.

I'd say he's the luckiest. 내가 볼 땐 그가 가장 운이 좋아.

I'd say you guys nailed it. 내가 볼 땐 너희들 제대로 해낸 거야.

I'd say it was a pretty good deal. 내가 볼 땐 그건 꽤 괜찮은 거래였어.

How + 형용사/부사! 너무(정말) ~하구나!

영어에는 '감탄문'이라는 것이 있습니다. 우리말로는 '정말 ~ 하구나!'처럼 무언가에 대해 감탄을 하는 표현방식이죠. 감탄문은 간단히 'How + 형용사/부사!'의 패턴으로 말할 수 있습니다. 원래는 'How + 형용사/부사 + 주어 + 동사'의 형태인데 '주어+동사'는 생략이 가능하기 때문이죠. 예를 들어, 누군가로부터 정말 슬픈 이야기를 들었을 때는, 형용사 sad(슬픈)을 이용해 "How sad!"(너무 슬프다!)라고 말할 수 있는 거죠.

JANE : Oh, **how** romantic! 오, 너무 로멘틱하다!

ex

How frightening! 너무 무섭다!

How exciting! 정말 흥분된다!

How funny! 정말 웃긴다!

How smart! 너무 똑똑하다!

Can I + 동사원형? ~해도 될까요?

조동사 can은 '~해도 된다'는 허가의 뜻을 가지고 있습니다. 그래서 내가 무언가를 해도 되는지 여부를 물을 때는 'Can I ~ ?' 패턴을 사용해서 질문을 던지면 되지요. 'Can I ~?'보다 좀 더 공손하게 상대방에게 허가를 구할 때는 'May I ~ ?'를 사용하셔도 됩니다.

GILBERT : **Can I** offer you a ride home? 내가 집까지 데려다 줄까?

ex

Can I smoke here? 여기서 담배 피워도 될까요?

Can I come in for a minute? 잠시 들어가도 될까요?

Can I talk to you? 얘기 좀 해도 될까요?

Can I use your bathroom? 화장실 써도 될까요?

SCENE 17

Anne's bedroom

많은 사람들 앞에서 시를 암송하게 된 앤은 떨리는 마음으로 호텔에 도착하게 됩니다. 긴장되는 탓에 못하겠다고 하자, 다이애나가 다시 자신감을 심어주며 다독여줍니다. 전문가의 암송이 끝난 후, 드디어 앤의 차례가 되고, 앤은 다시한번 마음을 다잡고 앞으로 나아갑니다. 결국 앤은 시를 멋지게 낭송하고, 이에 감동받은 많은 사람들에 의해 축하를 받습니다.

한편 호텔에 데려다 주기로 했던 길버트와의 약속을, 못지키게 된 앤은 다이애나에게 쪽지를 건네 달라고 부탁합니다. 다시 길버트에게 답 쪽지를 받은 앤은 그가 직접 말해주지 않은 것에 대한 서운함을 보이자, 시 암송이 끝난 후, 그를 찾습니다. 하지만 많은 사람들의 축하 속에 결국 그와 이야기 할 기회를 놓치고 말죠.

Gilbert gave me this in return for your note.

길버트가 네 쪽지에 대한 답신으로 내게 이걸 줬어.

mp3

DIANA : Gilbert gave me this in return for your note.
He's coming to watch you anyway.
I didn't want Jane or her gabby brother to see.

ANNE : (reading the note) It would've been easier if you had told me in person if you still consider me your friend.
Sincerely, Gilbert Blythe.
(to Diana) I won't be accused of being a coward, Diana.
He doesn't understand. Tell him I'll speak to him the first minute I can steal away tonight.

DIANA : Calm down, Anne.

ANNE : I'm so ashamed. I can't go up on that stage. I can't.
I'll be merciless if I fail.

DIANA : You've never failed at anything, Anne Shirley. Go on.

DIANA : 길버트가 네 쪽지에 대한 답신으로 내게 이걸 줬어. 어쨌든 그는 널 보러 올 거야.
제인이나 그녀의 수다스러운 오빠가 이걸 보면 안 되니까 지금 주는 거야.

ANNE : (쪽지를 읽으며) 날 아직 친구로 생각한다면 직접 말해주었으면 좋았을 걸. 길버트 블라이드.
(다이애나에게) 날 겁쟁이라고 생각하고 있나봐 다이애나. 그가 이해를 못하고 있어.
내가 오늘밤 시간 나는대로 꼭 그와 얘기하고 싶다고 전해줘.

DIANA : 침착해, 앤.

ANNE : 나 너무 창피해. 난 저 무대 위에 올라갈 수 없어. 못하겠어. 실수하면 어떡하지.

DIANA : 넌 그 어떤 것도 실패한 적 없잖아, 앤 셜리. 어서 가.

Anne's Essential Expressions

I was moved beyond words. 난 말로 형용할 수 없는 감동을 받았어요.

move는 단순히 사물을 '움직이다'란 뜻만이 아니라, 사람의 '감정을 움직이다'란 뜻도 갖고 있습니다. 즉, 수동형인 be moved는 '감동받다'란 뜻이 되지요. beyond words는 '말이 미치지 못하는 범위의' 즉, '말로 형용할 수 없는'이라는 뜻을 가진 표현입니다.

WOMAN : **I was moved beyond words.** 난 말로 형용할 수 없는 감동을 받았어요.

Dialogue

A : How did you like the play?

B : Oh, it was splendid. I was moved beyond words.

A : 연극 마음에 드셨나요?

B : 오, 멋졌어요. 전 말로 형용할 수 없는 감동을 받았어요.

Whatever that means.

그게 무슨 뜻이든 간에 말이지요. (= 그게 무슨 말 인진 모르겠지만)

Whatever는 '무엇을 ~ 하든지, 무엇이 ~이든지'란 뜻으로 해석되는 단어입니다. 회화에서는 상대방에게 "그러든지 말든지."라는 식의 시큰둥한 반응을 보일 때 보통 "Whatever!"라고 말하고는 하지요. 그리고 'Whatever + 주어 + 동사'의 형태로도 쓰여서 "Whatever that means."(그게 무슨 뜻이든 간에 말이지요.) "Whatever you say."(당신이 말하는 건 뭐든지요.)처럼 말을 할 수 있답니다.

Mr. Barry : **Whatever that means.** 그게 무슨 뜻이든 간에 말이지요.

Dialogue

A : Josh and I are... just friends. You know, very good friends.

B : Okay. Whatever that means.

A : 조시와 난… 그냥 친구야. 알잖아, 매우 좋은 친구.

B : 그게 무슨 말인진 모르겠지만, 알겠어.

I'll return right away, I promise.

나 금방 돌아올게요, 약속드려요.

right away는 '즉시, 금방, 당장에'란 뜻의 숙어입니다. 즉, "I'll return right away."란 말은 "나 금방 돌아올게요."란 뜻이 되는 거죠. 예를 들어, "당장 쓰레기 버려"는 "Throw away the garbage right away", "보고서를 즉시 끝낼게요."는 "I'll finish the report right away."라고 말하면 되는 거죠.

ANNE : **I'll return right away, I promise.**

나 금방 돌아올게요, 약속드려요.

Dialogue

A : Where are you going? The movie will be on soon.

B : I'm going to the bathroom. I'll return right away.

A : 너 어디 가니? 곧 영화가 시작할 거야.

B : 화장실 가. 금방 돌아올게.

· be on : (movie, show 등이) 상연되다, 시작되다

I have important people waiting.

중요한 사람들이 절 기다리고 있어요.

동사 have는 '가지다'란 뜻만 있는 것이 아니라, 'have + 목적어 + 목적보어(-ing)'의 형태를 취하여 '목적어가 목적보어 한 상태로 두다'란 문장을 만들 수 있습니다. 즉, "I have important people waiting."은 "중요한 사람들이 절 기다리고 있어요."란 뜻이 되는 거죠.

WOMAN : **I have important people waiting.**

중요한 사람들이 절 기다리고 있어요.

Dialogue

A : Jack, can I talk to you now?

B : I'm sorry, but I have to go now. I have important people waiting.

A : 잭, 지금 얘기 좀 할 수 있을까?

B : 미안하지만, 나 지금 가봐야 해. 중요한 사람들이 날 기다리고 있어.

on behalf of A, A를 대신하여, A를 대표하여

on behalf of A는 우리말로 'A를 대신하여' 혹은 'A를 대표하여'란 뜻입니다. 같은 의미로 on one's behalf의 형태로 쓰이기도 하지요.
ex) Are you asking me to answer the question on his behalf?
(너 내가 그를 대신해서 질문에 답하라고 요청하는 거니?)

MRS. BARRY : **On behalf of** Charlottetown Hospital,
I would like to offer our indebtedness to Mrs. Amelia.

Charlottetown 병원을 대표하여,
아멜리아 씨에게 감사의 말씀을 전하고 싶습니다.

Dialogue

A : On behalf of my family, I thank you.

B : Well, my pleasure.

A : 저희 가족을 대신해서, 감사드립니다.

B : 별 말씀을요.

She's a professional. 그녀는 프로예요.

우리는 흔히들 전문적으로 무언가에 능력이 있는 사람을 가리켜 '프로'라고 칭합니다. 프로는 영어로는 professional이라고 하지요. 명사로 '전문가, 직업선수'란 뜻을 갖고 있습니다. 영어에서도 professional을 간단히 줄여서 pro라고 말할 수 있답니다.
ex) I think he's a pro. (내 생각에 그는 프로예요.)

ANNE : **She's a professional.** 그녀는 프로예요.

Dialogue

A : The murderer wore gloves, so no fingerprints.

B : I guess the guy's a professional.

A : 살해범은 장갑을 꼈어요, 그래서 지문이 없네요.

B : 그 놈은 프로인 것 같군.

· murderer : 살인자 / fingerprint : 지문

I didn't get a chance to talk to him.

난 그와 얘기할 기회가 없었어요.

get a chance to는 '~할 기회를 갖다'란 뜻입니다. 예를 들어, "난 그녀를 볼 기회가 있었어."란 표현은 동사 get의 과거형인 got을 사용해서 "I got a chance to see her."라고 말하면 되지요. to 뒤에는 반드시 동사원형이 와야 함을 잊지 마세요.

DIANA : I'm sorry **I didn't get a chance to talk to him**, Anne.
유감이지만 난 그와 얘기할 기회가 없었어, 앤.

Dialogue

A : Did you meet Tom Cruise? Did you get a chance to talk to him?

B : No. I didn't get a chance to talk to him. He was surrounded by all those people.

A : 너 탐 크루즈 만났니? 그와 얘기할 기회를 가졌어?
B : 아니, 그와 얘기할 기회가 없었어. 수많은 사람들에 둘러 싸여 있더라고.

· be surrounded by : ~에 둘러 싸여 있다

You know something? 그거 알아요?

상대방에게 말을 할 때, "그거 알아?" 혹은 "있잖아" 정도의 운을 띄우는 역할로 쓸 수 있는 영어표현이 바로 "You know something?"입니다. 의문문 형태의 문장은 아니지만 읽을 때, 끝 부분의 억양을 올려주어 질문처럼 사용하는 표현이지요. something 대신에 what을 넣은 "You know what?"도 같은 의미로 많이 사용되는 표현입니다.

ANN : **You know something**, Diana? We are rich. 그거 알아, 다이애나? 우린 부자야.

Dialogue

A : You know something? This is not over. I'm not giving up!

B : That's the spirit!

A : 그거 알아? 이건 끝난 게 아냐, 난 포기하지 않을 거라고!
B : 바로 그 정신이야!

· That's the spirit! : 바로 그 정신이야!

앤이 추천하는 Pattern English

I hope + 주어 + 동사. 난 ~이길 바래요.

자신이 간절히 바라는 바를 말할 때는 'I hope ~' 패턴으로 말하면 됩니다. 동사 hope가 '희망하다, 바라다'란 뜻을 가지고 있기 때문이죠. 해석은 '난 ~하길 희망해요'라고 직역하기 보다는 '난 ~이길 바래요' 혹은 '난 ~ 였으면 좋겠어요'가 되지요. hope 뒤에는 자신이 바라는 내용을 '주어 + 동사~'로 이루어진 완전한 문장으로 말해주면 됩니다.

MARILLA : __I hope__ you don't ruin your dress. 난 네가 네 드레스를 망치지 않길 바란다.

ex

I hope you like my gift. 네가 내 선물을 마음에 들어 하길 바래.

I hope you had a great vacation. 네가 즐거운 휴가를 보냈길 바래.

I hope I didn't scare you. 내가 널 놀라게 한 건 아니길 바래.

I hope you enjoy the rest of your stay. 남은 시간 즐겁게 보내시길 바래요.

There's no use in + 동사ing. ~ 해도 소용없어.

무언가를 해도 소용이 없다고 말할 때 쓸 수 있는 패턴이 바로 'There's no use in ~'입니다. use는 명사로 '쓸모, 용도'란 뜻이므로 'There's no use'는 '소용없다'란 뜻이 되지요. 구체적으로 무엇을 하는 것이 소용이 없는지는 전치사 in 과 함께 동사ing 형태로 확장시켜 말해주면 됩니다.

ANNE : __There is no use in__ saying anything to you. 너한테 뭘 말해도 소용없어.

ex

There's no use in crying. 울어도 소용없어.

There's no use in lecturing me. 내게 훈계해도 소용없어.

There's no use in asking me why. 내게 이유를 물어도 소용없어.

There's no use in talking to him. 그에게 말해 봐도 소용없어.

I have to admit + 주어 + 동사 ~. ~라는 걸 인정할 수밖에 없군.

숨기려고 했던 사실이나 자신의 속마음을 주변 정황상 어쩔 수 없이 사실대로 고백을 해야 하는 경우가 있죠. 이때는 'I have to admit ~' 패턴을 사용할 수 있습니다. 동사 admit은 '인정하다'란 뜻이죠. '난 ~라는 걸 인정해야 한다'로 직역하면 다소 어색하고 의역하여 '~라는 걸 인정할 수밖에 없겠구나'로 해석해주면 자연스럽습니다.

MARILLA : Anne, **I have to admit** I was so proud.
앤, 내가 자랑스러웠다는 걸 인정할 수밖에 없구나.

ex

I have to admit it was a great experience. 좋은 경험이었다는 걸 인정할 수밖에 없구나.

I have to admit I'm in love with my best friend.
내가 나의 가장 친한 친구를 사랑한다는 걸 인정할 수밖에 없구나.

I have to admit I was shocked. 내가 충격 받았다는 걸 인정할 수밖에 없구나.

I have to admit your girlfriend is hot. 네 여자 친구가 섹시하다는 걸 인정할 수밖에 없군.

I wish I were + 형용사. 내가 ~라면 좋겠어.

현재 상황의 반대를 가정하여 '내가 ~라면 좋겠어'라고 말할 때 쓸 수 있는 패턴이 'I wish I were ~'입니다. 예를 들어, 똑똑하지 않은 사람은 그 반대의 상황으로 자신이 똑똑하다고 가정하여 "I wish I were smart."(내가 똑똑하면 좋겠어.)라고 말할 수 있지요. 주어가 1인칭일 때 be동사 과거는 was지만 이 패턴에서는 were로 사용된다는 것 기억해 두세요.

DIANA : **I wish I were** rich. 내가 부자라면 좋겠어.

ex

I wish I were you. 내가 너라면 좋겠다.

I wish I were healthy like him. 내가 그처럼 건강하면 좋겠다.

I wish I were old enough to go there. 내가 거기 갈만큼 나이가 많으면 좋겠다.

I wish I were dead. 나 죽어버렸으면 좋겠어.

SCENE 18

Bright River train station

드디어 퀸즈 전문대에 입학하는 앤을 샬롯타운으로 보내기 위해 마릴라와 매튜는 기차역에 함께 나옵니다. 작별인사를 하고 앤이 떠나자 별일 아니라며 괜찮은 척하던 마릴라마저도 슬퍼하죠. 그렇게 앤은 학교에 입학해 학교생활을 하게 되고, 다이애나의 고모가 소개시켜준 기숙사에서 생활하게 됩니다.

시 암송 이후로 만날 기회가 없었던 길버트와 앤은 어색한 사이가 되고, 앤은 학교 수업에 집중하죠. 둘은 모두 선생님이 되기 위한 2년 과정을 1년 안에 마치는 코스를 듣게 되는데요. 이번에 1등으로 졸업하는 사람에게는 4년 동안 장학금을 받고 대학에 갈 수 있다는 소식을 접하게 됩니다. 앤은 기대하지 않았지만, 길버트와 다른 아이들을 제치고 1등이 되어 장학금을 받게 되고 그 소식과 함께 다시 마릴라와 매튜가 있는 집으로 향합니다.

It'll be you for sure, Anne.

당연히 네가 될거야, 앤.

mp3

JANE : You know, Anne; Frank Stockley told me that the graduate who gets the highest mark in English Lit this year wins the Avery Scholarship - $250 a year for four years.

ANNE : Are you sure?

JANE : The Board of Governors is announcing it tomorrow. It'll be you for sure, Anne.

ANNE : I don't know. This is a much bigger pond we're swimming in now, than Avonlea.

JOSIE : Will you two goody-goodies control yourselves. There's a lot more to do around here than keeping your nose in the books.

JANE : 있잖아, 앤. 프랭크가 그러는데, 올해는 영문학 수석 졸업자에게 에이버리 장학금을 준대. 4년동안 1년에 $250씩이야.

ANNE : 정말이야?

JANE : 교육 위원회가 내일 발표할 거야. 분명 네가 될 거야, 앤.

ANNE : 모르겠어. 여긴 우리가 있던 에이번리보다 훨씬 큰 곳이잖아.

JOSIE : 너희 두 범생이들은 자제 좀 해라. 책에 코 박고 있는 것보다 재밌는 게 얼마나 많은데.

> Anne's Essential Expressions

You both mean everything to me. 두 분 모두 저의 전부에요.

팝송가사에서도 자주 등장하는 표현 중에 하나가 바로 A mean(s) everything to B란 표현입니다. 직역하면 'A는 B에게 있어 모든 것을 의미한다' 즉, 'A는 B의 전부다'란 표현이죠. 반대로 "넌 내게 아무것도 아냐!"는 "You mean nothing to me!"라고 말하면 되는 거죠.

ANNE : **You both mean everything to me.**
두 분 모두 저의 전부에요.

Dialogue

A : Who is more important to you, me or him?
B : Oh, come on. You both mean everything to me.

A : 누가 네게 더 중요하니, 나야 그야?
B : 아, 왜 그래. 너희 둘다 내겐 전부야.

You might as well kiss him, too. 넌 그에게 키스도 하는 게 좋을 거야.

'might as well + 동사원형'은 우리말로 '이왕이면 ~ 하는 게 좋겠다'란 뜻의 표현입니다. 이 표현은 상황에 따라 '~나 할까 해'로 해석이 될 수도 있는데요, 예를 들어, 친구가 "I might as well go to the movies."라고 말하면 "나 영화나 보러 갈까 해."라고 해석하는 게 더 자연스럽죠.

MARILLIA : **You might as well kiss him, too.**
넌 그에게 키스도 하는 게 좋을 거야.

Dialogue

A : You might as well enjoy the pain that you cannot avoid.
B : Yeah, that's my philosophy of life.

A : 피할 수 없는 고통은 즐기는 게 더 좋아.
B : 응, 그게 내 인생 철학이야.

Cheer up now. 이제 기운 내라.

우울해 하거나 낙담해 있는 상대방에게 힘내라는 의미로 네이티브들이 즐겨 사용하는 표현 중 하나가 바로 "Cheer up!"입니다. "기운 내라!", "힘내라!"라는 뜻이죠. 그리고 기운 빠져 있지 말고 "당당히 고개를 들어!"란 의미로 "Keep your chin up!"이란 표현도 같이 외워두도록 하세요.

MRS. HARRINGTON : **Cheer up now.** 이제 기운 내라.

Dialogue

A : You look so down today. Cheer up!

B : I am worried about my uncle. He's in the hospital now.

A : 너 오늘 우울해 보여. 기운 내.

B : 삼촌이 걱정 돼서 그래. 지금 병원에 계시거든.

· look down : 우울해 보이다 / be worried about : ~을 걱정하다

I have other business to attend to. 저 다른 볼 일이 있어요.

"I have other business to attend to."는 굉장히 공손한 표현 중에 하나로 상대방에게 자신은 다른 볼 일이 있다는 것을 말하는 문장입니다. 여기서 business는 단순히 '사업'이 아니라, 우리말로 '용건, 볼일'에 해당하는 명사 어휘이지요. 격식을 덜 차린다면, 간단히 "I have other things to do."(나 다른 할 일 있어.) 혹은 "I have somewhere else to go."(나 다른 데 가볼 데가 있어.)라고 말하며 거절할 수 있습니다.

JOSIE : **I have other business to attend to.**
저 다른 볼 일이 있어요.

Dialogue

A : Why don't you come for lunch?

B : I'm sorry, but I have other business to attend to.

A : 점심 먹으러 오시는 게 어때요?

B : 죄송합니다만, 저 다른 볼 일이 있어요.

We've been looking all over for you.

너 찾으려고 곳곳을 구석구석 돌아다녔잖아.

look all over는 '곳곳을 구석구석 찾아보다'란 뜻의 숙어 표현입니다. 사라진 누군가를 찾기 위해서 이곳저곳을 헤매다 찾던 이가 마침내 돌아왔을 때, 가장 흔하게 할 수 있는 말이 바로 "We've been looking all over for you."(너 찾으려고 곳곳을 구석구석 돌아다녔잖아.)입니다.

RUBY : Anne! **We've been looking all over for you.**
앤! 너 찾으려고 곳곳을 구석구석 돌아다녔잖아.

Dialogue

A : We've been looking all over for you. Where have you been?

B : Oh, I got lost.

A : 너 찾으려고 곳곳을 구석구석 돌아다녔잖아. 어디 있었던 거니?
B : 아, 길을 잃어버렸어.

· get lost : 길을 잃다

What's second year class like? 2학년 생활은 어때?

'What's A like?'은 'A는 어때?'란 질문 표현입니다. A의 상황, 상태 등을 물어보는 질문이죠. 제목의 표현 대신에 How를 써서 "How's your second year class?"라고 물어도 같은 뜻의 질문이 되지요.

JANE : **What's second year class like?** 2학년 생활은 어때?

Dialogue

A : What's second year class like?

B : Not bad. Teachers are good, and most students are kind to me.

A : 2학년 생활은 어때?
B : 나쁘지 않아. 선생님들도 좋으시고, 대부분의 학생들이 내게 친절해.

Are you sure? 너 확실해?

상대방이 하는 말이 100% 믿기 어려울 때, 확인하고자 하는 의미로 물어볼 수 있는 질문이 바로 "Are you sure?"입니다. 우리말로 "너 확실해?"란 뜻이죠. 좀 더 강하게 "너 100% 확실해?"라고 물을 때는 "Are you 100% sure?"라고 질문하면 되지요. 이에 대한 답변은 확실하다면 "Yeah, I'm sure." 그렇지 않다면 "No, I'm not sure."라고 하면 되죠.

ANNE : **Are you sure?** 너 확실해?

Dialogue

A : What? Mike failed the test? Are you sure?

B : Yeah, I'm sure. His brother told me.

A : 뭐? 마이크가 시험에 떨어졌다고? 너 확실해?

B : 응, 확실해. 걔 동생이 내게 말해줬어.

Hurray for Blythe. 블라이드를 위해 환호성을 질러주세요.

"Hurray!"는 우리말로 "만세!"에 해당하는 표현입니다. 뭔가 신나거나 기분 좋은 일이 생겼을 때 "Hurray!"라고 외칠 수 있지요. 'Hurray for A'는 'A를 위해 만세를 외쳐라' 즉, 'A를 위해서 환호성을 질러라'란 뜻으로 사용되지요. 요즈음에는 시상식 같은 데서 누군가를 위해 소리를 질러달라고 할 때 'Let's hear it for A' 혹은 'Let's give it up for A'란 말을 즐겨 사용합니다.

GROUP : **Hurray for Blythe.** The Gold Medalist.

블라이드를 위해 환호성을 질러주세요. 금메달 수상자입니다.

Dialogue

A : Everybody! Hurray for Dan. He just passed the bar in L.A.

B : Really? Wow, that's really great!

A : 여러분! 댄을 위해 환호성을 질러주세요. 그는 L.A.에서 변호사 시험을 막 통과했습니다.

B : 정말요? 와우, 그거 정말 잘 됐네요!

· pass the bar : 변호사 시험을 통과하다

앤이 추천하는 Pattern English

I don't want to + 동사원형. 난 ~하고 싶지 않아.

뭔가를 하고 싶은 마음이 없을 때 원어민들이 가장 즐겨 사용하는 패턴이 바로 'I don't want to + 동사원형'입니다. want to의 경우 축약형인 wanna가 요즈음에 더 즐겨 사용되기 때문에 'I don't wanna + 동사원형'으로 본 패턴을 기억해 두셔도 됩니다.

ANNE : **I don't want to** cheer up! 난 기운 내고 싶지 않아.

ex

I don't want to say good-bye. 난 작별인사하고 싶지 않아.

I don't want to talk about it. 난 그것에 대해 말하고 싶지 않아.

I don't want to make this more difficult for you. 난 이것을 당신에게 더 어렵게 만들고 싶지 않아.

I don't want to leave her at the hospital alone. 난 그녀를 병원에 혼자 남겨두고 싶지 않아.

You need to + 동사원형. 넌 ~할 필요가 있어(~해야 해)

상대방이 해야 하는 일을 전달해 줄 때, 부드러운 뉘앙스로 사용할 수 있는 패턴이 바로 'You need to ~'입니다. '넌 ~할 필요가 있어'라고 해석해도 되지만 간단히 '넌 ~해야 해'란 뜻으로 외워두셔도 됩니다. 단, 'You have to ~'(넌 ~해야 해) 패턴에 비해서는 그 의미가 부드럽게 전달되는 것 기억해 두세요.

AUNT JO : **You need to** be near the school. 넌 학교 근처에 있어야 해.

ex

You need to save money for the future. 넌 미래를 위해 저축을 해야 해.

You need to make a decision. 넌 결정을 내려야 해.

You need to rest. 넌 휴식을 취해야 해.

You need to see a doctor. 넌 병원에 가봐야 해.

She sounds + 형용사. 그녀는 ~처럼 들려요.

다른 사람이 하는 말을 듣고 이를 바탕으로 이야기되고 있는 사람에 대한 대략적인 짐작을 할 수가 있습니다. 이때는 동사 sound를 활용해 말할 수 있지요. sound는 '~처럼 들리다, ~처럼 생각되다'란 뜻으로 예를 들어, 친구 여동생이 목소리도 크고, 항상 웃고 다니며, 운동을 좋아한다는 말을 들었다면, "She sounds energetic."(그녀는 활동적인 것 같네요.)라고 말할 수 있는 거죠.

MATTHEW : **She sounds** unhappy. 그녀가 행복하지 않은 것처럼 들리네요.

ex

She sounds nice. 그녀는 좋은 분인 것처럼 들려요.

She sounds really cool. 그녀는 정말 멋진 분인 것처럼 들려요.

She sounds upset. 그녀는 화가 난 것처럼 들려요.

She sounds credible to me. 그녀는 제게는 믿을 만한 사람처럼 들려요.

I'm not going to + 동사원형. 난 ~하지 않을 거야.

뭔가를 하지 않겠다고 말할 때 원어민들이 가장 즐겨 사용하는 패턴이 바로 'I'm not going to + 동사원형'입니다. going to의 경우 축약형인 gonna가 요즈음에 더 즐겨 사용되기 때문에 'I'm not gonna + 동사원형'으로 본 패턴을 기억해 두셔도 됩니다.

ANNE : Well, **I'm not going to** look at the bulletin board. 난 게시판을 안 볼 거야.

ex

I'm not going to waste time on explanations. 난 설명하느라 시간을 낭비하지 않을 거야.

I'm not going to hurt you. 난 널 다치게 하지 않을 거야.

I'm not going to lie to you. 난 너에게 거짓말을 하지 않을 거야.

I'm not going to risk my neck to protect you. 난 널 보호하기 위해 위험을 무릅쓰지는 않을 거야.

(· risk one's neck 위험을 무릅 쓰다)

SCENE 19

Beach front

졸업 후 앤이 집에 내려와 있는 동안, 매튜가 죽게 됩니다. 그의 죽음에 슬퍼하는 앤과 마릴라는 그래도 둘이 있어 조금 위안을 느끼는데요. 이제 매튜가 없으니 집을 꾸려나가기가 힘들어진 마릴라는 집을 팔고 이웃인 레이첼의 집에 가서 살겠다고 합니다. 하지만, 앤은 집을 팔게 할 수 없다며, 자신이 장학금을 포기하겠다고 말하죠. 그래서 결국 앤은 대학을 포기하고 교사로서 일을 하기로 합니다.

I am not going to take that scholarship.

전 그 장학금 받지 않을 거예요.

mp3

ANNE : But you can't sell Green Gables!

MARILLA : Anne. I'd go crazy if there was trouble and I was all alone here. I'm sorry that you won't have a home to come to on your vacations. Ah… I never thought I'd live to see the day when I'd sell this place; but we'll survive somehow.

ANNE : You won't have to stay here alone. I'm not going to Redmond.

MARILLA : What do you mean?

ANNE : I am not going to take that scholarship. I've already decided but I hadn't told you yet. Mr. Barry said he'd rent our fields next year and I am going to take the school at Carmody. They need a teacher and I'm sure they'd be glad to have me. I can drive back and forth until the weather gets bad; and then I'll board and come home on weekends.

MARILLA : I won't let you sacrifice your education for me! I won't allow it, Anne Shirley!

ANNE : 하지만 그린 게이블즈를 팔면 안 돼요.

MARILLA : 앤, 만약 무슨 문제가 생기고 여기에 나 혼자 있게 된다면 난 미쳐 버리고 말 거야. 네가 방학 때 올 수 있는 집이 없어지게 될 거라는 건 미안하구나. 아, 난 내가 이곳을 팔게 되는 날이 올 거라고 결코 생각하지 못했어. 하지만, 어떻게든 살아가게 되겠지.

ANNE : 여기에 혼자 머무르실 필요는 없어요. 전 레드몬에 가지 않을 거예요.

MARILLA : 무슨 소리니?

ANNE : 저 그 장학금을 받지 않을 거예요. 전 이미 결정을 했지만, 아직 말씀을 못 드렸던 거예요. 배리 씨가 내년에 들판을 임대하실 거라고 했고, 전 카모디에서 교편을 잡을 거예요. 거기엔 교사가 필요하니 제가 가면 좋아할 거예요. 나빠질 때까지는 차로 왔다 갔다 할 수 있어요. 그리고나서, 기숙사에 들어가면 주말에 찾아뵐게요.

MARILLA : 네가 날 위해 네 교육의 기회를 희생하게 할 수는 없구나. 난 그것을 허락할 수 없다, 앤 셜리!

Anne's Essential Expressions

I'm very sorry for your loss. 삼가 조의를 표합니다.

장례식에서 굉장히 많이 들을 수 있는 문장 중에 하나가 바로 "I'm very sorry for your loss."입니다. loss는 직역하면 '손해, 손실'이란 뜻이지만, 여기서는 사람의 죽음을 의미하지요. 즉, "I'm very sorry for your loss."는 우리말로 "삼가 조의를 표합니다." 정도로 해석이 될 수 있는 거죠.

GILBERT : **I'm very sorry for your loss.** 삼가 조의를 표합니다.

Dialogue

A : I'm very sorry for your loss, Mr. Johnson.

B : Thank you.

A : 삼가 조의를 표합니다, 존슨 씨.

B : 감사합니다.

His father can't afford to send him.

그의 아버지는 그를 보낼 여유가 안 돼.

동사 afford는 보통 조동사 can과 함께 쓰여 '~을 할 여유가 된다'는 뜻으로 즉, 그만한 돈이 있다는 의미가 됩니다. 물론 부정으로 not이 붙어 can't afford to라고 한다면 '~을 할 여유가[돈이] 없다'라는 뜻이 되는 거죠.

DIANA : **His father can't afford to send him.**

그의 아버지는 그를 보낼 여유가 안 돼.

Dialogue

A : I'm sorry, but I can't afford to buy this car.

B : Then, I'll show you another one.

A : 죄송하지만, 제가 이 차를 살 여유가 안 돼요.

B : 그렇다면 다른 걸 보여드릴게요.

I worked hard all my life. 난 평생 열심히 일했어요.

all one's life는 우리말로 '평생' 혹은 '태어나서부터 줄곧'이란 뜻을 갖고 있습니다. 즉, "I worked hard all my life."란 말은 "난 평생 열심히 일을 했어요."란 뜻이 되는 거죠. 참고로 '열심히 일하다'란 뜻으로 다소 informal 하지만 "I worked my ass off."(나 엉덩이에 불나도록 열심히 일했어.)란 표현도 같이 외워두세요.

MATTHEW : **I worked hard all my life.** 난 평생 열심히 일했어.

Dialogue

A : I always loved to work, and I worked hard all my life.

B : May I ask what your profession was?

A : 난 항상 일하는 걸 좋아했어요, 그리고 평생 열심히 일했지요.

B : 무슨 일을 하셨는지 여쭤도 될까요?

· profession : 직업

He was always such a kind brother to me.

그는 항상 나한테 친절한 오빠였어.

'such a + (형용사) + 명사'는 '상당히 ~한 무엇'이란 뜻으로 사용됩니다. 즉, 뒤의 형용사 혹은 명사를 더욱 강조해 주는 것이죠. 본 문장의 such a kind brother는 우리말로 '정말 친절한 오빠/형/남동생'이란 뜻이 되는 겁니다.

MARILLA : **He was always such a kind brother to me.**
그는 항상 내게 친절한 오빠였어.

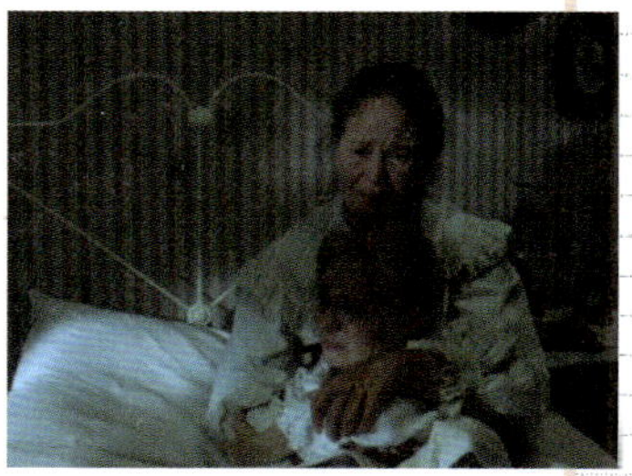

Dialogue

A : He was always such a kind brother to me. I miss him a lot.

B : I miss him, too.

A : 그는 항상 제게 정말 친절한 형이었어요. 그가 너무 보고싶어요.

B : 나도 그가 보고 싶어요.

I haven't seen you around these parts much lately. 최근에 난 널 이 근처에서 많이 못 봤어.

현재완료 'have + p.p.'는 경험을 나타냅니다. 즉, "I haven't seen you much lately."란 말은 "난 널 최근에 많이 본 적이 없어."란 뜻이 되지요. 그리고 명사 part는 '지역, 곳'이란 뜻이 있기에 around these parts는 '이 근처에서'란 의미가 됩니다.

MARILLA : **I haven't seen you around these parts much lately.**

최근에 난 널 이 근처에서 많이 못 봤어.

Dialogue

A : Do you know this guy in the picture?

B : Yeah, his name is Jack Bush.
But I haven't seen him around these parts much lately.

A : 사진 속에 이 남자를 아시나요?

B : 예, 그의 이름은 잭 부시예요. 하지만 최근에 전 그를 이 근처에서 많이 못 봤어요.

I won't allow it. 난 그렇게 놔두지 않을 거야.

동사 allow는 뭔가를 '허락하다, 허가하다'란 뜻을 갖고 있습니다. 어떤 발생 가능한 상황을 두고 그렇게 벌어지도록 놔두지 않을 거라고 강하게 자신의 의지를 피력할 때 원어민들이 즐겨 사용하는 표현이 "I won't allow it."입니다. 우리말로 "그렇게 놔두지 않을 거야."란 뜻이죠.

MARILLA : **I won't allow it**, Anne Shirley!

난 그렇게 놔두지 않을 거다, 앤 셜리!

Dialogue

A : You can't marry her. I won't allow it.

B : You can't stop me.

A : 넌 그녀와 결혼할 수 없어. 난 그렇게 놔두지 않을 거야.

B : 절 막으실 수 없어요.

The thought has crossed my mind.

그 생각이 불현듯 내 머리에 떠올랐어.

cross one's mind란 뜻은 자신의 마음, 생각의 의지와는 상관없이 어떤 생각이 불현듯 '머리에 떠오르다, 스치다, 들다'란 뜻을 가진 표현입니다. 즉, "The thought has crossed my mind."란 표현은 "그 생각이 불현듯 내 머리에 떠올랐어."란 의미가 되는 거죠.

MARILLA : **The thought has crossed my mind.**
그 생각이 불현듯 내 머리에 떠올랐어.

Dialogue

A : You said he's gay, didn't you?

B : No, I didn't. But, to be honest, the thought has crossed my mind once.

A : 너 그가 게이라고 말했잖아, 그렇지 않니?
B : 아니, 안 그랬어. 하지만 솔직히 말해서 그 생각이 한 번은 머리에 떠 올랐어.

He never came back. 그는 다시는 돌아오지 않았어요.

come back은 "돌아오다"란 뜻입니다. 즉, "He never came back."은 "그는 다시는 돌아오지 않았어요."란 뜻이죠. come back 대신에 동사 return(되돌아오다)을 사용해서 "He never returned."라고 말할 수도 있습니다.

MARILLA : **He never came back.** 그는 다시는 돌아오지 않았어요.

Dialogue

A : Did you see Mr. Jackson again that night?

B : No, he never came back.

A : 그날 밤 잭슨 씨를 다시 보셨나요?
B : 아뇨, 그는 다시는 돌아오지 않았어요.

앤이 추천하는 Pattern English

I know + 주어 + 동사. 난 ~라는 것 알아.

"I know."는 "난 알아."란 뜻입니다. 이 때 무엇을 아는지, 즉 그 목적어가 동사 know 뒤에 올 수가 있죠. that은 뒤에 '주어+동사~'로 이루어진 절을 받아서 '~라는 것'이란 뜻을 만들어 줍니다. 이 때 that은 생략이 가능하기에 간단히 'I know + 주어+동사~'를 패턴으로 연습해 주시면 됩니다.

MARILLA : <u>**I know**</u> I've been strict with you. 난 내가 네게 엄격하게 대해왔다는 거 알아.

ex

I know he is your brother. 난 그가 네 남동생이라는 걸 알아.

I know you lied to me. 난 네가 내게 거짓말했다는 걸 알아. (· lie to ~에게 거짓말을 하다)

I know she is innocent. 난 그녀가 결백하다는 걸 알아. (· innocent 결백한)

I know you're dating my ex-boyfriend. 난 네가 내 전 남자친구와 데이트 하는 거 알아. (· ex-명사 전~)

What + (a/an) + 형용사 + 명사 + (주어) + (동사)! 정말 ~한 ~구나!

'정말 ~ 하구나!'란 감탄사 문장을 영어로 만들기 위해서는 다음 어순의 법칙을 꼭 기억해 두셔야 합니다. 바로 'What + a/an + 형용사 + 명사 + (주어) + (동사)!'이죠. 이때, 명사가 복수라면 관사 a/an은 생략하셔도 됩니다.

MARILLA : <u>**What a**</u> nice looking young boy he is! 정말 그는 잘 생긴 젊은이구나!

ex

What a beautiful view (it is)! 정말 아름다운 풍경이구나!

What a handsome man (he is)! 정말 잘생긴 남자구나!

What lovely dresses (they are)! 정말 예쁜 드레스들이구나!

What a kind person Mr. James is! 제임스 씨는 정말 친절한 사람이구나!

What did he + 동사원형? 그가 뭘 ~했니?

의문사가 있는 의문문은 의문사를 문장의 맨 앞에 붙여주면 되지요. 'What did he~?'는 '그가 뭘 ~했니?'라는 과거의 벌어진 일을 물어보는 질문 패턴입니다. 물론 주어만 바꾸어서 What did you ~?(너 뭘 ~ 했니?) / What did they ~?(그들은 뭘~했니?)와 같이 말하는 연습을 해두시면 더 다양한 상황에서 응용하실 수 있다는 거 잊지 마세요.

ANNE : **What did Mr. Sadler** want? 새들러 씨가 원한 것이 뭔가요?

ex

What did he draw? 그가 뭘 그렸니?

What did he give you? 그가 네게 뭘 줬니?

What did he have for breakfast? 그는 아침으로 뭘 먹었니?

What did he tell you about me? 그가 나에 대해 네게 뭐라고 말했니?

You're like + 명사. 넌 마치 ~같아.

전치사 like는 '~처럼'이란 뜻이 있습니다. 즉, 'You're like + 명사' 패턴은 우리말로 '넌 마치 ~ 같아'라는 뜻으로 사용할 수 있지요. 주어와 be 동사를 바꿔서 He's like ~, She's like ~, They're like ~ 등으로 응용해서 말해보는 연습도 같이 해주셔야 합니다. 예를 들어, "그는 마치 괴물 같아요."란 말은 본 패턴을 사용해서 "He's like a monster."라고 말하면 되는 거죠.

MARILLA : **You're like** my own flesh and blood now. 넌 이제 마치 나의 혈육과 같아.

ex

You're like my brother to me. 넌 내게 친형 같아.

You're like my student. 넌 마치 내 학생 같아.

You're like my guardian angel. 넌 마치 내 수호천사 같아.

You're like a blue sky. 넌 마치 파란 하늘 같아.

SCENE 20

The Cuthbert porch

장학금을 포기한 앤은 마릴라 곁에서 그녀와 함께 지내는데요. 길버트가 찾아와 자신이 수업을 하기로 했던 학교를 포기하고 앤에게 양보합니다. 길버트 덕분에 앤은 가까운 곳에서 수업을 할 수 있게 되죠. 앤도 고마운 마음에 화를 누그러뜨리고 둘은 가까워집니다. 게다가 대학교에 갈 수 없게 된 둘은 모두 통신교육으로 수업을 듣기로 해서, 함께 공부하기로 하죠.

Thank you for giving up the school for me.

날 위해서 학교를 포기해줘서 고마워.

mp3

ANNE	:	I don't know what to say.
GILBERT	:	Don't say anything.
ANNE	:	But you'll have to pay for your board; you'll never save enough for College. You can't do...
GILBERT	:	I'll save enough. Besides I'm keeping up with my studies by correspondence.
ANNE	:	So am I! Thank you for giving up the school for me, Gilbert. It was very good of you and I want you to know that I really appreciate it.
GILBERT	:	Well, I figure you can give me a hand with my work and we'll call it a fair exchange.

ANNE	:	무슨 말을 해야 할지 모르겠어.
GILBERT	:	아무 말도 하지 마.
ANNE	:	하지만 너 기숙사비를 내야 하잖아. 절대로 대학에 갈 돈을 저축하지 못할 거라고. 넌 할 수가 없...
GILBERT	:	돈은 충분히 모을 거야. 게다가, 난 통신 교육으로 학업 진도를 따라가고 있어.
ANNE	:	나도 그래! 날 위해서 학교를 포기해 줘서 고마워, 길버트. 넌 정말 착해. 그리고, 내가 정말로 고마워한다는 거 알아줬으면 해.
GILBERT	:	음, 나중에 네가 내 일을 도와주면 돼. 그러면 정당한 교환이 되는 거지.

Anne's Essential Expressions

It was very good of you! 정말 감사했어요!

상대방의 호의에 감사를 표시할 때, 쓸 수 있는 통문장으로 "It was very good of you!"를 기억해 두세요. 단어별로 해석을 하려면 우리말로 적절한 뜻이 만들어지지 않죠. 간단히 "정말 감사했습니다."란 뜻으로 기억해 두시면 됩니다.

ANNE : **It was very good of you!** 정말 감사했어요!

Dialogue

A : You helped us a lot yesterday. It was very good of you!

B : Well, I just did what I had to do.

A : 어제 저희를 많이 도와주셨잖아요. 정말 감사했어요!

B : 그저 해야 할 일을 한 것 뿐이에요.

Mind your own business. 너나 잘하세요. / 신경 끄세요.

지금은 품절녀가 되버린 배우 이영애의 공전의 유행어로 "너나 잘하세요."가 있죠. 즉, 상대방에게 내 일에 관심 끄고 네 일이나 신경 쓰라는 뜻인데요, 영어로 이에 해당하는 표현이 바로 "Mind your own business."입니다. 같은 의미의 표현으로 "It's none of your business."도 같이 외워 두도록 하세요.

MARILLA : Oh, **mind your own business** for once, Rachel.
아, 한 번이라도 신경 좀 꺼주시죠, 레이첼.

Dialogue

A : What classes are you taking?

B : Mind your own business.

A : 넌 무슨 수업들을 듣니?

B : 신경 끄세요.

Leave her alone. 그녀를 내버려 둬.

'Leave someone alone'은 '누구를 내버려 둬'란 뜻으로 사용되는 표현입니다. 즉, 누군가를 귀찮게 하지 말라는 뜻의 표현인 거죠. 바로 앞에서 배운 "Mind your own business."가 다소 공격적으로 자신을 귀찮게 하지 말라는 표현이라면 "Leave me alone."은 뉘앙스 상 좀 더 부탁, 간청의 느낌이 난다고 할 수 있습니다.

MARILLA : **Leave her alone.** 그녀를 내버려 둬.

Dialogue

A : Stop it! Leave her alone.

B : What are you, her mother?

A : 그만해! 그녀를 내버려 둬.

B : 네가 뭔데, 얘 엄마라도 돼?

Taking a shortcut? 지름길을 취할 건가요?

shortcut은 '지름길'이란 뜻으로, take a shortcut은 '지름길을 취하다'란 뜻이죠. '너 ~하는 중이니?'란 뜻의 현재진행 시제로 질문을 하기 위해서는 원칙적으로는 'Are ycu + 동사ing ~?' 로 문장을 만들어야 하지만, 원어민들은 문장을 짧게 말하는 것을 좋아하다보니 앞의 Are you는 생략하고 동사ing 이하만 끝을 올려서 질문을 던지고는 한답니다.

ANNE : **Taking a shortcut**, Mr. Blythe?

지름길을 취할 건가요, 블라이드 씨?

Dialogue

A : Taking a shortcut?

B : Yeah, we should take a shortcut or we'll be late for the wedding.

A : 지름길로 가는 거야?

B : 응, 우리 지름길로 가야해, 안 그러면 결혼식에 늦을 거야.

Marilla, talk some sense to the girl.

마릴라 이 애가 알아듣게 타일러요.

상대방이 고집을 피우거나 이해하기 힘든 행동을 고집한다면, 이를 막기 위해서 잘 알아듣도록 타이를 필요가 있습니다. 이렇게 상대방을 말로서 알아듣게 타이르는 것을 영어로 talk sense라고 하지요. 타이르는 대상은 전치사 to 혹은 into와 함께 언급해 주면 됩니다. 적당히 타이르는 것은 talk some sense, 따끔하게 타이르는 것은 talk some strong sense라고 표현할 수 있지요.

RACHEL : **Marilla, talk some sense to the girl.**
마릴라, 이 애가 알아듣게 타일러요.

Dialogue

A : Can you talk some sense to your son?
Please tell him not to bully my daughter.

B : I will. I'll tell him never to pick on your kid again.

A : 아드님이 알아듣게 타일러 주시겠어요? 제 딸을 괴롭히지 말라고 말씀해주세요.
B : 그럴게요. 다시는 그 쪽 아이를 괴롭히지 말라고 말할게요.

Pride goes before the fall. 교만한 자 오래가지 못한다.

자신의 능력만 믿고 자만하는 사람들은 결국에는 그 교만함으로 인해 망하게 됩니다. 이에 적합한 속담 표현이 바로 "Pride goes before the fall."이지요. pride는 '오만, 자만'이란 뜻이 있고, fall은 '추락'이란 뜻이 있습니다. 직역하면 "자만이 추락보다 먼저 간다."는 뜻으로 즉, "교만한 자 오래가지 못한다."란 뜻이 되는 겁니다.

RACHEL : **Pride goes before the fall.** 교만한 자 오래가지 못한다.

Dialogue

A : That guy is so conceited.
He thinks he's better than anybody else.

B : Pride goes before the fall. His career won't last long.

A : 저 남자는 자부심이 무척 강해요. 그는 다른 누구보다도 자기가 더 잘났다고 생각해요.
B : 교만한 자 오래가지 못하죠. 그의 성공은 지속되지 못할 겁니다

You can give me a hand with my work.

너 내 일 도와줘도 돼.

give someone a hand는 '누구를 도와주다'란 뜻입니다. 친구에게 "나 좀 도와줘."라고 말하고 싶을 때는 영어로 "Give me a hand."라고 말하면 되지요. 상대방에게 내가 하고 있는 일을 도와달라고 하려면 with를 써서 with my work라고 덧붙여 주면 됩니다.

GILBERT : Well, I figure **you can give me a hand with my work.**
음, 네가 내 일을 도와줄 수 있을 것 같아서.

Dialogue

A : Jason, are you busy? You can give me a hand with my work.
B : Okay. What do you want me to do?

A : 제이슨, 너 바쁘니? 너 내 일 도와줘도 돼.
B : 알았어. 내가 무슨 일을 하면 될까?

I'll walk you home. 내가 집에 바래다 줄게.

동사 walk는 '걷다'란 뜻만 있는 것이 아니라, 누군가와 같이 '동행해서 걷다'란 뜻도 가지고 있습니다. 그래서 보통 데이트 후에 여자를 집까지 걸어서 바래다 주겠다는 말을 할 때 원어민들이 즐겨 사용하는 표현이 바로 "I'll walk you home."이지요. 또한 상대방에게 "같이 좀 걸읍시다." 혹은 "걸으면서 얘기합니다."라고 할 때는, "Walk with me!"라고 하지요.

GILBERT : **I'll walk you home.** 내가 집에 바래다 줄게.

Dialogue

A : I'll walk you home.
B : Oh, that's so sweet of you.

A : 내가 집에 바래다 줄게.
B : 오, 고맙기도 해라.

앤이 추천하는 Pattern English

Don't + 동사원형. ~하지 마.

평서문은 반드시 '주어 + 동사~'의 어순으로 시작하지만 명령문은 주어 없이 동사 원형으로 말을 시작하면 됩니다. 이러한 명령문의 부정형은 앞에 Do not / Don't를 붙여서 말을 하면 되지요.

GILBERT : **Don't** say anything. 아무 말도 하지 마.

ex

Don't listen to him. 그의 말을 듣지 마.

Don't get upset. 화내지 마. (· get upset 화내다)

Don't throw away the garbage. 쓰레기 버리지 마. (· throw away 버리다)

Don't change the channel. 채널 돌리지 마.

I don't know what to + 동사원형. 난 무엇을 ~ 해야 할지 모르겠어.

'What + to + 동사원형'은 '무엇을 ~할지'란 뜻으로 해석이 됩니다. 예를 들어, what to do는 '무엇을 할지', what to eat은 '무엇을 먹을지', what to wear는 '무엇을 입을지'란 뜻이 되는 거죠. 그러므로 'I don't know what to ~'는 '난 무엇을 ~해야 할지 모르겠어'란 뜻의 패턴이 되는 거죠.

ANNE : **I don't know what to** say. 난 무슨 말을 해야 할지 모르겠어.

ex

I don't know what to do about her. 난 걔에 대해서 무엇을 해야 할지 모르겠어.

I don't know what to drink with this. 난 이거랑 무엇을 마셔야 할지 모르겠어.

I don't know what to tell him. 난 그에게 무엇을 말해야 할지 모르겠어.

I don't know what to buy for his birthday. 나 그의 생일에 무엇을 사야 할지 모르겠어.

I'm + 동사ing 나 ~하고 있어.

'I'm + 동사ing'는 '나 ~하고 있어 / 나 ~하는 중이야'란 뜻의 현재진행형 시제를 표현하는 패턴으로 사용하시면 됩니다. "나 공부하고 있어", "나 자고 있어"의 문장들은 각각 "I'm studying." "I'm sleeping."이라고 말하면 되는 거죠. 또한 가까운 미래를 나타낼 때 쓰이기도 합니다.
(ex. I'm leaving tonight. 나 오늘밤에 떠날거야.)

ANNE : **I'm doing** my courses by correspondence, Rachel.
난 통신수업을 듣고 있어요, 레이첼.

ex

I'm taking a shower. 나 샤워하고 있어. (· take a shower 샤워하다)

I'm listening to music. 나 음악 듣고 있어.

I'm hanging out with my friends. 나 친구들하고 놀고 있어. (· hang out 어울리다, 놀다)

I'm driving my car on the highway. 나 고속도로에서 운전중이야.

Aren't you + 형용사(과거분사)? 너 ~하지 않니?

'Are you + 형용사?' 패턴의 질문이 '너 ~하니?'라면 'Aren't you + 형용사' 패턴의 질문은 '너 ~하지 않니?'라는 뜻입니다. "Are you happy?"(너 행복하니?)의 경우, 상대방이 행복한지 그렇지 않은지에 대해서 사전에 짐작을 하지는 않지만, "Aren't you happy?"(너 행복하지 않니?)는 상대방이 행복할 거라는 짐작하에 던지는 질문이라는 차이점이 있지요.

ANNE : **Aren't you** worried? 너 걱정되지 않니?

ex

Aren't you excited? 너 흥분되지 않니?

Aren't you relieved? 너 마음이 놓이지 않니?

Aren't you late for work? 너 출근 늦지 않았니?

Aren't you sorry for your mom? 너 엄마한테 죄송하지 않니?

빨강머리 앤 Pop Quiz

영어표현과 어울리는 해석을 찾아보세요.

1. Please remain after class. ( )
2. Excuse me for a minute. ( )
3. Get my coat. ( )
4. I am so ashamed. ( )
5. Will there be anything else? ( )
6. What would you say? ( )
7. If you insist. ( )
8. I have faith in you. ( )
9. Keep quiet. ( )
10. You do have good taste. ( )
11. I was moved beyond words. ( )
12. I'm very sorry for your loss. ( )
13. Mind your own business. ( )

a. 정말 안목이 좋으시군요.
b. 삼가 조의를 표합니다.
c. 너나 잘하세요.
d. 너무 부끄럽구나.
e. 내 코트를 가져와.
f. 더 필요한 것 없으세요?
g. 난 널 믿어.
h. 수업이 끝나고 남으세요.
i. 잠시만 실례할게요.
j. 넌 어떻게 할래?
k. 정 그러시다 면요.
l. 난 형용할 수 없는 감동을 받았어요.
m. 조용히 해.

정답 1. ⓗ 2. ⓘ 3. ⓔ 4. ⓓ 5. ⓕ 6. ⓙ 7. ⓚ 8. ⓖ 9. ⓜ 10. ⓐ 11. ⓛ 12. ⓑ 13. ⓒ

앞에서 배운 패턴을 활용하여 다음 영문을 완성해보세요.

1. 나 그에게 막 문자 보내려던 참이야. ______________________ text him.

2. 난 혼자서 자는 거 싫어해. __________________ sleep alone.

3. 나 너무 내 사업을 하고 싶어요. ______________________ run my own business.

4. 난 한 번도 뉴욕에 가 본 적이 없어. __________________________ to New York.

5. 난 네가 올 줄 알고 있었어. _________________ come.

6. 날 짜증나게 만들지 마. ______________________ irritated.

7. 내가 볼 땐 그가 가장 운이 좋아. ______________________________ he's the luckiest.

8. 울어도 소용없어. _______________________ crying.

9. 좋은 경험이었다는 걸 인정할 수밖에 없구나. ______________________ it was a great experience.

10. 내가 그처럼 건강하면 좋겠다. __________________ healthy like him.

11. 그녀는 정말 멋진 분인 것처럼 들려요. __________________ really cool.

12. 난 너희들을 여기서 보게 될 거라고는 기대하지도 않았어. _______________________ see you guys here.

정답 1. I'm just about to 2. I hate to 3. I am aching to 4. I've never been 5. I knew you'd 6. Don't make me 7. I'd say 8. There's no use in 9. I have to admit 10. I wish I were 11. She sounds 12. I never expected to

Anne of Green Ga

Anne of Green Gables

Part #3

SCENE 21

Beach front

앤은 마릴라와 함께 머무르며, 학교에서 아이들을 가르칩니다. 말썽을 피우는 아이들도 있지만, 현명하게 대처하며 학교생활을 즐기는 그녀는 틈틈이 소설을 쓰죠.
그녀는 지난봄에 쓴 소설을 출판하고 싶어서 잡지사에 보내 답장을 기다리고 있었는데요, 학교가 끝나고 부랴부랴 우체국에 가서 메일을 받아왔는데, 안타깝게도 거절의 편지였습니다. 그 때 마침 앤을 데리러 온 길버트가 편지를 빼앗아 뭐냐고 물으며, 사람들이 요즘 너의 행동이 이상하다고 한다며, 자신 또한 궁금하니 무슨 일인지 말해달라고 하지만, 그녀는 좀처럼 말을 하지 않네요.

바닷가 앞에서 앤이 소설을 써 놓은 종이들이 바람에 날아가자, 모건이라는 남자가 와서 종이를 주워주는데요. 이 때 처음 만난 둘은 그 뒤에 새로운 인연으로 또 만나게 되니, 앞으로 둘의 관계를 주목해주세요.^^

People think you've been acting very peculiarly lately.

사람들이 너 요즘 이상하게 군다고 하는데.

mp3

GILBERT : You know, people think you've been acting very peculiarly lately and I might as well tell you so. Why didn't you show up at the Carmody Spring Festival? I saved a spot for you at our table.

ANNE : I was busy. I was trying to get my finals marked.

GILBERT : Anne, you had your finals marked and posted with the Board before I did. What are you up to?

ANNE : Nothing! This is a completely personal matter.

GILBERT : I suppose it must be. If you can't keep your word anymore.

ANNE : Good grief! You know how to try one's patience, don't you!

GILBERT : 있잖아, 사람들이 너 요즘 이상하게 군다고 하는데, 내 생각도 그렇고. 너 왜 카모디 봄 페스티발에 안 온 거니? 내가 우리 테이블에 네 자리도 맡아놨었는데.

ANNE : 나 바빴어. 기말고사 시험지 채점하고 있었거든.

GILBERT : 앤, 넌 나보다도 먼저 채점 끝내서 게시판에 공지 했잖아. 뭘하고 지내는 거야?

ANNE : 아무 일도 아냐! 순전히 내 개인적인 문제야.

GILBERT : 그렇겠지. 그래도 나한텐 말해줘.

ANNE : 이런! 넌 사람의 인내심을 시험하는 데 뭐 있다니까, 정말!

Anne's Essential Expressions

There you are. 너 거기 있구나.

찾던 상대방이 저쪽에 있는 걸 발견했을 때 "너 거기 있구나."란 뜻으로 사용할 수 있는 말이 바로 "There you are."입니다. "You are there."라는 문장에서 장소, 방향을 나타내는 부사구인 There(거기에)를 강조해 주기 위해서 문장의 맨 앞에 위치시켜 말을 하는 방식이지요.

HARRIS : **There you are.** 너 거기 있구나.

Dialogue

A : Oh, there you are. Do you have the bathroom key?

B : Yup, here you are.

A : 오, 너 거기 있구나. 너 화장실 열쇠 가지고 있니.
B : 응, 여기 있어.

· Here you are. : 여기 있어.

I'll be seeing you then. 그 때 보자!

상대방과 작별인사를 할 때 다음에 다시 보자는 의미로 쓰이는 영어표현에는 "See you later!"만 있는 게 아닙니다. 이 외에도, See you again soon / See you then / See you around / Later 그리고 "I'll be seeing you."등이 있죠.

ANNE : Well, **I'll be seeing you then.** 그럼, 그때 보자꾸나.

Dialogue

A : I'll be seeing you then.

B : All right, I'll see you later.

A : 그 때 또 보자.
B : 그래, 나중에 보자.

Why didn't you show up? 너 왜 나타나지 않은 거니?

show up은 '나타나다, 모습을 드러내다'란 뜻의 구동사 표현입니다. 그러므로 상대방이 어딘가에 모습을 드러내지 않았다면 다음 날 그 사람을 만나서 "Why didn't you show up?"이라고 따져 물을 수 있겠죠. 참고로 '나타나지 않다'란 뜻으로 do[does] not show up 외에 be a no-show란 표현도 같이 기억해 두세요. ex) He was a no-show at the meeting. (그는 회의에 오지 않았어요.)

GILBERT : **Why didn't you show up** at the Carmody Spring Festival?

너 왜 카모디 봄 페스티발에 안 나타났어?

Dialogue

A : Why didn't you show up at the party?

B : I was sick. I stayed in bed all day.

A : 너 왜 파티에 나타나지 않았니?

B : 나 아팠어. 하루 종일 침대에 누워있었거든.

· stay in bed : 침대에 누워있다.

I'm gonna tell on you two! 내가 너희 둘 다 이를 거야!

tell on은 구어로 '고자질을 하다'란 뜻을 갖고 있습니다. 전치사 on 뒤에는 고자질을 할 대상이 누구인지 말해주면 되지요. 무언가 다른 사람에게 말해서는 안되는 내용을 다른 제 3자에게 '밀고하다, 일러바치다'란 뜻으로 사용되는 슬랭인 rat on도 같이 기억해 두도록 하세요.
ex) Why did you rat on my sister?(너 왜 내 여동생을 일러 바친 거니?)

MINNIE MAY : **I'm gonna tell on you two!**

내가 너희 둘 다 이를 거야!

Dialogue

A : I'm gonna tell on you two!

B : Oh, really? You do that and I'll kill you.

A : 내가 너희 둘 다 이를 거야!

B : 오, 정말? 너 그랬다간 내가 너 죽여 버릴 거야.

I hear you two are excellent painters.

너희 둘 페인트 칠 잘한다고 하더라.

'I hear + 문장'는 우리말로 '~하더라'란 뜻으로 해석될 수 있습니다. 즉, 자신이 과거에만 들은 내용이 아니라, 중간 중간 계속 사람들로부터 듣고 있는 내용을 말하고자 할 때 그 말 앞에 I hear를 붙여 주면 되는 거지요.

ANNE : **I hear you two are excellent painters.**
너희 둘 페인트 칠 잘한다고 하더라.

Dialogue

A : I hear you're a great businessman.
B : Well, that's what they say.

A : 당신이 아주 훌륭한 사업가라고 하더군요.
B : 음, 뭐 그렇게들 말하더군요.

Doesn't matter. 중요하지 않아요.

matter는 동사로 '중요하다'란 뜻이 있습니다. 즉, 어떤 일이 '중요하지 않다'는 뜻으로 사용되는 영어표현이 바로 "It doesn't matter."입니다. 회화에서는 불필요하거나 굳이 중요하지 않은 부분은 생략을 하고 짧게 말하는 경향이 있기 때문에 주어 It을 생략하고 간단히 "Doesn't matter."(상관없어요.)라고 말하는 경우가 많습니다.

ANNE : **Doesn't matter.** 중요하지 않아요.

Dialogue

A : Why didn't you tell her that you love her?
B : Doesn't matter. She won't come back to me, anyway.

A : 왜 그녀에게 네가 사랑한다고 말하지 않았니?
B : 중요하지 않아요. 어쨌든 그녀는 내게 돌아오지 않을 거에요.

What are you up to? 무슨 꿍꿍이야?

상대방의 행동이 자연스럽지 못하고 뭔가 숨기는 것이 있는 것 같을 때 "무슨 꿍꿍이야?"란 뜻으로 사용할 수 있는 질문이 바로 "What are you up to?"입니다. up to는 원래 '~까지'란 뜻인데, 즉 상대방에 무슨 일을 어디까지 숨기고 있는 거냐고 물어보는 거라고 생각하시면 됩니다.

GILBERT : **What are you up to?** 무슨 꿍꿍이야?

Dialogue

A : Something smells fishy here. What are you up to?

B : Nothing. What are you talking about?

A : 뭔가 수상한 냄새가 나는데. 무슨 꿍꿍이야?

B : 아무것도 아냐. 너 무슨 소릴 하는 거야?

· smell fishy : 수상한 냄새가 나다

I saved a spot for you at our table.

우리 테이블에 내가 네 자리 맡아놨어.

사람이 앉는 자리를 명사 spot이라고 합니다. 그리고 '자리를 맡아놓다'라고 말할 때는 '저축하다, 저장하다'란 뜻을 가진 동사 save와 함께 써서 save a spot이라고 표현하지요. 즉, "I saved a spot for you."는 "내가 널 위해 자리를 맡아놨어."란 뜻이 되는 겁니다. 상대방에게 "이 자리 임자있어요?"라고 물을 때는, "Is this seat taken?"이라고 물으면 되니 같이 기억해 두세요.

GILBERT : **I saved a spot for you at our table.**
우리 테이블에 내가 네 자리 맡아놨어.

Dialogue

A : Julie! I saved a spot for you at our table.

B : How sweet of you!

A : 줄리! 우리 테이블에 내가 네 자리 맡아놨어.

B : 친절도 해라!

· How sweet of you! : 정말 친절하시군요!

앤이 추천하는 Pattern English

Are you + a/an + 명사? 당신은 ~인가요?

be 동사는 '~이다'란 뜻으로 뒤에 'a(n) + 명사'의 어순을 취해서 주어의 직업을 말해 줍니다. ex) I am a doctor / He is an actor / She is a nurse 등. 이러한 be 동사로 만들어진 문장의 의문문은 be 동사가 주어의 앞으로 이동하면 되므로 상대방이 무엇을 하는 사람인지 궁금할 때는, 'Are you + a(n) + 명사?' 패턴으로 질문을 던지면 되는 거죠.

HARRIS : **Are you**… a journalist? 당신은 기자인가요?

ex

Are you a politician? 당신 정치인인가요?

Are you a math teacher? 당신 수학 선생인가요?

Are you a cook? 당신 요리사인가요?

Are you an astronaut? 당신 우주비행사인가요?

Thanks so much for + 동사ing. ~해주셔서 정말 감사드려요.

"Thank you."와 "Thanks."는 "감사합니다."란 뜻이고, 뒤에 so much가 붙으면 강조가 되어 "정말 감사합니다."가 됩니다. 여기에 좀 더 구체적으로 어떤 행동에 대해서 감사를 드리는 것인지를 언급할 때는 전치사 for를 붙이고 그 뒤는 동사를 -ing 형태로 바꿔서 연결시켜 주면 되지요.

ANNE : **Thanks so much for** letting me in. 절 들여보내주셔서 정말 감사드려요.

ex

Thanks so much for calling. 전화해주셔서 정말 감사드려요.

Thanks so much for coming here. 여기 와주셔서 정말 감사드려요.

Thanks so much for doing this. 이 일을 해주셔서 정말 감사드려요.

Thanks so much for bringing her to the hospital. 그녀를 병원까지 데려다 주셔서 정말 감사드려요.

You never have time to + 동사. 넌 ~ 할 시간이 전혀 없잖아.

너무나 바쁜 상대방에게 불평하듯, 혹은 나무라듯 '넌 ~ 할 시간이 전혀 없구나.'라고 말할 때 사용할 수 있는 패턴이 바로 'You never have time to ~'입니다. 'have time to + 동사'는 '~ 할 시간이 있다'는 뜻인데, 동사 have 앞에 never가 붙었으므로, '전혀 ~ 할 시간이 없다'는 뜻이 되지요. 예를 들어, 회사 일로 바빠서 자기랑은 전혀 놀아주지 않는 아빠에게 "You never have time to play with me."(아빠는 나랑 놀아줄 시간이 전혀 없잖아요.)라고 불평할 수 있는 거죠.

GILBERT : **You never have time to** speak to your friends anymore.
넌 더 이상 네 친구들과 얘기할 시간이 전혀 없잖아.

ex

You never have time to read a book. 넌 책을 읽을 시간이 전혀 없잖아.

You never have time to visit your family. 넌 네 가족들을 방문할 시간이 전혀 없잖아.

You never have time to hang out with me. 넌 나랑 어울려 놀 시간이 전혀 없잖아.

You never have time to have lunch. 넌 점심 먹을 시간이 전혀 없잖아.

I supposed + 주어 + 동사. ~ 일거라고 생각했어.

확신하진 않지만, 그럴 것 같다는 뉘앙스로 말할 때 사용할 수 있는 패턴이 바로 'I supposed ~'입니다. suppose는 '추측하다, 생각하다'란 뜻을 가진 동사이지요. 예를 들어, 친구가 바쁠 것 같다는 추측에 전화를 안 했더니, 그 친구가 내게 왜 전화하지 않았냐고 물어본다면, "I supposed you were busy."(난 네가 바쁠 거라고 생각했어.)라고 대답할 수 있는 거죠.

ANNE : **I supposed** it must be. 분명 그럴 거라고 생각했어.

ex

I supposed he was talking about his son. 난 그가 그의 아들 이야기를 하는 거라고 생각했어.

I supposed you might know him. 난 네가 그를 알지도 모른다고 생각했어.

I supposed you were from Canada. 난 네가 캐나다 출신일 거라고 생각했어.

I supposed they love eating. 난 그들이 먹는 걸 좋아할 거라고 생각했어.

SCENE 22

Outside the Avonlea post office

길버트는 다이애나의 소식을 전해주기 위해, 자신이 여기까지 자전거를 타고 왔다며, 앤이 숨기고 있는 것을 말해주면, 자신도 다이애나의 일을 이야기해주겠다고 합니다. 앤은 할 수 없이 자신이 소설을 출판하려고 했는데, 거절당했다는 소식을 전해주죠. 길버트는 앤이 그녀의 소설을 출판하려고 한다는 사실에 자신의 일처럼 기뻐합니다.
한편 앤은 길버트가 전해준 다이애나의 소식을 듣고 놀라는데요. 바로 프레드가 청혼을 했고, 다이애나가 이를 받아들였다는 것입니다. 앤은 그녀가 결혼할 사람이 프레드라는 사실에 놀라며, 그녀가 그냥 처음으로 청혼을 받아서 승낙을 한 것뿐이라며, 실망을 하는데요. 마침 길버트와 걸어가는 길에, 프레드와 다이애나를 발견합니다. 앤은 장난으로 그들을 놀리는데요, 다이애나는 상처를 받고 말죠. 이에 앤은 사과를 하고, 네가 행복하면 나도 기쁘다고 축하해줍니다.

I'm attempting to have it published.

나 그걸 출판하려고 시도하는 중이야.

mp3

ANNE : You know the story I wrote this spring?
I'm attempting to have it published.

GILBERT : Anne! That's tremendous!
Listen to this everybody! Avonlea's public school teacher soon to become world famous Canadian authoress-

ANNE : It hasn't happened yet, you fool! And don't you dare tell anyone!
Now what's all the fuss about Diana Barry?

GILBERT : Well, from what I understand, she's, uh, going on an extended vacation this summer.

ANNE : Is that all? Well, where is she going?

GILBERT : You mean with whom is she going?

ANNE : Alright, with whom, then? What difference does it make?

ANNE : 내가 이번 봄에 썼던 글 알지? 그걸 출판하려고 하는 중이야.

GILBERT : 앤! 너무 잘됐다! 여러분 모두 들으세요!
에이번리의 공립학교 선생님이 곧 유명한 여류 작가가 된답니다.

ANNE : 아직 일어나지도 않은 일이야, 이 바보야! 다른 사람한테 말하기만 해봐!
자 이제 다이애나 배리에게 무슨 일이 있길래 그리 유난을 떨었어?

GILBERT : 음, 내가 알기론, 다이애나가 여름에 긴 휴가를 떠난대.

ANNE : 그게 다야? 음, 그녀가 어디에 가는데?

GILBERT : 그녀가 누구와 가느냐는 거지?

ANNE : 그래, 누구와 함께 가는데? 그게 뭐 중요해?

Anne's Essential Expressions

You are a real pill! 너 정말 귀찮은 애구나!

pill은 '알약'이란 뜻인데, 속어로 '싫은 사람, 나를 귀찮게 하는 사람'이란 뜻으로도 사용됩니다. 즉, 사람을 가리켜 "You're a pill."이라고 말하면 "넌 귀찮은 애야."란 뜻이 되는 거죠. '진짜, 정말'이란 뜻의 형용사 real과 함께 쓰면 "넌 정말 귀찮은 애야."란 뜻이 되겠죠?

ANNE : **You are a real pill**, Gilbert Blythe!
너 정말 귀찮은 애구나, 길버트 블라이드!

Dialogue

A : Can't you please do this for me?
B : How many times should I tell you? I can't! You're a real pill.

A : 제발 날 위해 이걸 해줄 수는 없니?
B : 몇 번을 말해주어야 하니? 못 해! 너 정말 귀찮은 애구나!

What about Diana Barry? 다이애나 배리가 뭐요?

'What about ~?'은 원래 '~는 어때요?'란 뜻입니다. 그런데, 만약 상대방이 나에게 갑자기 어떤 특정인을 언급하며 'What about Jack?'(잭은 어때요?)이라고 묻는다면, 아마도 "걔 뭐요?"라고 다시 질문을 하겠죠. 바로 이 때도 'What about ~?'을 쓰게 됩니다. 즉, 문맥에 따라서 'What about ~?'은 두 가지 의미로 해석될 수가 있는 거죠.

ANNE : **What about Diana Barry?** 다이애나 배리가 뭐요?

Dialogue

A : What about your dad?
B : What about him?

A : 너희 아버지는 어떠시니?
B : 우리 아버지 뭐요?

Not until you spill the beans. 네가 털어놓을 때까지는 안 돼.

spill the beans는 '비밀을 누설하다'란 뜻을 가진 숙어표현입니다. bean은 '콩'이란 뜻이고, spill은 '흘리다'란 동사인데, 마치 자루에 든 콩이 쏟아지듯이, 숨겨두었던 비밀을 쏟아내는 것과 연관시켜 만들어진 표현이지요.

GILBERT : Uh-uh. **Not until you spill the beans.**
싫어. 네가 털어놓을 때까지는 안 돼.

Dialogue

A : I'm not gonna give you this. Not until you spill the beans.

B : Okay, but you have to promise me that you won't tell a soul.

A : 나 이거 네게 주지 않을 거야. 네가 털어놓을 때까지는 안 돼.
B : 알았어. 하지만 아무에게도 말하지 않겠다고 너 약속해야 해.

· not tell a soul : 아무에게도 말하지 않다

Don't you dare tell anyone! 다른 사람한테 말하기만 해봐!

"Don't you dare!"는 우리말로 "그러기만 했단 봐라!"란 뜻으로 상대방에게 절대로 무언가를 하지 말 것을 협박식으로 강조할 때 사용하는 표현입니다. 좀 더 구체적으로 무엇을 감히 하지 말라는 것인지 언급할 때는 뒤에 동사를 붙여서 설명해 주면 되지요.

ANNE : And **don't you dare tell anyone!**
그리고, 다른 사람한테 말하기만 해봐!

Dialogue

A : This stays between us. Don't you dare tell anyone!

B : Don't worry. You have my word.

A : 이 얘긴 우리 둘만 아는거야. 다른 사람한테 말하기만 해봐!
B : 걱정 마. 약속할게.

· have one's word : 약속하다

What's all the fuss about Diana Barry?

왜 그렇게 다이애나 배리에 대해서 호들갑이야?

"What's all the fuss about?"은 우리말로 "왜 이렇게 호들갑을 떠는 거예요?"란 질문입니다. fuss가 명사로 '소란, 야단법석'이란 뜻이 되는 거니까요. 단, 너무 중대하거나 심각한 사안에 사람들이 동요하는 것처럼 보일 때는 What's all the fuss about?이란 질문은 적절치 않습니다.

ANNE : **What's all the fuss about Diana Barry?**

왜 그렇게 다이애나 배리에 대해서 호들갑이야?

Dialogue

A : What's all the fuss about?

B : You don't know? Britney Spears has just arrived at our store!

A : 왜 이렇게 호들갑들이야?

B : 너 몰라? 브리트니 스피어스가 우리 상점에 막 도착했어!

They hardly know each other. 걔들은 서로 잘 알지 못해.

hardly는 '거의 ~ 가 아닌'이란 뜻으로, 사실상 부정의 의미를 담고 있으므로 문장에서 부정어인 not과 함께 쓸 수가 없습니다. "They know each other."는 "그들은 서로 알아요."란 뜻이지만, "They hardly know each other."는 "그들은 서로 거의 몰라요."란 뜻이 되는 거죠. hardly는 hard(열심히)의 부사 형태가 아니라는 것 꼭 기억해 두세요!

ANNE : But **they hardly know each other.**

하지만, 걔들은 서로 잘 알지 못해.

Dialogue

A : Do Tom and Max know each other well?

B : No, they hardly know each other.

A : 탐과 맥스는 서로 잘 아나요?

B : 아뇨, 걔들은 서로 잘 알지 못해요.

You'd be swept off your feet in a moment.

넌 순식간에 사랑에 빠지게 될 거야.

sweep off one's feet은 '누구를 사랑에 빠뜨리다, 사랑에 빠지게 하다'란 뜻입니다. 그러므로 수동형인 'be[get] swept off one's feet'은 누군가에 의해서 '사랑에 빠지다'란 뜻이 되는 거죠. '사랑에 빠지다'와 동일한 의미의 영어표현 중 가장 흔한 것은 fall in love이니 같이 기억해 두세요. in a moment는 '순식간에'란 뜻의 숙어 표현입니다.

GILBERT : **You'd be swept off your feet in a moment.**
넌 순식간에 사랑에 빠지게 될 거야.

Dialogue

A : Jack is a hottie! You'd be swept off your feet in a moment.

B : Do you think he will like me?

A : 잭은 정말 매력적인 애야. 넌 순식간에 사랑에 빠지게 될 거야.

B : 그가 날 좋아할 거라고 생각하니?

· hottie : 아주 매력적인 사람

I didn't mean to pick a quarrel. 싸움을 걸려고 했던 건 아니에요.

quarrel은 '싸움'이란 뜻의 명사입니다. 주먹을 주고받는 식의 신체적 싸움이 아니라 서로 언쟁을 하며 말을 주고받는 싸움을 뜻하지요. 동사 pick을 사용해 pick a quarrel은 '싸움을 걸다'란 뜻으로 사용됩니다. 참고로 'I didn't mean to + 동사 ~'는 '~하려고 했던 건 아니에요'란 패턴으로 기억해 두시면 됩니다.

ANNE : **I didn't mean to pick a quarrel.**
싸움을 걸려고 했던 건 아니야.

Dialogue

A : I'm really sorry. I didn't mean to pick a quarrel.

B : Then, what do you want?

A : 정말 미안해. 싸움을 걸려고 했던 건 아냐.

B : 그러면 원하는 게 뭐니?

앤이 추천하는 Pattern English

I'd better + 동사원형. 나 ~하는 게 낫겠다.

had better는 '~하는 게 낫다'란 뜻입니다. 주어인 I와 어울려 'I'd better + 동사 ~'는 '나 ~하는 게 낫겠다'란 패턴으로 사용할 수 있지요. 주의하실 점은 주어가 You가 되어 'You'd better ~'라고 할 경우, 단순히 상대방에 대한 조언을 넘어, 경고의 의미로까지 사용된다는 점입니다.

ex) You'd better shut up. 너 입 다물고 있는 게 신상에 좋을 거야. [경고]

GILBERT : Well, **I'd better** go get my bicycle. 음, 난 내 자전거 가지러 가는 게 낫겠다.

ex

I'd better go now. 나 이제 가보는 게 낫겠어.

I'd better go find out what happened. 난 가서 무슨 일이 있는지 알아보는 게 낫겠어.

I'd better call him first. 나 그에게 먼저 전화하는 게 낫겠어.

I'd better pack my toothbrush. 나 칫솔을 챙기는 게 낫겠어.

How could you + 동사원형? 너 어떻게 ~ 할 수 있어?

내 기준에서 봤을 때, 상대방이 너무 심한 말이나 행동을 했다면, 'How could you ~?' 패턴을 사용해서 '너 어떻게 ~ 할 수 있어?'라고 질문할 수 있습니다. 이미 벌어진 사안에 대해서 질문하는 것이므로 과거형인 조동사 could가 들어갔지요.

DIANA : **How could you** make fun of me in public? 너 어떻게 사람들도 있는데 날 놀릴 수 있어?

ex

How could you do this to me? 너 어떻게 내게 이럴 수 있어?

How could you bring her here? 너 어떻게 그녀를 여기에 데려 올 수 있어?

How could you be so stupid? 너 어떻게 그렇게 멍청할 수 있니?

How could you mess this up? 어 어떻게 이 일을 망쳐놓을 수 있니?

(· mess up 망치다)

You were so busy + 동사ing. 너 ~하느라 너무 바빴잖아.

'busy + 동사ing'는 '~하느라 바쁘다'란 뜻입니다. 원래는 busy와 동사ing 사이에 전치사 in이 들어가지만, 관용적으로 in을 생략하고 사용하지요. 상대방에게 '너 ~ 하느라 엄청 바빴잖아'란 말을 하고 싶다면 'You were so busy + 동사ing ~'의 패턴을 사용해서 말할 수 있습니다.

DIANA : **You were so busy** writing your book and marking exam papers.
너는 책도 쓰고, 시험지 채점도 하느라 너무 바빴잖아.

ex

You were so busy doing your other projects. 너 네 다른 프로젝트들 하느라 너무 바빴잖아.

You were so busy cooking and cleaning. 너 요리하고 청소하느라 너무 바빴잖아.

You were so busy putting your makeup on. 너 화장하느라 너무 바빴잖아.

You were so busy talking to Mr. Smith. 너 스미스 씨와 대화하느라 너무 바빴잖아.

What if + 주어 + 동사? 만약에 ~하면 어쩌지?

What if는 '만약 ~하면 어쩌지?'란 뜻을 갖고 있습니다. if 뒤에는 가정해 주고자 하는 상황은 '주어 + 동사 ~'로 이루어진 문장을 붙여주면 되지요. 예를 들어 "He calls me."(그가 내게 전화한다.)란 상황에 대해서 어떻게 하면 좋을지 묻고 싶다면 간단히 "What if he calls me?"(만약에 그가 내게 전화하면 어쩌지?)라고 물으면 되는 거죠.

DIANA : **What if** you never meet him? 만약에 네가 그를 절대 못 만나면 어떡해?

ex

What if she doesn't remember me? 만약에 그녀가 날 기억 못 하면 어쩌지?

What if he's cheating on me? 만약에 그가 바람을 피우고 있으면 어쩌지?

What if he's in danger? 만약에 그가 위험에 처해 있으면 어쩌지?

What if I can't do this? 만약에 내가 이걸 할 수 없으면 어쩌지?

SCENE 23

Cuthbert porch

마릴라는 앤에게 그동안 자신을 잘 보살펴줬으니 이제 하고 싶은 대로 하라고 합니다. 앤은 너무 기쁘지만, 뭘 해야 할지 잘 모르는데요. 마릴라와 이야기를 끝내고 길을 가던 중, 앤은 갑자기 모든 사람들의 축하를 받게 됩니다. 영문도 모른 채 축하를 받던 앤은 가게 앞에 붙어 있는 자신의 이름이 쓰인 현수막을 보게 되는데요. 가게 안으로 들어가자, 사람들은 모두 싸인을 해달라며 난리가 납니다. 앤은 그제야 자신의 글이 베이킹파우더 광고를 위한 글로 뽑힌 것을 알게 되는데요. 다이애나가 자신 몰래 글을 보낸 것입니다. 그런 류의 응모에 글을 보내는 걸 싫어하는 앤이지만, 다이애나가 자신을 위해서 한 것임을 알기에 기쁜 척합니다.

You won the contest.

너 대회에서 우승했어.

mp3

ANNE	:	Great Jehoshephat!
ALICE	:	Anne Shirley, we've been trying to track you down everywhere! Oh, Ladies and Gentlemen, may I present to you Avonlea's famous authoress. Father, come out here!
MR. LAWSON	:	Oh, my goodness, Miss Shirley!
ANNE	:	I don't understand.
ALICE	:	You won the contest, you goose! And I knew you'd go into it all behind our backs, too!
MR. LAWSON	:	Quiet everyone! Quiet please! It is my great pleasure as official purveyor to Avonlea of the Rollings Reliable Baking Powder Company to read this, the following tribute.

ANNE	:	이게 뭐야!
ALICE	:	앤 셜리, 우리 널 찾아 다 뒤지고 다녔어! 오, 신사 숙녀 여러분, 제가 여러분께 에이번리의 유명한 여류 작가를 소개해드릴게요. 아빠, 나와보세요, 여기요!
MR. LAWSON	:	오, 이런, 셜리 선생님!
ANNE	:	난 무슨 일인지 모르겠어요.
ALICE	:	네가 우승했어, 이 바보야! 우리 몰래 네가 일을 꾸밀 줄 알았다니까!
MR. LAWSON	:	조용히 하세요, 여러분! 조용히 하세요! 제가 롤링스 베이킹파우더 회사의 에이번리 공급 책임자로서 다음을 읽어드리게 되어 영광입니다.

Anne's Essential Expressions

That's enough now. 이제 그만 해.

상대방과 무엇에 관한 이야기를 나누다 더 이상 그에 대한 얘기를 하기가 싫다면 "That's enough now."라고 말해 보세요. 우리말로 "이제 그만 해."란 뜻이지요. 만약 그만 하자고 했는데도 불구하고 상대방이 계속 같은 이야기를 반복한다면, "Enough is enough!"(그만 좀 해! / 이제 질렸어!)라고 말할 수 있습니다.

ANNE : **That's enough now.** 이제 그만해도 돼요.

Dialogue

A : Do you really think she loves you? Do you really think so?

B : Hey, that's enough now.

A : 너 정말 그녀가 널 사랑한다고 생각해? 정말 그렇게 생각하는 거야?

B : 야, 이제 그만해.

Rachel will get over this. 레이첼은 이것을 극복할 거야.

get over는 이별과 실패 등으로 인한 감정적인 슬픔, 아픔 등을 '이겨내다, 극복하다'란 뜻으로 사용되는 표현입니다. 또한 병을 극복하다는 의미로도 사용되는데요, 예를 들어, 아는 누군가가 병에 걸렸다면, "I'm sure he will get over the illness."(난 그가 그 병을 이겨낼 수 있을 거라고 확신해.)라고 말할 수 있는 거죠.

MARILLA : **Rachel will get over this.** 레이첼은 이것을 극복할 거야.

Dialogue

A : I heard your sister broke up with her fiance. I'm so sorry.

B : Thanks, but don't worry. She will get over it soon.

A : 네 여동생이 약혼자와 헤어졌다는 걸 들었어. 정말 유감이다.

B : 고마워, 하지만 걱정하지 마. 걘 곧 이겨낼 수 있을 거야.

Matthew passed away. 매튜가 죽었어.

사람이 '죽다'란 뜻을 나타낼 때는 동사 die(죽다) 이외에도 몇 가지 표현들이 더 있습니다. 그 중에 하나가 pass away로 역시 '죽다, 쇠퇴하다'란 뜻을 갖고 있지요. 참고로 kick the bucket이란 표현도 같이 기억해 두세요. 역시 '죽다'란 표현인데요, 목을 매고 밟고 있던 양동이(bucket)를 차 버리는 모습을 상상하시면 쉽게 그 의미가 이해되실 겁니다.

MARILLA : You have been my comfort and joy since **Matthew passed away.**

매튜가 죽은 이후로 넌 나의 위안이고 기쁨이어왔단다.

Dialogue

A : Where are you headed to?

B : I'm going to the funeral. My uncle, Jack, just passed away.

A : 너 어디로 가는 중이니?

B : 나 장례식에 가는 중이야. 잭 삼촌이 돌아가셨어.

· be headed to : ~ 로 향하다

Rachel specializes in getting under people's skin. 레이첼은 사람들을 성나게 하는 데 일가견이 있어.

동사 specialize는 전치사 in과 함께 쓰여 '전공하다, 전문이다'란 뜻이 있습니다. 그리고 get under A's skin은 구어로 'A를 성나게 하다'란 뜻이 있지요. 그러므로 specialize in getting under people's skin은 '사람들을 성나게 하는 데 일가견이 있다'란 뜻으로 해석이 됩니다.

ANNE : **Rachel specializes in getting under people's skin.**

레이첼은 사람들을 성나게 하는 데 일가견이 있어.

Dialogue

A : What are you so mad at?

B : It's Jenny. I hate her! She specializes in getting under people's skin.

A : 너 왜 그렇게 화가 난 거니?

B : 제니 때문이야. 나 걔가 싫어! 걔는 사람들을 성나게 하는 데 일가견이 있어.

What do you think about that? (그거) 어떻게 생각하니?

뭔가에 대한 설명을 하고 상대방에게 "그것에 대해 어떻게 생각하니?"라고 물을 때 쓸 수 있는 가장 일반적인 것이 바로 "What do you think about that?"입니다. 물론 that 대신에 여러 가지 명사를 대신하여 물어볼 수도 있죠.
ex) What do you think about the movie?(그 영화 어떻게 생각하니?)

MARILLA : What do you think about that?
(그거) 어떻게 생각하니?

Dialogue

A : I want to open up a restaurant. What do you think about that?
B : Well, I think it's a great idea.

A : 난 식당을 개업하고 싶어. (그거) 어떻게 생각하니?
B : 음, 멋진 생각인 것 같아.

That girl always did give herself airs!

잰 항상 잘난 척했어!

give oneself airs는 '젠체하다, 뽐내다'란 뜻을 갖고 있습니다. 그러므로 "She gives herself airs."는 "그녀는 잘난 척해."란 뜻이 되는 거죠. 조동사 do는 의문문이 아닌 평서문에서 일반동사의 앞에 붙어서 그 동사의 의미를 강조해 주는 역할을 합니다. 다시 말해, study는 '공부하다'지만 'do study'는 '정말로 공부하다'란 뜻이 되죠. 물론 말하고자 하는 시점이 과거면 do 대신에 did를 붙여주면 됩니다.

MRS.PYE : That girl always did give herself airs!
잰 항상 잘난 척했어!

Dialogue

A : I didn't like Amy at all. She always gave herself airs.
B : Yeah, she was such a smug.

A : 난 에이미를 전혀 좋아하지 않았어. 걘 항상 잘난 척했잖아.
B : 응, 걘 정말 밉상이었지.

· smug : 밉상

No offense meant. 기분 나쁘게 하려 한 말은 아니에요.

의도하지 않게 상대방의 기분을 상하게 하는 말을 내뱉는 경우나 상대방이 기분 나쁘게 생각할 수도 있는 말을 해야 하는 경우가 있습니다. 이럴 때 적당한 표현이 바로 "No offense meant."입니다. 여기서 명사 offense는 '모욕'이란 뜻인데, 즉 "네게 모욕을 주려고 의도한 말은 아니다."란 뜻이 되는 거죠. meant는 생략하고 간단히 "No offense."라고 말하는 경우가 더 많습니다.

MRS. HARRISON : **No offense meant.**

기분 나쁘게 하려 한 말은 아니에요.

Dialogue

A : No offense meant, but I think you're not born to be an actor.

B : What do you mean? Do you think I suck at acting?

A : 기분 나쁘게 하려 하는 말은 아닌데, 넌 배우가 되기 위해 태어난 건 아닌 것 같아.

B : 무슨 뜻이야? 너 내가 연기가 형편없다고 생각하는 거야?

· suck at : ~에 형편없다.

We've been trying to track you down everywhere. 우리 널 찾으려고 모든 곳을 다 뒤졌어.

track down은 '찾다, 추적하다, 찾아내어 잡다'란 뜻을 가진 표현입니다. 즉 "We've been trying to track you down everywhere."는 "널 찾으려고 모든 곳을 다 뒤졌다."란 뜻이 되는 거죠. 좀 더 강한 의미로 hunt down이란 표현도 같이 기억해 두세요. 미드나 영화에서 "널 찾아내 죽여 버리겠다!"라고 말할 때 "I'll hunt you down and kill you!"라고 말하곤 합니다.

ALICE : **We've been trying to track you down everywhere.**

우리 널 찾으려고 모든 곳을 다 뒤졌어.

Dialogue

A : Where have you been?
We've been trying to track you down everywhere.

B : Well, I fell asleep in the bathroom.

A : 너 어디에 있었니? 우리 널 찾으려고 모든 곳을 다 뒤졌어.

B : 음, 나 화장실에서 잠들어 버렸어요.

앤이 추천하는 Pattern English

I'd rather + 동사원형 ~하는 게 더 좋아 [나아].

'I'd rather ~' 패턴은 자신이 더 선호하는 것을 말할 때 쓸 수 있는 패턴입니다. 예를 들어, "영화 보러 갈래?"라고 묻는 친구에게 I'd rather 패턴을 사용해 "I'd rather stay home."(나 집에 있는 게 더 좋아.) 라고 말할 수 있죠. 참고로, '~하지 않는 게 더 좋아'라는 말하기 위해서는 rather 뒤에 not을 붙여서 'I'd rather not ~' 패턴으로 사용하면 됩니다. ex) I'd rather not go out. (나 밖에 나가지 않는 게 더 좋아.)

MARILLA : **<u>I'd rather</u>** walk calmly along. 난 차분히 걸어가는 게 더 좋아.

ex

I'd rather take the cash. 난 현금을 받는 게 더 좋아.

I'd rather die than go back to prison. 난 감옥에 돌아가느니 차라리 죽겠어.

I'd rather do it myself. 내가 직접 하는 게 낫겠어.

I'd rather go to a movie. 나 영화 보러 가는 게 더 좋아.

I believe + 주어 + 동사. 난 분명 ~ 라고 생각해.

명확히 검증되지는 않았지만 심증상 분명히 그럴 것이라고 생각하는 경우, 'I believe ~' 패턴을 사용할 수 있습니다. 유명한 R. Kelly의 노래인 "I believe I can fly."(난 분명 내가 날 수 있다고 믿어.) 역시 자신은 분명 날 수 있을 것이라고 믿기에 'I believe ~' 패턴으로 말을 이끌어 가는 것이죠.

JOSIE : **<u>I believe</u>** Anne Shirley just copied that story.
난 분명 앤 셜리가 그 이야기를 그냥 베꼈다고 생각해.

ex

I believe I know the answer. 난 분명 내가 정답을 안다고 생각해.

I believe it's your turn. 난 분명 네 차례라고 생각해.

I believe he had an affair. 난 분명 그가 바람을 폈다고 생각해. (· have an affair 바람을 피다, 외도를 하다)

I believe her name is Susan Myer. 난 분명 그녀의 이름이 수잔 마이어라고 생각해.

You'll + 동사, won't you? 너 ~할 거지, 그렇지 않니?

상대방이 어떤 행동이나 생각을 할 것이라고 확신을 한다면, 'You'll ~' 패턴을 사용해서 말해줄 수 있습니다. 이것은 '너 ~할 거지'란 문장을 만들지요. 여기서 문장의 끝에 won't you?를 붙여주면 '그렇지 않니?'라는 확인이 되는 겁니다. 이를 문법에서는 부가의문문이라고 하지요. 부가의문문은 앞에 나온 평서문의 동사에 따라서 형태가 바뀌며, 앞의 문장이 긍정일 때 부가의문문은 부정, 문장이 부정일 때 부가의문문은 긍정형태가 됩니다.

ALICE : **You'll** sign mine, **won't you?** 내 거에 싸인해 줄 거죠, 그렇죠?

ex

You'll ask her out, **won't you?** 너 그녀에게 데이트 신청할 거지, 그렇지 않니?

You'll change your mind, **won't you?** 너 마음 바꿀 거지, 그렇지 않니?

You'll play hooky, **won't you?** 너 땡땡이 칠 거지, 그렇지 않니?

You'll take a shower now, **won't you?** 너 지금 샤워할 거지, 그렇지 않니?

You don't seem + 형용사. 너 ~한 것 같아 보이지 않아.

상대방의 표정이나 외관상 모습을 보고 그 사람의 마음 상태가 어떤지 추측을 할 수 있습니다. 이때는 동사 seem(~처럼 보이다)을 써서 말할 수 있지요. 즉, 'You don't seem ~' 패턴은 '너 ~한 것 같아 보이지 않아'란 뜻의 패턴입니다. 예를 들어, 상대방이 회사에서 승진을 했는데도 불구하고 얼굴이 어두워 보이면 "You don't seem happy."(너 행복한 것 같아 브이지 않아.)라고 말해줄 수 있는 거죠.

DIANA : Anne, **you don't seem** a bit pleased. 안, 너 조금도 기뻐하는 것 같아 보이지 않아..

ex

You don't seem relieved. 너 안심한 것 같아 보이지 않아.

You don't seem very grateful. 너 별로 고마워하는 것 같아 보이지 않아.

You don't seem worried. 너 걱정하는 것 같아 보이지 않아

You don't seem surprised. 너 놀란 것 같아 보이지 않아.

SCENE 24

Road, riding buggy home

대회에 우승한 상금으로 받은 100달러를 앤이 다이애나에게 주려고 하자, 다이애나는 자신은 우승한 사람이 친구라는 것만으로도 영광이라고 말합니다. 앤은 자신의 소설이 베이킹 파우더 광고에 쓰이는 게 너무 화가 나지만, 다이애나의 따뜻한 마음에 고마워합니다. 그렇게 함께 이야기를 나누며 마차를 타고 가던 앤은 자신의 소가 또 뛰쳐나와 있는 것을 보고는 황급히 내려 소를 잡으러 갑니다. 레이첼의 밭을 또 망쳐놓게 되면 레이첼이 난리를 치며 욕을 해댈 게 뻔하니 진흙을 뒤집어쓰며 가까스로 소를 잡죠. 그 때 마침 소를 사고 싶어 했던 길버트의 아버지와 길버트가 지나가고 있어, 그에게 소를 팔겠다며 넘겨줍니다.
그 이후, 길버트와 산책을 하던 앤은 그가 자신의 소설에 대해 조언을 해주자, 화를 내며 받아들이지 않죠. 결국 크게 싸우고 돌아와 앤은 방에 들어가 울고 맙니다.

I was just trying to give you a bit of friendly advice.

난 그냥 친구로서 조언을 해주려고 했던 것 뿐이야.

mp3

GILBERT : I was just trying to give you a bit of friendly advice.

ANNE : Is that so?

GILBERT : Take the hundred dollars and write a real story about the people you care about... right here in Avonlea.

ANNE : Well, you certainly wouldn't be one of them.

ANNE : Pitching and mooning! You know you're about as intellectual as Charlie and Moody and Fred (sniffs) and all the rest of the boys who could only think of finding some silly girl to marry and keep house for them!

GILBERT : Well, you can cry and feel sorry for yourself all you want, but it won't help you write a better novel!

GILBERT : 난 그냥 친구로서 조언을 해주려고 한 것뿐이야.

ANNE : 그러셔?

GILBERT : 백 달러는 네가 갖고, 여기 에이번리에 네가 아끼는 사람들에 대한 진짜 이야기를 써봐.

ANNE : 그렇다면, 네 이야기는 절대 안 들어갈 거야.

ANNE : 너도 찰리나 무디나 프레드나 다른 남자아이들하고 똑같아. 결혼해서 집 지켜줄 멍청한 여자나 찾을 생각하고 있잖아.

GILBERT : 얼마든지 울며 네 자신을 불쌍하다고 생각해도 좋지만, 그게 네가 더 좋은 소설을 쓰게 해주진 못할 거야.

Anne's Essential Expressions

It's the lesser of the two evils. 그게 그나마 차선책이야.

the lesser of the two evils는 두 개의 나쁜 것 중에 그나마 덜 나쁜 것, 즉 '차선책'이란 뜻입니다. evil은 '악'이란 뜻의 명사인데 두 개의 악 중에서 그나마 덜한 것(lesser)을 뜻하기 때문이죠.

Diana : **It's the lesser of the two evils.**
그게 그나마 차선책이야.

Dialogue

A : Why did you choose to take that job?

B : I thought it was the lesser of the two evils.

A : 왜 그 일을 하기로 선택한 거죠?

B : 그게 그나마 차선책이라고 생각했어요.

You think my story is full of flaws, too.

너도 내 이야기가 결점으로 가득하다고 생각하는구나.

be full of는 '~으로 가득 찬'이란 숙어 표현입니다. flaw는 '결점, 흠'이란 뜻이기에 be full of flaws라는 것은 그것이 '결점, 흠으로 가득하다'란 뜻이 되는 거죠. 참고로 be full of shit을 기억해 두세요. shit은 '허풍, 거짓'이란 뜻이 있어서 누군가를 가리켜 full of shit이라고 하면 '허풍쟁이인, 거짓말쟁이인'이란 뜻이 된답니다. ex) You're just full of shit!(넌 그저 허풍쟁이야!)

ANNE : **You think my story is full of flaws, too.**
너도 내 이야기가 결점으로 가득하다고 생각 하는구나.

Dialogue

A : That's what happened last night.

B : I don't believe you. You're full of shit!

A : 그게 어제 밤에 일어난 일이야.

B : 난 네 말 안 믿어. 넌 허풍쟁이야!

Get out of this field this minute! 이 밭에서 당장 나가!

Get out of는 '~에서 나오다'란 뜻으로 주어 없이 명령문 형태로 'Get out of ~'라고 말하면 '~에서 나가!'란 뜻이 되죠. 굳이 장소를 언급할 필요 없이 짧게 "Get out!"(나가!)라고 외쳐주어도 됩니다. this minute은 '바로 지금, 지금 당장'이란 뜻이므로 Get out of this field this minute!은 "이 밭에서 당장 나가!"란 뜻이 됩니다.

DIANA : **Get out of this field this minute!** 이 밭에서 당장 나가!

Dialogue

A : Get out of my house this minute! Get out and never come back.

B : You can't talk to me like that. I'm your brother!

A : 당장 내 집에서 나가! 나가 그리고 다시는 돌아오지 마.

B : 너 나한테 그렇게 말하면 안 되지. 난 네 형이잖아!

You are being ridiculous!

너 우스꽝스럽게 굴고 있는 거야! (=웃기는 소리하지 마!)

형용사의 뜻이 사람의 태도 혹은 성향과 관련된 경우, being과 결합하여 '~하게 굴다'란 뜻을 만들어 냅니다. 예를 들어, ridiculous는 사람의 태도가 '어리석은, 우스꽝스러운'이란 뜻이므로 "You're ridiculous."는 "넌 어리석어, 넌 우스꽝스러워"란 뜻이므로 그 사람의 일반적인 태도나 성향을 뜻하지만, being과 결합한 "You're being ridiculous."는 "넌 어리석게 굴고 있어, 넌 우스꽝스럽게 굴고 있어."란 현재진행형의 뜻이 된다는 차이점이 있습니다.

DIANA : Anne Shirley, **you are being ridiculous!**
앤 셜리, 너 우스꽝스럽게 굴고 있는 거야!

Dialogue

A : I think I swallowed a spoon.

B : Oh, come on. You're being ridiculous.

A : 나 수저를 삼킨 것 같아.

B : 아, 왜 그래. 웃기는 소리하지 마.

His poetry would win any girl's heart.

그의 시는 어떤 여자의 마음도 사로잡을 거예요.

시(poetry)는 아름답습니다. 요즈음은 모르겠지만, 옛날에는 멋들어진 시 한편으로도 여성의 마음을 사로잡고는 했지요. 본 문장에서 win one's heart는 '~의 마음을 사로잡다'란 뜻입니다. 동사 win이 '이기다, 승리하다'란 뜻이 있으니, 마치 상대방의 마음(heart)도 승리하듯 쟁취한다는 뉘앙스를 담은 표현이지요.

DIANA : **His poetry would win any girl's heart.**
그의 시는 어떤 여자의 마음도 사로잡을 거예요.

Dialogue

A : John is a poet. His poetry would win any girl's heart.

B : Really? Then, why is he still single at the age of 40?

A : 존은 시인이야. 그의 시는 어떤 여자의 마음도 사로잡을 거예요.

B : 정말? 그런데 그는 나이 40에 왜 아직도 싱글인 거니?

Get some fresh air. 시원한 바람 좀 쐬고 와.

속이 답답하거나 머리가 복잡할 때는 밖에 나가서 시원한 바람을 쐬고 오는 것만큼 즉효약은 없죠. '시원한 바람을 쐬다'는 영어로 get some fresh air라고 합니다. 동사 get은 추상적인 뭔가를 '가지다, 얻다'란 뜻이 있고, air는 '공기, 대기'란 뜻이 있어서 서양인들은 get some fresh air를 '시원한 공기를 마시다'란 뜻으로 사용합니다.

RACHEL : You just finish your nap here and **get some fresh air.**
당신은 여기서 낮잠을 마저 자고 시원한 바람도 좀 쐬요.

Dialogue

A : What are you doing out here?

B : It got lonely up there, so I thought I would come out here and get some fresh air.

A : 너 여기 밖에서 뭐하는 거니?

B : 위에 있으려니 심심해서, 이곳에 나와서 시원한 바람이나 쐬려고 생각했지.

I'm not finished yet. 아직 내 말 안 끝났어!

finish는 '끝나다'란 동사로, 수동태인 be finished를 이용해 자신이 하는 말 혹은 자신이 하고 있는 일이 아직 안 끝났음을 말할 수 있습니다. 예를 들어, 내가 말을 하는데 누가 끼어들거나, 혹은 일이 다 끝났는지 상사가 물어 봤을 때, "I'm not finished yet."라고 말할 수 있는 거죠.

RACHEL : I'm not finished yet. 아직 내 말 안 끝났어!

Dialogue

A : Are you done talking?

B : No, I'm not finished yet.

A : 너 말 다한 거니?

B : 아니, 아직 내 말 안 끝났어.

He'd get better in no time. 그는 금방 나아 질 거예요.

in no time은 '금새, 곧, 금방'이란 뜻입니다. 즉 시간을 잴 시간조차 없을 만큼 빠르게 무언가가 될 것이란 걸 나타내는 표현이지요. in less than no time 역시 '금세, 곧, 금방'이란 뜻으로 사용되니 같이 기억하시기 바랍니다.

ex) We will be there in less than no time.(우리 금방 그 곳에 도착할 거야.)

RACHEL : He'd get better in no time. 그는 금방 나아 질 거예요.

Dialogue

A : How is he doing?

B : Put your worries to rest, Mrs. Wilson.
Your husband will get better in no time.

A : 그는 어떤가요?

B : 걱정 그만하세요, 윌슨 씨. 남편께서는 금방 나아지실 거예요.

· put one's worries to rest : 걱정을 그만하다

앤이 추천하는 Pattern English

I don't care about + 명사. 난 ~에 대해서 신경 안 써.

무엇에 대해서는 관심을 두거나 신경 쓰고 싶지 않다는 것을 말할 때 쓸 수 있는 패턴이 바로 'I don't care about ~'입니다. "I don't care."는 "난 상관 안 해."란 뜻이고, 구체적으로 무엇을 상관하지 않는지는 전치사 about 뒤에 그 대상을 써서 나타내 주면 되지요.

ANNE : **I don't care about** my dress! 난 내 드레스에 대해서 신경 안 써!

ex

I don't care about the outcome. 난 결과에 대해선 신경 안 써.

I don't care about that anymore. 난 그것에 대해선 더 이상 신경 안 써.

I don't care about the money. 난 그 돈에 대해선 신경 안 써.

I don't care about five years ago. 난 5년 전 일은 신경 안 써.

I must + 동사원형. 나 ~해야 해.

조동사 must는 '~해야 한다'는 뜻으로 의무를 나타낼 때 쓸 수 있습니다. 그러므로 'I must + 동사원형 ~'의 패턴은 자신이 반드시 해야 하는 무언가를 말할 때 사용할 수 있는 패턴이지요. 동일한 의미의 조동사들인 should, have to 등에 비해서 그 의무의 정도가 가장 강한 것이 바로 must입니다.

ANNE : **I must** get the cow before Rachel Lynde sees her.
난 레이첼 린드 씨가 그녀를 보기 전에 소를 찾아야 해요.

ex

I must call my mother tomorrow. 나는 내일 엄마한테 전화 드려야 해.

I must hear what he has to say. 나는 그가 해야 할 말을 들어야 해.

I must know every detail. 나는 모든 세부사항을 알아야 해.

I must go back to stop explosion. 나는 폭발을 막기 위해서 돌아가야 해.

I'm looking for + 명사. 나 ~를 찾고 있어

사람이나 사물 등의 위치를 몰라서 찾을 때, '나 ~를 찾고 있어'란 뜻으로 사용할 수 있는 패턴이 바로 'I'm looking for ~'입니다. look for는 '~을 찾다'란 뜻의 구동사 표현이고, 현재 그것을 찾고 있다는 것을 말하는 상황이므로 현재진행형 시제를 사용해서 be looking for라고 말하면 되지요. 전치사 for 뒤에는 찾고자 하는 대상을 언급해 주면 됩니다.

TOM : **I'm looking for** my boy. 나 내 아들을 찾고 있어.

ex

I'm looking for someone. 저 누구를 좀 찾고 있어요.

I'm looking for a rest room. 저 화장실을 찾고 있어요.

I'm looking for a book. 저 책을 찾고 있어요.

I'm looking for Jaymax Lee. 저 제이맥스 리 씨를 찾고 있어요.

Would you like to + 동사원형? ~ 하시겠어요?

상대방에게 정중하게 무언가를 하고 싶은지 여부를 물을 때 사용할 수 있는 패턴이 바로 Would you like to ~ ?입니다. 상대방이 원하는 것을 물을 수 있는 질문 패턴으로는 Do you want to ~?도 있지만, Would you like to ~?가 좀 더 공손하고 정중한 질문 방식이지요. 집에 온 손님 혹은 식당의 종업원들이 손님에게 무슨 음식을 먹고 싶은지 물을 때 즐겨 사용하는 패턴이기도 하지요.

MARILLA : **Would you like to** sit awhile until they come back?
걔들이 돌아올 때 까지 잠시 앉아 계실래요?

ex

Would you like to have dinner with me? 저랑 같이 저녁식사 드시겠어요?

Would you like to leave a message? 메시지를 남기시겠어요?

Would you like to say something? 한 말씀 하시겠어요?

Would you like to go have a cup of coffee? 커피 한 잔 하러 가시겠어요?

SCENE 25

Anne's room

길버트와 싸우고 돌아와 울고 있는 앤을 마릴라가 달래주며, 차를 마시러 내려가자고 합니다. 그리고 마릴라는 그녀에게 밖에서 계란을 몇 개 갔다 줄 것을 부탁하는데요. 계란을 가지러 밖으로 나간 앤은 그만 자신의 소를 보고 깜짝 놀라고 맙니다. 어제 길버트의 아버지에게 판 소가 자신의 소가 아니라 레이첼의 소였던 거죠. 어떻게 하냐며 걱정하는 앤을 데리고 마릴라는 레이첼의 집에 사과를 하러가는데요.

레이첼은 전에 화냈던 건 미안하다며 웬일인지 친절하게 맞습니다. 앤이 베이킹파우더 광고에 우승한 글이 너무 감동적이라며 자신도 싸인을 부탁하죠.

하지만, 곧 앤이 자신의 소를 모르고 팔았다는 소식을 듣고는 다시 불같이 화를 내는데요. 이에 마릴라도 기분이 나빠하며, 앤에게 집으로 돌아가자고 합니다. 하지만, 이때 그동안 병이 깊어졌던 레이첼의 남편이 죽음을 맞이하게 되죠.

I've sold Rachel Lynde's Jersey cow...

저 레이첼 린드 씨네 소를 팔았어요.

mp3

MARILLA	:	Anne Shirley, you are the most exasperating girl! What is it that you've done?
ANNE	:	I've sold Rachel Lynde's Jersey cow... The one they bought in Carmody last spring...to Mr. Blythe...and Dolly is here this very minute in the milking pen.
MARILLA	:	Anne, are you dreaming?
ANNE	:	I only wish I were. There's no dream about it, though it's very much like a nightmare.
MARILLA	:	That is Dolly.
ANNE	:	Rachel Lynde's cow is in Charlottetown by now. Oh Marilla, I thought I was finished getting into scrapes and here I am in the very worst one I ever was in my entire life. What can I do?

MARILLA	:	앤 셜리, 너 진짜 못 말리는 애구나! 도대체 무슨 일이니?
ANNE	:	제가 레이첼의 소를 블라이드 씨에게 팔았어요. 그들이 지난 봄에 카모디에서 산 거 말이에요. 돌리는 지금 여기에 있어요.
MARILLA	:	앤, 너 지금 꿈꾸는 거니?
ANNE	:	그랬으면 좋게요. 꿈이 아니에요. 하지만 정말 악몽같아요.
MARILLA	:	저건 돌리잖아.
ANNE	:	레이첼의 소는 지금쯤 샬롯타운에 있을 거예요. 으, 마릴라, 난관은 이제 모두 끝났다고 생각했는데, 지금 제 인생 최악의 순간에 있어요. 어떻게 하면 좋죠?

Anne's Essential Expressions

Oh, lord. 오, 세상에나.

lord는 '하느님, 그리스도'를 칭하는 단어입니다. 우리가 "세상에나!" "맙소사!"라고 감탄 혹은 탄식을 할 때, "Oh my god!"이라고 외치는 것과 동일하게 "Oh, lord"라고 말할 수 있습니다. Oh 대신에 Good을 이용해 Good lord!라고 해도 역시 동일한 의미가 됩니다.

MARILLA : **Oh, lord!** 세상에나!

Dialogue

A : Oh, lord. How do you know him?

B : Well, I used to date him about a year ago.

A : 세상에나. 너 어떻게 그를 아니?

B : 음, 나 1년 전에 그와 데이트를 하고는 했어.

He picked you up every day. 그는 매일 너를 데리러 갔어.

pick up은 '줍다'란 뜻도 있지만, 차 등의 운송수단을 이용해서 누군가를 목적지로 '데리러 가다' 혹은 '데리러 오다'란 뜻으로도 쓰입니다. 예를 들어, "I'll pick you up."이라고 하면 "내가 널 데리러 갈게."란 뜻이 되고, "Pick me up at 7."이라고 하면 "7시에 날 데리러 와."란 뜻이 되는 거죠.

MARILLA : **He picked you up every day** in his carriage.
그는 매일 그의 마차로 너를 데리러 갔어.

Dialogue

A : Can you pick me up after school?

B : Sure, I'll pick you up at 4.

A : 방과 후에 날 데리러 올 수 있니?

B : 물론이지, 4시에 내가 너 데리러 갈게.

What in heaven's name is the matter with you?

너 도대체 왜 그러는 거야?

상대방이 도저히 이해하기 힘든 말이나 행동을 할 때 "What's the matter with you?"(너 도대체 왜 그러는 거야?)라고 물을 수 있습니다. 여기에 표현을 강조해 주기 위해서 what 뒤에 in heaven's name을 붙여서 "What in heaven's name is the matter with you?"라고 물으셔도 됩니다. in heaven's name은 단순히 우리말로 '도대체' 정도로 해석될 수 있는 표현이죠. 속어로 the hell을 붙여, "What the hell is the matter with you?"라고 말하셔도 됩니다.

MARILLA : **What in heaven's name is the matter with you?**
너 도대체 왜 그러는 거야?

Dialogue

A : I'm not going to college.

B : What? What in heaven's name is the matter with you?

A : 나 대학에 안 갈 거예요.

B : 뭐? 너 도대체 왜 그러는 거야?

It's all my fault. 그건 모두 제 잘못이에요.

fault는 mistake와 마찬가지로 '실수, 잘못'이란 뜻의 명사입니다. 그러므로 "It's all my fault."는 "그건 모두 제 잘못이에요."란 뜻이 되는 거죠. 그냥 가볍게 "내 잘못이야."라고 말할 때는 보통 "My bad."라고 하시면 됩니다. 우리말 '어머나, 이런'에 해당하는 Oops!와 함께 써서 "Oops! My bad!"(이런, 실수했네!)라고 말하면 더 리얼하게 들리겠죠?

ANNE : **It's all my fault.** 그건 모두 제 잘못이에요.

Dialogue

A : I'm really sorry. It's all my fault.

B : It's okay. It's not a big deal.

A : 정말 죄송해요. 그건 모두 제 잘못이에요.

B : 괜찮아요. 별 일 아닌 걸요.

· not a big deal : 별 일 아닌

I realized that I was partly to blame.

어느 정도 내게 책임이 있다는 것을 깨달았어요.

be to blame은 숙어로 '~에 대한 책임이 있다'란 뜻입니다. be to가 to 부정사의 용법 중 하나로 '의무'를 나타낼 때 사용되거든요. 즉, "I am to blame."(제 책임이에요.)은 어떤 일에 대해서 내가 비난 받을 의무[책임]가 있다고 말하는 것이죠.

RACHEL : On reflection, **I realized that I was partly to blame.**
돌이켜 보니, 어느 정도는 내게 책임이 있다는 것을 깨달았어요.

Dialogue

A : On reflection, I realized that I was partly to blame.

B : So what did you do? Did you pay for the damage?

A : 돌이켜 보니, 어느 정도는 내게 책임이 있다는 것을 깨달았어요.

B : 그래서 어떻게 했나요? 파손된 것에 대한 비용을 지불하셨나요?

· partly : 어느 정도는, 일부는

It's ten times worse. 그건 10배는 더 좋지 않아.

'~ times + 비교급'은 '~ 배 더 ~ 한'이란 뜻을 만듭니다. 예를 들어, "It's bigger."는 "그게 더 커."란 뜻이지만, "It's ten times bigger."는 "그게 10배 더 커."란 뜻이 되는 거죠. 비교급 뒤에는 'than + 비교대상'이 와도 되지만, 반드시 올 필요는 없습니다.

ANNE : **It's ten times worse.** 그건 10배나 더 좋지 않아.

Dialogue

A : Is this movie that bad?

B : Yeah, it's ten times worse than D-War.

A : 이 영화가 그렇게 별로니?

B : 응, D-War 보다 10배는 더 좋지 않아.

I hope you're not vexed with her.

그녀에게 화가 나지 않으셨으면 해요.

be vexed with는 '~에 화를 내다'란 표현입니다. vex가 동사로 '화나게 하다'란 뜻이기에 수동태로 표현하여 주어가 화난 상태임을 나타내 주는 것이죠. '화가 난'이란 뜻으로 사용되는 표현으로 be angry with와 be mad at도 같이 외워두세요.
ex) Are you angry with me? = Are you mad at me?(너 내게 화났니?)

RACHEL : I hope you're not vexed with her.
그녀에게 화가 나지 않으셨으면 해요.

Dialogue

A : It was just a prank. I hope you're not vexed with her.
B : I'm not. She's just a kid.

A : 그건 그냥 장난이었어요. 그녀에게 화가 나지 않으셨으면 해요.
B : 화나지 않았어요. 그저 아이일 뿐인걸요.

It's plain to see now what your true colors are.

네 본색이 무엇인지 이제 분명하구나.

어떤 사람의 겉모습이 그 사람의 진실된 모습을 반영하는 것은 절대 아니죠. 거짓된 모습이 아닌 진짜 모습을 두고 '본색'이라고 하는데요, 이를 영어로는 true colors라고 합니다. 참고로, show one's true colors는 '본색을 드러내다'란 표현입니다.
ex) He finally showed his true colors.(그는 마침내 본색을 드러냈어요.)

RACHEL : It's plain to see now what your true colors are.
네 본색이 무엇인지 이제 분명하구나.

Dialogue

A : It's plain to see now what your true colors are.
B : Wrong! I haven't shown my true colors yet.

A : 네 본색이 무엇인지 이제 분명하구나.
B : 틀렸어! 난 아직 내 본색을 드러내지 않았어.

앤이 추천하는 Pattern English

I wonder if 주어 + 동사 ~. ~인지 (아닌지) 궁금해.

어떤 상황이나 행동이 되는지 안 되는지 여부가 궁금할 경우에 평서문이지만 질문처럼 사용할 수 있는 영어 패턴이 바로 'I wonder if ~'입니다. 동사 wonder는 '궁금하다'란 뜻이고 접속사 if는 '~인지 아닌지'란 뜻이므로 'I wonder if ~'는 if 뒤에 등장하는 내용이 '~인지 아닌지 궁금하다'란 뜻이 되는 겁니다.

RACHEL : **I wonder if** you'd sign my copy of your "Averil's Atonement".
네가 쓴 "Averil's Atonment"에 싸인해 줄 수 있을지 궁금해.

ex

I wonder if he knows the answer. 그가 정답을 알고 있을지 궁금해.

I wonder if I should give it another try. 내가 다시 한 번 시도해봐야 하는지 궁금해.

I wonder if they are still alive. 그들이 아직도 살아있는지 궁금합니다.

I wonder if I can cancel my order. 저 주문을 취소할 수 있을지 궁금합니다.

She must have + p.p.(과거분사). 그녀는 ~했음에 틀림없어.

'must have + p.p.'는 '~했음에 틀림없다'란 뜻입니다. 예를 들어, She was hungry는 "그녀는 배가 고팠다."지만, "그녀는 배가 고팠음에 틀림없어."란 말은 be 동사인 was를 과거분사 형태로 고쳐서 "She must have been hungry."라고 말하면 되는 거죠. 주어진 정황을 바탕으로 상대방이 과거에 분명 이러했을 것이라고 확신에 찬 말을 할 때 사용할 수 있는 패턴이 되겠습니다.

ANNE : **She must have** broken some of the boards. 그녀는 판자 몇 개를 부숴음에 틀림없어.

ex

She must have found the key at school. 그녀는 학교에서 열쇠를 찾았음에 틀림없어.

She must have worked here. 그녀는 여기에서 일했음에 틀림없어.

She must have seen me in the office. 그녀는 사무실에서 날 봤음에 틀림없어.

She must have forgotten this. 그녀는 이 일을 잊어버렸음이 틀림없어.

I'm glad to + 동사원형. ~ 하니 기쁘다.

I'm glad는 "난 기쁘다"란 뜻입니다. 그리고 무엇으로 인해서 기쁘게 되었는지는 뒤에 to 부정사를 붙여서 문장을 확장해 말해주면 되지요. 이를 문법에서는 'to 부정사' 부사적 용법으로 to 부정사가 '이유'를 나타내 주는 용법으로 쓰인다고 알려주고 있습니다. 상대방을 만났을 때 쓸 수 있는 표현으로 우리가 외우는 "I'm glad to meet you."(만나 뵙게 되어서 기쁩니다.)가 이 문법이 적용된 문장이지요.

MARILLA : **I'm glad to** hear it. 그 말을 들으니 기쁘다.

ex

I'm glad to be home. 집에 오니 기쁘다.

I'm glad to see you. 널 봐서 기쁘다.

I'm glad to have you back. 네가 다시 돌아오니 기쁘다.

I'm glad to be involved. 나도 같이 하게 돼서 기뻐.

We'll just pretend + 주어 + 동사 ~. 저흰 그냥 ~ 인 척할게요.

pretend는 '~인 체하다'란 뜻을 가진 동사입니다. 척해야 할 내용은 pretend 뒤에 '주어 + 동사 ~'로 이루어진 문장을 붙여서 말해 주면 되지요. 그러므로 'We'll just pretend ~'는 '저흰 그냥 ~인 척할게요'란 패턴 문장이 됩니다. 주어를 I, You, He 등으로 다양하게 바꿔가면서 패턴이 입에 익을 때까지 연습해 두세요.

RACHEL : **We'll just pretend** it didn't happen. 저흰 그냥 그런 일이 없었던 척할게요..

ex

We'll just pretend it doesn't exist. 저흰 그냥 그게 존재하지 않는 척할게요.

We'll just pretend they are the same. 저흰 그냥 그것들이 같은 척할게요.

We'll just pretend we don't know each other. 저흰 그냥 서로를 모르는 척할게요.

We'll just pretend we live next door to you. 저흰 그냥 우리가 당신 옆집에 사는 척할게요.

SCENE 26

Cutbert kitchen

길버트와 싸운 앤은 다이애나의 웨딩파티에 혼자 가게 됩니다.
파티에서 다이애나와 즐겁게 이야기를 하던 중, 그녀의 남편이 그녀를 부르자, 앤은 다시 혼자가 되고, 바람을 쐬러 다른 곳으로 가게 됩니다. 아무도 없는 곳에서 혼자 춤을 추고 있던 앤은 그녀를 따라 나온 길버트와 마주서게 되는데요. 그의 요청에 함께 춤을 추지만, 이내 그녀는 돌아서 가버립니다. 쫓아온 길버트는 그녀에게 프로포즈를 하지만, 그녀는 자신은 길버트가 원하는 아내가 될 수 없다며, 친구로 남자는 말과 함께 울며 집으로 돌아가죠.

Let's just go on being good friends.

그냥 친구로 계속 지내자.

mp3

ANNE : You just think that you love me.

GILBERT : Anne, I've loved you as long as I can remember. I need you.
I can't go away knowing that if I had just...

ANNE : I promise that I'll always be here if you need me.
Good friends are always together in spirit. Let's not change, Gil.
Let's just go on being good friends.

GILBERT : Friends, huh? I thought we were 'kindred spirits'.
Please say yes.

ANNE : I can't. Gil, I'm so desperately sorry.

ANNE : 넌 그냥 날 사랑한다고 생각하는 거야.

GILBERT : 앤, 난 지금까지 계속 널 사랑해왔어. 난 네가 필요해.
난 지금 이 상태로는 떠날 수가 없어.

ANNE : 네가 날 필요로 하다면 난 항상 여기 있을 거라고 약속할게.
좋은 친구는 항상 마음이 함께 하는 거니까. 변하지 말자, 길.
그냥 친구로 계속 지내자.

GILBERT : 친구라고? 난 우리가 가까운 사이라고 생각했는데. 제발 청혼을 승낙해줘.

ANNE : 못 하겠어, 길. 정말 너무 미안해.

Anne's Essential Expressions

Are you here with Gilbert? 너 길버트랑 온 거니?

"I'm here."는 직역하면 "난 여기 있어."란 뜻이지만, 의역하면 "나 왔어."란 뜻이 됩니다. 누구와 함께 온 건지는 전치사 with와 함께 그 대상을 말해주면 되지요. 그러므로 상대방에게 '너 ~랑 온 거니?'란 질문은 'Are you here with ~?'라고 물으면 됩니다.

RUBY : **Are you here with Gilbert?** 너 길버트랑 온 거니?

Dialogue

A : Amy. It's good to see you again.
Are you here with your husband?

B : No, I came here alone.

A : 에이미, 다시 봐서 반갑다. 너 남편이랑 온 거니?
B : 아냐. 나 혼자 여기 왔어.

How are you feeling tonight? 오늘 밤 기분은 어떠세요?

상대방의 기분/안부를 묻는 표현 중에 하나가 바로 "How are you feeling?"입니다. How are you? / How are you doing? / How's it going? / How is everything? / How's life? / What's up? 등이 모두 안부인사 표현들입니다.

ANNE : **How are you feeling tonight**, Rachel?
오늘 밤 기분은 어떠세요, 레이첼?

Dialogue

A : How are you feeling tonight, Rachel?

B : I'm good. How about you?

A : 오늘 밤 기분은 어떠니, 레이첼?
B : 좋아. 넌 어때?

I smell trouble. 안 좋은 일이 생길 것 같은 예감이 드네요.

trouble은 '문제, 사건'이란 뜻입니다. 즉, trouble을 smell(냄새 맡다)할 수 있다는 것은 의역하여 뭔가 안 좋은 일이 생길 것 같은 예감이 든다는 표현이 되는 거죠. 동사 smell을 이용한 다음 두 가지 표현도 외워두도록 하세요.

· smell a rat 수상쩍게 여기다, 낌새를 채다. / smell fishy 수상한 냄새가 나다.

RACHEL : **I smell trouble** and I don't mind saying so.
안 좋은 일이 생길 것 같은 예감이 드네요. 그리고 난 그렇다고 말해야겠어요.

Dialogue

A : I need you to tell me where James is.

B : I smell trouble. What's going on here?

A : 제임스가 어디에 있는지 내게 말해줬으면 해.

B : 예감이 안 좋네. 무슨 일이야?

Where are you off to? 너 어디 가는 거니?

be off는 '떠나다, 가다'란 뜻입니다. 뒤에 전치사 to와 함께 떠나려는 장소를 말해 줄 수 있지요. 어딘가로 가고 있는 상대방에게 "너 어디 가는 거니?"라고 물을 수 있는 질문에는 Where are you off to? 이외에도, Where are you going? / Where are you heading? / Where are you headed to? 등이 있습니다.

JANE : Anne! **Where are you off to?** 앤! 너 어디 가는 거니?

Dialogue

A : Where are you off to, Brian?

B : I'm going to the library.

A : 너 어디 가는 거니, 브라이언?

B : 나 도서관 가는 중이야.

Stop showing off your ring! 네 반지 자랑 좀 그만 해!

show off는 무언가를 '자랑하다'란 뜻의 구동사 표현입니다. 자신이 가진 무언가를 저 멀리(off)까지 이 사람 저 사람에게 보여주면서(show) 자랑하는 행동을 의미하는 것이죠. 두 단어를 붙인 show-off는 '잘난 척하는 사람'이란 명사로 사용되지요.
ex) I don't like him. He's such a show-off. (난 그가 싫어. 그는 정말 자랑꾼이야.)

RUBY : Oh Jane! **Stop showing off your ring!**
아, 제인! 네 반지 자랑 좀 그만 해!

Dialogue

A : Jack, what are you doing here?

B : I'm here to show off my new car.

A : 잭, 너 여기서 뭐 하는 거야?
B : 내 새 차를 자랑하려고 여기 왔어.

Pull yourself together. 정신 차려. / 기운 내.

상대방이 무언가로 인해서 몸과 마음이 축 쳐져 있을 때 "정신 차려.", "기운 내."란 뜻으로 사용할 수 있는 표현이 바로 "Pull yourself together."입니다. 마치 줄 달린 인형이 축 쳐져 있다가 그 줄을 확 당겨 줌으로써 바짝 몸이 서는 것처럼 축 쳐진 몸과 마음을 당겨서 정신 차리고 기운 내라는 의미의 표현인 것이죠.

MARILLA : Now Rachel. **Pull yourself together.**
자, 레이첼. 기운 내.

Dialogue

A : I don't know what I am supposed to do now.

B : Pull yourself together. You can pull this off.

A : 내가 이제 뭘 해야 할지 난 모르겠어.
B : 정신차려. 넌 이걸 해낼 수 있다고.

· pull something off : ~을 해내다

Let's get together soon. 조만간 뭉치자.

여러 사람이 모여서 만나는 것을 영어로 get together라고 합니다. 이 표현을 활용해 우리말로 친구들 간에 "조만간 우리 뭉치자"란 말은 Let's ~ 패턴을 사용해서 "Let's get together soon."이라고 말하면 되죠. Why don't we ~?(우리 ~하는 게 어때?) 패턴을 사용해서 "Why don't we get together soon?"(우리 조만간 뭉치는 게 어때?)라고 물으실 수도 있겠죠?

RUBY : Well, **let's get together soon**, Anne.

음, 조만간 뭉치자, 앤.

Dialogue

A : It was great talking to you. Let's get together soon.

B : Okay. Have a great day.

A : 너랑 얘기해서 좋았어. 조만간 뭉치자.

B : 그래. 좋은 하루 보내.

I must have two left feet. 난 몸치인 게 틀림없어.

have two left feet은 춤이나 운동 등에 있어서 '몸치다'란 뜻입니다. 왜냐면 사람이 제대로 된 동작을 하기 위해서 오른발과 왼발이 필요한데, 양쪽 다리가 둘 다 왼발로만 되어 있다면 자연스러운 동작이 힘드니까요. must는 '~해야 한다'는 뜻 외에 '~임에 틀림없다'는 확실한 추측을 할 때도 쓰이기에 "I must have two left feet."은 "난 몸치인 게 틀림없어."란 뜻이 됩니다.

ANNE : I'm sorry, Gil, **I must have two left feet.**

미안해, 길. 난 몸치인 게 틀림없어.

Dialogue

A : Damn it. I'm not improving at all. I must have two left feet.

B : Hey, you're doing great. Just keep practicing.

A : 젠장. 나 전혀 늘고 있지 않아. 난 몸치인 게 틀림없어.

B : 야, 너 잘 하고 있어. 계속 연습을 해.

앤이 추천하는 Pattern English

Doesn't it remind you of + 명사? 그거 ~을 떠오르게 하지 않니?

remind A of B는 'A에게 B를 떠오르게 하다', 'A에게 B를 상기시키다'란 뜻의 표현입니다. 그러므로 'Doesn't it remind of ~?'는 '그거 ~을 떠올리게 하지 않니?'라고 상대방에게 물어보는 질문 패턴이 되는 거죠.

GILBERT : **Doesn't it remind you of** our old school day picnics?
우리 옛날 학창시절 소풍을 떠오르게 하지 않니?

ex

Doesn't it remind you of a flower? 그거 꽃을 연상시키지 않니?
Doesn't it remind you of an 90's song? 그거 90년대 노래를 떠오르게 하지 않니?
Doesn't it remind you of the movie "Avatar"? 그거 아바타 영화를 떠오르게 하지 않니?
Doesn't it remind you of summer nights? 그거 여름밤을 떠오르게 하지 않니?

Where will you + 동사원형? 너 어디서[로, 에] ~할 거야?

의문사 where는 '어디서[로, 에]'란 뜻이죠. 상대방이 어디로 갈 건지 묻고 싶을 때는 Where will you ~? 패턴을 사용해서 질문을 던지시면 됩니다. "너 어디로 갈 거야?"는 "Where will you go?", "너 어디서 살 거야?"는 "Where will you live?"라고 물으면 되는 거죠.

ANNE : **Where will you** live? 너 어디서 살 거니?

ex

Where will you take him? 너 어디로 그를 데리고 갈 거니?
Where will you be around at noon? 12시쯤에 어디에 있을 거니?
Where will you hide your dog? 네 개 어디에 숨길 거니?
Where will you operate your business? 네 사업체를 어디서 운영 할 거니?

I wanna + 동사원형. 나 ~하고 싶어.

내가 하고 싶어 하는 행동이나 상태를 말할 때, 원어민이 가장 즐겨 사용하는 패턴이 바로 'I wanna ~' 입니다. 우리말로 '나 ~하고 싶어'란 뜻이죠. wanna는 want to를 발음 나는 대로 줄여서 적은 표현으로 읽을 때는 '워너'라고 발음해주면 되면 됩니다. 예를 들어, 집에 가고 싶다면 "I wanna go home."이라고 말하면 되는 거죠.

JANE : **I wanna** talk to Anne. 난 앤과 얘기를 나누고 싶어.

ex

I wanna find out the truth. 난 진실을 알아내고 싶어.

I wanna be a better person. 난 더 나은 사람이 되고 싶어.

I wanna have a baby. 난 아이를 갖고 싶어.

I wanna thank you for joining us. 난 네가 함께 해줘서 고맙단 말 하고 싶어.

It's going to be + 형용사/명사 (그건) ~할[일] 거야.

주어가 it으로 시작하는 경우, 사물 및 행사 등을 가리켜 '그것'이라고 해석할 수도 있고, 날씨 등을 가리킬 때는 의미 없는 주어일 수도 있습니다. 그러므로 'It's going to be + 형용사/명사 ~' 패턴은 앞의 it은 해석하지 마시고 '~할[일] 거야'로 외워두시면 됩니다. 예를 들어, "날씨가 추울 거야."란 말은 "It's going to be cold."라고 말하고, "파티가 끝내줄 거야."란 말은 "It's going to be great!"이라고 말하면 되는 거죠.

MARILLA : **It's going to be** cool this evening. 오늘 저녁엔 시원해질 거야.

ex

It's going to be all right. (상황이) 괜찮아질 거야.

It's going to be a busy night. 바쁜 밤이 될 거야.

It's going to be different now. 이제는 달라질 거야.

It's going to be too late. 너무 늦게 될 거야.

Road at night

마차를 몰고 집으로 가던 중, 앤은 차 한 대에 부딪히게 됩니다. 차를 몰던 남자(모건)는 랜턴도 없이 어두운데 그렇게 뛰쳐나오면 어떻게 하냐고 화를 내다가 앤의 얼굴을 보고는 웃고 말죠. 지난번 해변에서 마주쳤던 바로 그녀였기 때문입니다. 그는 앤에게 다시 만나게 돼서 반갑다고, 그동안 당신이 누군지 궁금했다고 말하지만, 기분이 안 좋은 앤은 성을 내며 데려다주겠다는 그의 호의도 무시한 채 가버립니다.

다이애나의 결혼식 날, 길버트는 앤을 다시 한 번 설득해보려 하지만, 앤은 또 거절하고 말죠. 이에 길버트도 상처를 받고는 가버리고, 앤은 속상한 마음에 울고 맙니다.

I won't ever marry.

난 절대 결혼 안 할 거야.

mp3

GILBERT : There's someone else, isn't there?

ANNE : No Gil! Honestly, there isn't. I don't care for anyone in that way. And I like you more than anybody!

GILBERT : Anne, I'll wait. Even if I thought that you cared just a little.

ANNE : I do care, Gil. I always have. But I can never, never love you in the way you want me to. I'm happy as I am. I won't ever marry.

GILBERT : You'll marry, all right. Some fool who will sit and read Tennyson by firelight, no doubt. Build your castles in the sky. I know you.

ANNE : Please, Gil. I don't mean to hurt you, but you'll see that I'm right by and by when you fall for someone else.

GILBERT : 다른 사람이 있구나, 그렇지?

ANNE : 아냐, 길. 정말 없어. 연인의 감정으로는 누구도 좋아하지 않아. 그리고 난 누구보다도 널 좋아해.

GILBERT : 앤, 기다릴게. 네가 날 조금만 좋아한다고 해도 말이야.

ANNE : 난 널 좋아해, 길. 항상 그래왔고. 하지만 난 절대 네가 원하는 식으로 널 사랑할 순 없어. 난 지금 이대로 행복해. 난 절대 결혼 안 할 거야.

GILBERT : 넌 결혼할 거야. 난로 옆에서 테니슨 시를 읽어주는 어떤 바보가 나타나면 넌 결혼할 거야. 공상만 키우고 있어. 내가 널 알아.

ANNE : 제발, 길. 너에게 상처주고 싶지 않아. 하지만 네가 다른 누군가를 사랑하게 되면 날 조금씩 이해하게 될 거야.

Anne's Essential Expressions

You'll be all right. 괜찮을 거야.

상대방이 큰 일을 앞두고 걱정이나 근심으로 고민한다면 "You'll be all right."이라고 말해 주세요. 우리말로 "괜찮을 거야."라며 격려해주는 말입니다. all right 대신에 fine, okay를 넣어서 "You'll be fine." 이나 "You'll be okay."라고 말하셔도 괜찮습니다.

ANNE : **You'll be all right.** 괜찮을 거야.

Dialogue

A : My name is Jason. I'm a doctor. Can you hear me? You'll be all right.

B : I'm so cold and sleepy.

A : 제 이름은 제이슨이에요. 의사입니다. 제 말 들리세요? 괜찮을 거예요.

B : 저 너무 춥고 졸려요.

Suit yourself. 좋을 대로 해.

상대방에게 무언가를 선택할 선택권을 주며, 자신은 관여하지 않겠다는 의미로 원어민들이 즐겨 사용하는 표현이 바로 "Suit yourself."입니다. 우리말로 "좋을 대로 해." 혹은 "네 마음대로 해."란 뜻이죠. suit은 동사로 '~에 적합하다, 일치하다'란 뜻이 있기 때문에 yourself 즉, 스스로를 일치시키라는 것은 자신이 하고 싶은 것을 하라는 뜻이 되는 겁니다.

HARRIS : **Suit yourself.** 좋을 대로 하세요.

Dialogue

A : I feel so tired today. I'm not going to the gym.

B : Okay. Suit yourself.

A : 나 오늘 너무 피곤해. 체육관에 가지 않을 거야.

B : 알았어. 좋을 대로 해.

Stop it! 그만 해!

상대방이 내가 보기 싫은 행동이나 언행을 할 때, "그만 하!"라는 의미로 사용할 수 있는 말이 바로 Stop it!입니다. 여기서 it은 멈추길 바라는 행동/언행을 뜻하지요. Stop it! 이외에도, Cut it out! / Knock it off! / Drop it! 등의 표현 역시 "그만 해!"라는 뜻이므로 같이 외워두시기 바랍니다.

DIANA : Oh, **stop it!** I'm going to be sick. 오, 그만 해! 나 토할 거 같아.

Dialogue

A : I think there's someone in this house.
Someone who is not human.

B : Oh, stop it! You're freaking me out!

A : 이 집에 누군가 있는 것 같아. 인간이 아닌 누군가 말이야.

B : 아, 그만 해! 너 때문에 무섭잖아!

· freak someone out : ~를 무섭게 하다, ~를 소름끼치게 하다

I don't know how I'm going to get through this tomorrow. 내가 내일 이 일을 어떻게 해내게 될지 모르겠어.

through는 무언가를 통해서 나아가는 이미지가 있으므로, get through는 '헤쳐나가다, 완수하다, 마치다'란 뜻입니다. 어려운 일에 맞닥뜨리게 되면, 'I'll get through this!"(난 이 일을 헤쳐나갈 거야!)라고 스스로를 독려할 수 있겠죠?

ANNE : **I don't know how I'm going to get through this tomorrow.** 내가 이 일을 어떻게 해내게 될지 모르겠어.

Dialogue

A : I can't believe you're getting married tomorrow.

B : Me, neither! I don't know how I'm going to get through this tomorrow.

A : 네가 내일 결혼 한다니 믿기지가 않아.

B : 나도 그래. 내가 내일 결혼식을 어떻게 해내게 될지 모르겠어.

· get married : 결혼하다

Get out of the way. 비켜!

get out of the way는 '길을 비키다'란 뜻의 표현입니다. get out of는 '~를 떠나다, 나가다'란 뜻이고 the way는 해당되는 '길'을 뜻하죠. 명령문으로 상대방에게 "Get out of the way!"라고 외치면 우리말로 "비켜!"란 뜻이 됩니다. 줄여서 말하는 것을 좋아하는 원어민들은 동사 get을 생략하고 간단히 "Out of the way!"라고 말하기도 합니다.

HARRIS : Whoa, lady, **get out of the way.** 워, 아가씨. 비켜요.

Dialogue

A : Get out of the way! Out of the way!

B : Hey, Jim. Where are you going in such a hurry?

A : 비켜요! 비켜!

B : 야, 짐. 어딜 그렇게 급하게 가는 거니?

· in a hurry : 급하게

Are you out of your mind? 너 제 정신이니?

out of는 '~의 밖으로'란 뜻입니다. 즉, out of one's mind는 '정신 밖으로'란 뜻이므로 우리말로 '제 정신이 아닌'이란 뜻이 되는 거죠. "넌 제 정신이 아니야" 란 말은 "You're out of your mind." 라고 하면 됩니다. 질문은 be동사를 주어 앞에 위치시켜 "Are you out of your mind?"(너 제 정신이니?)라고 물으면 되겠죠?

DIANA : Anne, **are you out of your mind?** 앤, 너 제 정신이니?

Dialogue

A : I'm going to buy this jacket. I think it looks great on me.

B : Let me check the price tag. 3000 dollars?
Are you out of your mind?

A : 나 이 재킷 살래. 나한테 아주 잘 어울리는 것 같아.

B : 가격표 좀 보자. 3000 달러? 너 제 정신이니?

· look great[good] on : ~에게 잘 어울리다

I've never flirted with him! 난 그와 장난삼아 연애한 적 없어요.

진지하게 만나기보다는 철없이 농탕치듯이 가볍게 어울리는 것을 가리키는 단어가 바로 flirt입니다. 우리말로 '농탕치다, 희희덕 거리다'란 뜻이 되지요. 전치사 with와 함께 쓰여서 flirt with라고 하면 '~와 농탕치다, 희희덕거리다, ~에게 작업 걸다' 란 뜻으로 사용됩니다.
ex) Are you flirting with me? (내게 작업 거는 거예요?)

ANNE : **I've never flirted with him!**
난 결코 그와 장난삼아 연애한 적 없어요.

Dialogue

A : I thought you two were dating,
because I saw you flirting with him.

B : No! I've never flirted with him!

A : 난 너희 둘이 사귀는 거라고 생각했어, 왜냐면 네가 그와 희희덕 거리는 걸 봤거든.
B : 아냐! 난 결코 그와 희희덕거리고 논 적 없어!

You'll come to your senses. 넌 정신 차리게 될 거야.

'정신이 나간'은 out of one's mind인 반면, 나갔던 정신이 다시 들어와 정상이 되는 것을 가리켜 come to one's senses라고 말합니다. sense는 명사로 '분별력'이란 뜻으로, 곧 come to one's senses는 곧 분별력이 있는 상태로 돌아온다는 의미로 '정신 차리게 되다'가 됩니다.

GILBERT : Then, maybe **you'll come to your senses.**
그러면, 아마도 넌 정신 차리게 될 거야.

Dialogue

A : I want to drop out of school and start my own business.

B : What? You should come to your senses.
The economy is really in bad shape now.

A : 나 학교 중퇴하고 내 사업을 시작하고 싶어.
B : 뭐? 너 정신 차려야 해. 경제가 지금 정말로 좋지 않단 말야.

· drop out of school : 중퇴하다 · in bad shape : 상태가 나쁜

앤이 추천하는 Pattern English

I enjoy + 동명사. 난 ~하는 걸 즐겨.

enjoy는 뒤에 목적어로 to 부정사를 받지 않고, 동명사만을 받습니다. 즉, 'I enjoy + 동명사 ~' 패턴은 '난 ~ 하는 걸 즐겨'란 뜻이 되는 거죠. 물론 "I enjoyed this movie."(나 이 영화 즐겁게 봤어요.)란 문장처럼 enjoy 뒤에 동명사 대신에 명사[대명사]가 목적어로 올 수도 있답니다.

ANNE : **I enjoy** being out alone at night. 난 밤에 혼자 나와 있는 걸 즐겨.

ex

I enjoy spending time with her. 난 그녀와 함께 시간을 보내는 걸 즐겨.

I enjoy listening to R&B music. 난 R&B 음악 듣는 걸 즐겨.

I enjoy walking in the rain. 난 빗속에서 걷는 걸 즐겨.

I enjoy surfing the internet. 난 인터넷 검색하는 걸 즐겨.

I was hoping + 주어 + 동사. 난 ~를 바라고 있었어.

희망하고 있던 바를 말할 때는 'I was hoping ~' 패턴을 사용할 수 있습니다. hope는 '희망하다, 바라다'란 뜻입니다. 그러므로 과거진행형인 was hoping은 무언가를 '바라고 있었다'란 뜻이 되죠. 자신이 바랬던 내용을 I was hoping 뒤에 '주어 + 동사 ~'로 이루어진 완전한 문장을 연결시켜서 말해 주면 됩니다.

HARRIS : **I was hoping** we'd meet again. 난 우리가 다시 만나길 바라고 있었어요.

ex

I was hoping you would come. 난 당신이 오기를 바라고 있었어.

I was hoping you could give me some advice. 난 네가 내게 조언을 해 줄 수 있을 거라 바라고 있었어.

I was hoping I could move in next week. 난 다음 주에 이사 들어 올 수 있길 바라고 있었어.

I was hoping we could talk for minute. 우리가 잠깐 얘기를 나눌 수 있길 바라고 있었어.

I've never + p.p.(현재완료) 난 한 번도 ~해 본 적 없어.

제가 가장 가고 싶은 곳은 복지의 천국 덴마크입니다. 하지만 한 번도 덴마크에 가 본 적은 없지요. 이렇게 자신은 한 번도 ~ 해 본 적 없다는 것을 말할 때 쓸 수 있는 패턴이 'I've never ~'입니다. 현재완료 시제인 have + p.p.는 '경험'을 말할 때 사용되는데, have never + p.p.이기 때문에 결코 무언가를 해 본 경험이 없다는 것을 말할 수 있지요.

ANNE : **<u>I've never flirted</u>** with him! 난 한 번도 그와 농탕친 적 없어요.

ex

I've never given birth. 난 한 번도 애를 낳아 본 적 없어.

I've never been to Denmark. 난 한 번도 덴마크에 가 본 적 없어.

I've never seen anything like this. 난 한 번도 이런 건 본 적 없어.

I've never heard of his name. 난 한 번도 그 사람 이름을 들어본 적 없어.

I have no right to + 동사원형. 내게 ~ 할 자격이[권리가] 없어.

내가 하고 싶다고 해서 뭐든지 할 수 있는 건 아니죠. 어떤 일을 하거나 혹은 타인에게 무언가를 하라고 말하기 위해선 그에 합당한 자격 혹은 권리가 있어야 합니다. 자격과 권리는 영어로 right입니다. 즉, "I have no right."는 "난 자격이[권리가] 없다."란 뜻인데요, 무슨 자격[권리]인지는 뒤에 to 부정사를 붙여서 확장 설명해 줄 수 있지요.

DIANA : **<u>I have no right to</u>** scold you. 내게 널 혼낼 권리는 없어.

ex

I have no right to be here. 난 여기 있을 자격이 없어.

I have no right to use their photos. 난 그들의 사진을 사용할 권리가 없어.

I have no right to tell you what to do. 난 네게 뭘 하라고 말할 자격이 없어.

I have no right to enter the property. 난 그 땅에 들어갈 권리가 없어.

SCENE 28

Back at reception

집으로 돌아온 앤은 길버트를 상처받게 한 것에 속상해하고, 스테이시 선생님이 추천해주신 킹스포트에 있는 학교에 가서 아이들을 가르치기로 결정합니다. 마릴라는 자신은 레이첼과 함께 살 테니 걱정 말라며 가라고 하죠.

앤이 킹스포트로 떠나는 날, 다이애나와 그녀의 남편이 된 프레드가 역에서 배웅을 합니다. 앤은 막상 떠나게 되자, 속상해하며 마릴라와 힘겨운 이별을 하죠.

I won't be gone for long.

오랫동안 떠나있지 않을게요.

mp3

RACHEL	:	Be careful of your health, whatever you do!
MARILLA	:	And you let us hear from you when you've settled.
RACHEL	:	Good bye, Anne.
ANNE	:	Good bye.
RACHEL	:	Make sure everything is well tagged when you put it on the train.
DIANA	:	Don't worry, we'll take good care of everything.
MARILLA	:	Hurry up now, you'll be late. Good luck.
ANNE	:	Good bye, Marilla. I don't know what I'd do without you... You've both been so wonderful. But I won't be gone for long and I promise I'll write as often as I can! Good bye.

RACHEL	:	뭘하든 건강해라!
MARILLA	:	가서 정리되면 우리한테 편지 쓰고.
RACHEL	:	잘가라, 앤.
ANNE	:	안녕히 계세요.
RACHEL	:	기차 탈 때 짐 잘 챙기고.
DIANA	:	걱정 마세요. 우리가 잘 챙길게요.
MARILLA	:	이제 서둘러라, 늦겠다. 행운을 빌게.
ANNE	:	안녕히 계세요, 마릴라. 아줌마 없이 제가 잘 할 수 있을지 모르겠어요. 두 분 다 너무 잘해 주셨어요. 오래 떠나있진 않을게요. 그리고 자주 편지 쓸게요. 안녕히 계세요.

Anne's Essential Expressions

Stuff and nonsense! 말도 안 되는 소리!

내 생각이나 경험에 비추어 봤을 때, 상대방이 도저히 말이 되지 않는 말을 할 때는 "Stuff and nonsense!"라고 면박을 주세요. 한편 Bullshit!은 "개소리 하지 마!"라는 보다 강한 표현입니다.

MARILLA : **Stuff and nonsense!** I can be civil with Rachel as long as she stays out of kitchen.
말도 안 되는 소리! 난 레이첼이 부엌에만 들어가지 않는 한 그녀에게 예의바르게 대할 수 있어.

Dialogue

A : North Korea is planning to invade Japan.

B : What? Stuff and nonsense!

A : 북한이 일본을 침략하려고 계획하고 있어.

B : 뭐? 말도 안 되는 소리!

We'll take good care of everything.

저희가 모든 걸 잘 돌보겠습니다.

take care of는 '~를 돌봐주다', take good care of는 '~을 잘 돌보아주다'란 뜻입니다. 참고로 "Take care."는 작별인사에서도 쓰이는데, "Take care of yourself."(스스로 돌봐주세요.=잘 지내요.)를 줄여 쓰는 표현입니다.

DIANA : Don't worry, **we'll take good care of everything.**
걱정하지 마세요, 저희가 모든 걸 잘 돌보겠습니다.

Dialogue

A : Go on. Have a good time. We'll take good care of your place.

B : Thanks. I'll buy you guys some souvenirs.

A : 어서 가. 즐겁게 보내라고. 너희 집은 우리가 잘 돌보고 있을게.

B : 고마워. 내가 너희들 기념품을 사다줄게.

I'd rather put up with her than lose her.

난 그녀를 잃는 것 보다는 참는 게 더 나아요.

영어로 '~을 참다'란 뜻을 가진 것이 바로 put up with입니다. 참고로 I'd rather A than B는 'B 보다는 A가 더 낫다'란 뜻입니다.

MARILLA : She has been my neighbour for 45 years,
and **I'd rather put up with her than lose her.**
그녀는 45년 동안 내 이웃이었고,
그녀를 잃는 것 보다는 참는 게 더 낫단다.

Dialogue

A : How can you put up with your grandma? She's so grumpy.

B : Well, she promised to pay my way through college next year.

A : 너 어떻게 너희 할머니를 참고 지내니? 너무 심술궂으시잖아.

B : 응, 내년에 내 대학 등록금을 내주시기로 약속하셨거든.

I wouldn't trade you for a dozen boys.

난 널 열두 명의 남자아이들하고도 바꾸지 않을 거야.

trade A for B는 'A를 B와 교환하다' 다시 말해, 'A를 주고 B를 가져오다'란 뜻의 표현이지요. '교환하다'란 뜻을 가진 동사 exchange를 trade 대신 사용할 수도 있습니다.

ex) I won't exchange you for anything in this world.
난 널 이 세상의 무엇과도 바꾸지 않을 거야.

MARILLA : Anne Shirley,
I wouldn't trade you for a dozen boys.
앤 셜리, 난 널 열두 명의 남자아이들하고도 바꾸지 않을 거야.

Dialogue

A : Mom, how much do you love me?

B : I love you so much. I wouldn't trade you for the world.

A : 엄마, 절 얼마나 사랑해요?

B : 널 정말 사랑한단다. 세상을 다 주어도 널 바꾸지 않을 거야.

Gil is very fond of Anne. 길은 앤을 매우 좋아해.

'좋아하다'란 표현 중에 하나가 be fond of입니다. 좋아하는 대상에는 사람뿐만이 아니라 다양한 대상이 올 수 있습니다. 단, 요즘 젊은 층은 be fond of 대신 like나 be into를 더 선호합니다.
ex) I'm into rock music these days. 난 요즘 락 음악에 빠져 있어.

CHRISTINE : I know that **Gil is very fond of Anne**, but he certainly isn't jealous.
길이 앤을 좋아하는 거 나도 알아.
하지만 그는 분명 질투하는 게 아니야.

Dialogue

A : Mike has many faults, but his girlfriend is still fond of him.

B : That's because Mike's parents are super rich.

A : 마이크는 많은 결점들이 있지만, 그의 여자 친구는 여전히 그를 좋아해.
B : 그건 마이크의 부모님이 완전 부자이기 때문이잖아.

I promise I'll write as often as I can!

최대한 자주 편지 쓰겠다고 약속할게.

'as + 형용사/부사의 원급 + as'는 '~만큼 ~한'이란 뜻입니다. 따라서, as often as I can은 '내가 할 수 있는 만큼 자주'란 뜻이 되는 거죠. 그러므로 "I promise I'll write as often as I can."은 "최대한 자주 편지를 쓰겠다고 약속할게."란 뜻이 됩니다. as often as I can(최대한 자주) / as fast as I can(최대한 빨리) / as slow as I can(최대한 느리게) 등의 어구는 통째 외워두도록 하세요.

ANNE : **I promise I'll write as often as I can.** 최대한 자주 편지 쓰겠다고 약속할게.

Dialogue

A : Don't be a stranger, okay?

B : I won't. I promise I'll write as often as I can.

A : 연락 끊고 살지 마, 알았지?
B : 안 그럴게. 최대한 자주 편지 쓰겠다고 약속할게.

· stragner : 이방인, 낯선 사람

Be careful of your health, whatever you do.

건강 조심하거라, 뭘 하든지 간에 말이야.

"Be careful."은 "조심해라."란 말이고, 구체적으로 무엇을 조심해야 할지는 뒤에 전치사 of와 함께 언급해 주면 됩니다. whatever는 '무엇을 ~ 하든지'란 뜻으로, 가령, whatever you do는 '네가 무엇을 하든지', whatever you like는 '네가 무엇을 좋아하든지'라는 뜻입니다.

RACHEL : Be careful of your health, whatever you do!
건강 조심 하거라, 뭘 하든지 간에 말이야.

Dialogue

A : Be careful of your health, whatever you do.

B : I will. You take care of yourself, too.

A : 건강 조심 하거라, 뭘 하던지 간에 말이야.

B : 그럴게요. 당신도 잘 지내고 있어요.

How I've longed for this moment!

내가 이 순간을 얼마나 바래왔던지!

How는 뒤에 '주어+동사 ~'로 이루어진 절을 이끌어 감탄문을 만들어 주는 역할을 합니다. 즉, "I've longed for this moment."는 "난 이 순간을 간절히 바래왔다."는 평서문이지만 앞에 How가 붙으면 "내가 이 순간을 얼마나 바래왔던지!"와 같은 감탄문이 되는 것이죠.

ANNE : How I've longed for this moment, Diana!
다이애나, 내가 이 순간을 얼마나 바래왔던지!

Dialogue

A : Jason, is that you? Is this really you? Oh, how I've longed for this moment! I missed you so much.

B : I missed you, too.

A : 제이슨, 너니? 정말 너야? 아, 내가 이 순간을 얼마나 바래왔던지!
네가 너무 많이 보고 싶었어.

B : 나도 네가 보고 싶었어.

앤이 추천하는 Pattern English

He could have + 과거분사 그는 ~ 할 수도 있었을 텐데.

과거에 그랬을 수도 있었다는 가능성을 이야기할 때 쓸 수 있는 것이 바로 'could have + 과거분사'입니다. 예를 들어, "넌 더 좋은 학교에 갈 수도 있었을 텐데."라고 현재 일어나지 않은 과거의 가능성을 말할 때는 "You could have gotten into a better school."이라고 말해줄 수 있는 거죠.

ANNE : **He could have** run this farm and saved you all this trouble.
그는 이 농장을 운영해서 당신의 수고를 덜어줄 수도 있었을 텐데요.

ex

He could have said something about me. 그는 나에 대해서 뭔가 말을 할 수도 있었을 텐데.

He could have told her the truth. 그는 그녀에게 진실을 말할 수도 있었을 텐데.

He could have killed the politician. 그는 그 정치인을 죽일 수도 있었을 텐데.

He could have survived the accident. 그는 사고에서 생존할 수도 있었을 텐데.

I never would have + 과거분사. 난 결코 ~ 하지 않았을 거야.

'would have + 과거분사'는 우리말로 '~했었을 것이다'란 뜻입니다. 즉, 그 때 그렇게 하지는 못했지만, 만약 그 당시 상황이 달랐다면, 그 때 그렇게 했을 것이라고 말하는 표현 방식이지요. 그러므로 'never'가 함께 쓰인 'I never would have ~' 패턴은 '난 결코 ~하지 않았을 거야'라는 문장을 만들어 냅니다.

RACHEL : **I never would have** believed an orphan could turn out so fine.
난 고아가 저렇게 훌륭하게 자랄 수 있을 거라고 결코 믿지 않았을 거야.

ex

I never would have blamed him. 난 결코 그를 비난하지 않았을 거야.

I never would have gone there. 나 결코 그곳에 가지 않았을 거야.

I never would have broken up with her. 난 결코 그녀와 헤어지지 않았을 거야.

I never would have sent her the letter. 난 결코 그녀에게 그 편지를 보내지 않았을 거야.

Make sure + 주어 + 동사. 꼭 ~하도록 해.

상대방에게 무언가를 하라고 시킬 때, 그 일이 절대로 잊어버려서는 안 될 일일 경우, 꼭 'Make sure + 주어 + 동사 ~' 패턴을 사용해서 말을 하도록 하세요. Make sure는 '확인하다, 확실히 하다'란 뜻으로 뒤에 '주어 + 동사 ~'로 이루어진 완전한 문장을 받아, 그 내용이 이루어지도록 확실히 확인하라고 상대방에게 강조해서 말하는 표현방식입니다.

RACHEL : **Make sure** everything is well tagged when you put it on the train.
짐들을 기차에 실을 때 꼭 모든 짐들에 꼬리표를 붙이도록 해.

ex

Make sure nothing happens to them. 꼭 아무 일도 그들에게 일어나지 않도록 해.

Make sure you come in through the back door. 꼭 뒷문으로 들어오도록 해.

Make sure you return the books to the library. 꼭 그 책들을 도서관에 반납하도록 해.

Make sure everybody knows about their marriage. 꼭 모든 사람들이 그들의 결혼을 알도록 해.

Could you please + 동사원형? ~ 좀 해주실 수 있어요?

친한 친구나 잘 아는 사람들에게는 간단히 '~좀 해줄래?'와 같이 부탁을 할 수 있지만, 그렇지 않은 사람들에게 부탁할 때는 가능한 예의바르고 공손하게 부탁을 해야 하지요. Could you please ~? 패턴은 '좀 ~ 해주실 수 있어요?'란 뜻으로 단순히 Could you~?라고 물어보는 것 보다 한 단계 더 정중하게 물어보는 질문 패턴이 되겠습니다.

ANNE : **Could you please** go talk to him? 가서 그와 얘기 좀 해주실 수 있어요.

ex

Could you please be quiet? 조용히 좀 해주시겠어요?

Could you please stop saying that? 그 말 좀 그만해 주시겠어요?

Could you please turn off the lights? 불 좀 꺼 주시시겠어요?

Could you please hand me a napkin? 냅킨 좀 제게 주시겠어요?

SCENE 29

Kingsport train staition

킹스포트에 도착한 앤은 그녀를 마중 나온 스테이시 선생님과 재회를 합니다. 스테이시 선생님으로부터 학교에 대한 설명을 들으며, 머물게 될 집으로 가는데요. 집 주인 프링글 씨는 자신은 이미 거절 편지를 보냈다며 앤을 받을 수 없다고 하죠. 스테이시 선생님은 프링글 씨네 사촌이 앤의 자리를 지원했지만, 거절되자 화가 나서 저러는 거라며 설명을 하고는 그녀가 가르칠 학교로 갑니다. 앤은 학교에서 머물게 되는데요, 까칠한 교장선생님과 딱딱한 교칙에 놀라, 조금 바꿔보려고 하다 교장선생님께 바로 한소리를 듣고 맙니다.

I'm afraid I've decided not to take her.

유감이지만, 전 그녀를 받지 않기로 결정했어요.

mp3

MISS STACEY : Mrs. Pringle. May I introduce you to Miss Anne Shirley of Avonlea, Prince Edward island?

ANNE : How do you do?

MISS STACEY : She's our new English teacher at Kingsport Ladies College who you'll be boarding this year. Should I have the cabbie bring in her trunk?

MRS. PRINGLE : Obviously you did not receive my letter. I'm afraid I've decided not to take her, Miss Stacey. I'm really rather tired of being bothered boarding staff. My girls are finished, as you know, and I really spend so little time with the alumni.

MISS STACEY : But Mrs. Pringle –

MRS. PRINGLE : I do apologize for the inconvenience. Good day, Miss Stacey.

MISS STACEY : 프링글 여사님, 프린스 에드워드 섬에 있는 에이번리에서 온 앤 셜리 선생님을 소개해드릴게요.

ANNE : 처음 뵙겠습니다.

MISS STACEY : 이분은 킹스포트 여학교의 새로운 영어 선생님이 시고요, 올해 여사님 댁에서 하숙을 하게될 거예요. 마부에게 짐을 가지고 오라고 할까요?

MRS. PRINGLE : 제 편지를 아직 못 받으셨나보군요. 유감이지만, 선생님을 받지 않기로 결정했습니다. 하숙을 치는게 힘들어서요. 아시다시피 우리 아이들은 이제 학교도 졸업했고, 저도 요즘은 동창회에 잘 안 나간답니다.

MISS STACEY : 하지만, 여사님.

MRS. PRINGLE : 불편하게 해드려서 죄송합니다. 좋은 하루 보내세요.

Anne's Essential Expressions

I am not interested in fairy tales! 난 동화에는 관심 없어요.

be interested in은 '~에 관심이 있다, 흥미가 있다'는 뜻입니다. in 뒤에는 관심의, 대상이 되는 명사가 옵니다. '너 ~에 관심 있니?'는 Are you interested in ~?이라고 하시면 됩니다.

MISS BROOKE : **I am not interested in fairy tales!**
난 동화에는 관심 없어요.

Dialogue

A : I am interested in physics.

B : Seriously? Well, I'm not interested in science at all.

A : 난 물리학에 관심 있어.
B : 정말? 음, 난 과학에는 전혀 관심 없어.

For pity's sake please take me someplace.

제발, 날 어딘가로 데려가 줘요.

for pity's sake는 우리말로 '제발, 부디'란 뜻으로 뒤에 이어지는 명령문의 의미를 강조해주는 역할을 하지요. 같은 뜻 for mercy's sake / for heaven's sake / for god's sake 등도 기억해 두세요.

ANNE : **For pity's sake please take me someplace where I can hear myself think.**
제발, 제가 차분히 생각할 수 있는 곳으로 데려가 줘요.
(· hear oneself think 차분히 생각하다)

Dialogue

A : For pity's sake, take me with you. Please take me with you.

B : I really don't think it's a good idea. You should stay here unitl I come back.

A : 제발, 날 당신과 같이 데려가 줘요. 제발 나도 같이 데려가 줘요.
B : 그건 정말 좋은 생각 같지 않아요. 제가 돌아 올 때까지 여기 계셔야 해요.

I think I should just sit down and burst into tears. 전 그냥 주저앉아서 울음을 터뜨려야 할 것 같아요.

cry는 그냥 '울다'란 뜻의 동사지만, burst into tears는 감정에 북받쳐서 '왈칵 울음을 터뜨리다'란 뜻입니다. 비슷한 형태로 갑자기 '웃음을 터트리다'란 말은 burst into laughter라고 말하지요.

ANNE : If you weren't here, Mrs. Stacey,
I think I should just sit down and burst into tears.
스테이시 선생님이 여기 계시지 않으면,
전 그냥 주저앉아서 울음을 터뜨려야 할 것 같아요.

Dialogue

A : I burst into tears during the actor's death scene.

B : So did I. The movie was such a tearjerker.

A : 난 배우의 죽음 장면에서 울음을 터트렸어. (· tearjerker 최루성 영화)

B : 나도 그랬어. 영화가 정말로 슬펐어.

I do apologize for the inconvenience.

불편을 끼쳐드려서 정말로 죄송합니다.

외국의 공사현장에서 가장 많이 볼 수 있는 표지판 글이 바로 "We apologize for the inconvenience."입니다. apologize for는 '~에 대해 사과하다', inconvenience는 '불편, 폐'란 뜻이죠. 조동사 do는 일반 동사의 의미를 강조하는 역할을 합니다.

MRS. PRINGLE : **I do apologize for the inconvenience.**
불편을 끼쳐드려서 정말로 죄송합니다.

Dialogue

A : Aren't you supposed to close at 7?

B : I'm sorry, but we'll be closing an hour early today. I do apologize for the inconvenience.

A : 7시에 문 닫으시는 거 아닌가요?

B : 죄송합니다만, 오늘은 한 시간 일찍 닫을 예정입니다. 불편을 끼쳐드려서 정말로 죄송합니다.

They're not going to get away with it!

그것에 대해 그냥 넘어갈 수는 없을 거야!

이 표현에서 get away는 '떠나다, 달아나다'란 뜻인데요, 뒤에 나오는 전치사 with의 목적어가 어떤 나쁜 행실, 행위, 범죄 등을 언급하게 되면, get away with는 그러한 짓을 하고도 벌을 받지 않고 '넘어가다, 모면하다'란 뜻이 되지요.

MISS STACEY : Well, **they're not going to get away with it!**
음, 이런 짓을 하고 그냥 넘어갈 수 없을 거야!

Dialogue

A : Josh failed the project again.

B : Yeah, so I've heard. He's not going to get away with it. He may get fired.

A : 조시가 또 프로젝트를 실패했어.
B : 응, 나도 그렇게 들었어. 그것에 대해 그냥 넘어갈 수는 없을 거야. 걔 해고당할지도 몰라.

I was afraid they'd be down on you.

그들이 네게 악감정을 가지고 있을까봐 걱정했어.

be down on somebody는 '누군가를 싫어하다' 혹은 '누군가에게 악감정을 가지고 있다'란 뜻으로 사용되는 표현입니다. 위에서 몰래 싫어하는 누군가를 내려다(down) 보고 있는 모습을 상상하시면 표현의 뜻이 이해가 가실 겁니다. 참고로, be afraid는 상황에 따라서 '두렵다, 걱정된다, 유감이다'란 뜻으로 다양하게 사용되지요.

MISS STACEY : **I was afraid they'd be down on you.**
그들이 네게 악감정을 가지고 있을까봐 걱정했어.

Dialogue

A : You're new here, so I was afraid they'd be down on you.

B : Don't worry. I'm a people person. Everyone will like me.

A : 넌 여기 처음이니까, 그들이 네게 악감정을 가지고 있을까봐 걱정했어.
B : 걱정하지 마세요. 전 사교성이 좋아요. 모두들 절 좋아할 거예요.

· people person : 사교적인 사람

You just keep your chin up. 넌 그냥 기죽지 마.

keep one's chin up은 직역하면 턱(chin)을 높이 들라는 말입니다. 즉, 이 표현은 힘들거나 우울하다고 고개 푹 숙인 채로 힘 빠져 있지 말고 당당히 고개를 들고 기운 내라는 격려의 의미를 가진 표현인 거죠. 보통 명령문으로 말할 때는 동사 keep을 생략하고 간단히 Chin up!이라고 말할 수도 있습니다.

MISS STACEY : Look, **you just keep your chin up.**
있잖아, 넌 그냥 기죽지 마.

Dialogue

A : You just keep your chin up and keep a positive attitude. The better days will come.

B : I hope so.

A : 넌 그냥 기죽지 말고 긍정적인 자세를 유지해. 더 좋은 날들이 찾아올 거야.
B : 나도 그러길 바래.

It feels like decades. 수십 년은 된 것 같아요.

정말 오랜만에 무엇을 한다거나 누구를 만나게 되면 우리는 보통 "한 백 년 된 것 같아."라고 하기도 합니다. 영어에서는 이 경우 백 년 대신에 10년의 단위를 나타내는 'decade'를 복수로 써서 "It feels like decades."라고 말합니다. feel like는 '마치 ~ 같다'란 뜻이고, decades는 '수십 년'이란 뜻이므로, 이 문장은 "수십 년은 된 것 같다"는 해석이 됩니다.

ANNE : Oh Miss Stacey! **It feels like decades.**
오, 스테이시 선생님! (얼굴 뵌 지) 수십 년은 된 것 같아요.

Dialogue

A : Tom! I haven't seen you for ages!

B : Long time no see, Jack. It really feels like decades.

A : 탐! 정말 오랜만이다!
B : 오랜만이야, 잭. 정말로 수십 년은 된 것 같네.

· ages : 세월

앤이 추천하는 Pattern English

I was so eager to + 동사원형. 난 너무 ~하고 싶었어요.

과거에 무언가를 정말 간절히 하고 싶었다는 것을 말할 때 쓸 수 있는 패턴들 중에 하나가 'I was so eager to + 동사원형'입니다. 우리말로 '난 너무 ~ 하고 싶었어요'란 뜻이죠. eager는 '열망하는, 간절히 바라는'이란 뜻을 가진 형용사로 be eager to는 '~을 너무 하고 싶다'란 뜻이 됩니다. 간절함의 정도를 더해 주기 위해서 부사 so를 붙여서 be so eager to라고 말할 수 있지요.

MISS STACEY : **I was just so eager to** introduce you to our new English professor. 전 당신을 저희 새로운 영어 교수님께 꼭 소개해 주고 싶었어요.

ex

I was so eager to get home. 난 너무 집에 가고 싶었어요.

I was so eager to play this game agin. 난 꼭 이 게임을 다시 해보고 싶었어요.

I was so eager to get out of this place. 난 너무나 이 장소에서 나가고 싶었어요.

I was so eager to live in the dorms. 난 너무나 기숙사에서 살고 싶었어요.

I am very pleased to + 동사원형. 전 ~하게 돼서 너무 기쁩니다.

무언가를 하게 되어 자신이 기쁘다는 것을 말할 때 유용하게 사용할 수 있는 패턴이 'I am very pleased to ~'입니다. I'm very pleased 다음에 기쁜 이유를 to 부정사를 사용해서 말할 수 있는 거죠.

ANNE : **I am very pleased to** be here. 전 여기 있게 되어서 너무 기쁩니다.

ex

I am very pleased to announce the release of my first album.
제 첫 번째 음반 발매를 발표하게 돼서 너무 기쁩니다.

I am very pleased to meet you. 전 당신을 만나게 돼서 너무 기쁩니다.

I am very pleased to take part in this interview. 이 인터뷰에 참여하게 돼서 너무 기쁩니다.

I am very pleased to have you in my class. 네가 우리 반에 들어오게 돼서 너무 기쁘구나.

I'll have no choice but to + 동사.

나는 ~ 하는 것 외에는 달리 방법이 없게 돼.

어떤 행동을 취하는 것 외에는 원치는 않지만 다른 방법이 없는 상황에서 쓸 수 있는 패턴이 'I have no choice but to ~'입니다. 'I have no choice'는 '선택할 게 없다'는 뜻이고, but to는 '~하는 것 외에는'이란 뜻이 되죠.

MISS BROOKE : If you intend to make a habit of this, **I'll have no choice but to detain you after class.** 너가 이것을 습관적으로 할 의향이라면, 난 너를 방과 후에 남게 하는 것 외에는 달리 방법이 없게 돼.

ex

I'll have no choice but to trust weather reports.
나는 일기 예보를 믿는 것 외에는 달리 방법이 없게 될 거야.

I'll have no choice but to resign. 나는 사임하는 것 외에는 달리 방법이 없게 될 거야.

I'll have no choice but to sell my car. 나는 내 차를 파는 것 외에는 달리 방법이 없게 될 거야.

I'll have no choice but to call the cops. 나는 경찰을 부르는 것 외에는 달리 방법이 없게 될 거야.

I look forward to + 동사ing. ~를 너무 기대하고 있어요.

무언가를 기대하거나 고대하고 있을 때 사용할 수 있는 패턴이 'I look forward to ~'입니다. 우리말로 '난 ~를 너무 기대하고 있어요'란 뜻이죠. 주의하실 것은 to 다음에 동사원형이 아닌 '동사ing' 형태가 이어져야 한다는 겁니다.

MISS BROOKE : **I look forward to** observing them.
난 그들을 관찰하는 것을 학수고대하고 있어요.

ex

I look forward to working with you. 당신과 함께 일하게 되기를 기대하고 있어요.

I look forward to reading your new book. 당신의 새책을 읽게 되기를 기대하고 있어요.

I look forward to hearing from you. 당신으로부터 소식을 기대하고 있어요.

I look forward to getting to know you. 당신을 알게 되기를 기대하고 있어요.

SCENE 30

Anne's classroom

앤은 드디어 첫 수업에 들어가지만, 기대했던 거와 달리 아이들은 선생님을 무시하고, 버릇없기 그지없습니다. 자신들의 이름을 모두 다르게 말해주고, 앤의 책상 서랍에 뱀을 집어넣어 놓는 등의 장난을 치죠. 다행히 그 중 한 명이 일어나서 아이들의 이름은 모두 장난이라며 자신의 진짜 이름을 이야기합니다. 서랍에서 나온 뱀에 놀라, 학생 중 한 명이 기절하게 되고, 앤은 누가 뱀을 넣었냐며 다그칩니다. 젠이라는 아이가 당당히 자신이 했다고 말하자, 앤은 방과 후에 남으라고 하지만, 그녀는 엄마를 도와야 해서 안 된다고 말하죠. 그렇다면 매를 맞겠냐고 하자, 그녀는 그러겠다고 하고, 앤은 첫 날부터 매를 들게 되어 속상해합니다. 그러던 중, 수업이 끝나는 벨이 울리고 아이들은 모두 교실을 나가죠.

You will be detained after class today.

넌 벌로 오늘 방과 후에 남아야할 거다.

mp3

ANNE : You will be detained after classes today.
And every day for the entire week. Now please open your Third Form readers, class.

JEN : I can't, Miss Shirley. My mother expects me for the next three days at the Ladies' Aid Society Rummage Sale.

ANNE : Well, I'm sorry but your mother will have to make other arrangements.

JEN : But she's promised my help on the organization committee.

ANNE : I don't care. You'll stay if I say so.

JEN : I simply cannot stay, I'm sorry.

ANNE : Well then it's up to you isn't it, Jen Pringle? Either you stay after school for the week, or I'll have to administer the strap.

ANNE : 넌 오늘 방과 후에 남아야 할 거다. 그리고 일주일 동안 매일 남아라.
자 이제 모두 세 번째 책을 펴세요.

JEN : 전 남을 수 없는데요, 선생님. 엄마가 3일 동안 자선 바자회를 도와달라고 하셨어요.

ANNE : 미안하지만, 너희 어머니께서 다른 방법을 찾아보셔야겠구나.

JEN : 하지만 엄마는 주최측에 제가 도울 거라고 약속하셨어요.

ANNE : 난 상관 안 한다. 내가 남으라면 남아.

JEN : 죄송하지만 못 남겠는데요.

ANNE : 그렇다면, 너한테 달렸구나, 젠 프링글? 일주일 동안 방과 후에 남든지, 매를 맞든지.

Anne's Essential Expressions

I had a speech prepared. 난 할 말을 준비했어.

have는 사역동사로 'have + 목적어 + 과거분사'의 형태로 문장을 만들 수 있습니다. prepare는 '준비하다'란 뜻이지만, 과거분사 형태인 prepared는 '준비되어진'이란 뜻이므로 "I had a speech prepared."는 "난 연설이 준비되어지게 했다." 다시 말해 "난 연설을 준비했다."란 뜻이 됩니다.

ANNE : **I had a speech prepared.** 난 할 말을 준비했어.

Dialogue

A : Why aren't you saying anything?

B : I had a speech prepared, but I guess I forgot it.

A : 왜 아무 말도 하지 않는 거니?

B : 나 할 말을 준비했는데, 잊어버린 것 같아.

You will be detained after classes today.

넌 오늘 수업 후에 학교에 남게 될 거다.

detention은 잘못한 학생을 방과 후 학교에 남게 해서, 노트에 책 내용을 필기하게 하는 등의 조치를 취하는 벌이죠. detention의 동사형은 detain이며, 수동태인 'be detained'는 체벌조치로 '학교에 강제로 남게 되다'는 뜻이 되는 거죠.

ANNE : **You'll be detained after class today.**
넌 오늘 수업 후에 학교에 남게 될 거다.

Dialogue

A : Susan Myer. You'll be detained after class today.

B : Why? I didn't do anything wrong!

A : 수잔 마이어. 넌 오늘 수업 후에 학교에 남게 될 거다.

B : 왜요? 전 아무것도 잘못하지 않았어요!

When I call out your name, answer 'here'.

내가 이름을 부르면 대답하세요.

외국의 교실에서 출석체크를 할 때 흔히 들을 수 있는 말이 바로 "When I call out your name, answer 'here'."입니다. call out은 '큰 소리로 부르다'란 뜻으로, call out one's name은 '누구의 이름을 부르다'란 뜻이지요. 그리고 자신의 이름이 불리면 '네'라는 뜻으로, 보통 "Here!"라고 대답합니다. 물론 이외에도 "Present" "Yes" "Attending"이라고 대답하기도 하지요.

ANNE : When I call out your name, answer 'here'.
내가 이름을 부르면 대답하세요.

Dialogue

A : When I call out your name, answer here. Michael Brown.

B : Here.

A : 내가 이름을 부르면 대답하세요. 마이클 브라운.

B : 네.

Perhaps the class lists have been mixed up.

아마도 반명단이 섞였나봐요.

무언가를 추측해서 말할 때, 그것이 맞을 확률에 대한 자신이 거의 없다면 보통 'perhaps ~'로 문장을 시작합니다. perhaps는 우리말로 '아마도'란 뜻이지요. 이 외에도 maybe, possibly 역시 추측을 이야기할 때 원어민들이 즐겨 사용하는 어휘들입니다.

JEN : Perhaps the class lists have been mixed up.
아마도 반명단이 섞였나봐요.

Dialogue

A : What do you want?

B : Now that you mention it,
perhaps there is something you can do for me.

A : 너 원하는 게 뭐니?

B : 네가 말했으니 그런데, 아마도 네가 날 위해서 해줄 수 있는 게 있을 것 같아.

We didn't get you into trouble, did we?

우리가 폐를 끼친 건 아니죠, 그렇죠?

get into trouble은 사고를 쳐서 '말썽에 휘말리다'란 뜻으로 "I got into trouble."은 "나 사고 쳤어." 란 뜻이 되는 거죠. 반면, 다른 사람을 말썽에 휘말리게 만드는 경우에는 get a person into trouble 이란 표현을 쓰면 됩니다. 예를 들어, "We got you into trouble."은 "우리가 너를 말썽에 휘말리게 했어."란 뜻이 되는 거죠. "우리가 너에게 폐를 끼쳤어."로도 해석될 수 있지요.

ESSIE : **We didn't get you into trouble, did we** Miss Shirley?
우리가 폐를 끼친 건 아니죠, 그렇죠, 셜리 선생님?

Dialogue

A : I shouldn't have said that. I hope I didn't get you into trouble.

B : It's okay. What's done is done.

A : 제가 그 말을 하지 말았어야 했는데. 제가 폐를 끼친 게 아니었으면 합니다.

B : 괜찮습니다. 이미 끝난 일인 걸요.

They're just pulling your leg.

얘들은 그냥 선생님을 놀리고 있는 거예요.

pull one's leg는 '누군가를 놀리다[속이다]'란 뜻을 가진 표현입니다. 마치 걸어가고 있는 사람의 다리를 잡아당겨서 넘어뜨리는 것처럼 '~를 놀리다, 속이다'란 뜻이 되는 거죠. 평소 나에 대한 칭찬은 전혀 하지 않던 친구가 갑자기 나보고 멋있다고 한다면 "Are you pulling my leg?"(너 나 놀리는 거야?)라고 물어볼 수 있겠죠?

EMMELINE : **They're just pulling your leg.** 얘들은 그냥 선생님을 놀리고 있는 거예요.

Dialogue

A : I'm drinking vinegar because my friends told me that vinegar would help me get taller.

B : What? No! They're just pulling your leg, silly.

A : 친구들이 식초가 키가 크게 도와준다고 해서 식초를 마시는 중이야.

B : 뭐? 아냐! 걔들이 그냥 널 놀리는 거야, 바보야.

It's up to you. 너한테 달렸어.

무언가를 선택해야 하는 상황에서나 혹은 어떤 일에 대해서 책임을 져야 하는 사람이 필요할 때 이를 전가하기 위한 목적으로 사용할 수 있는 표현이 바로 "It's up to you."입니다. 우리말로 "네 마음대로 해." 혹은 "너에게 달렸어."로 해석할 수 있지요. 예를 들어, 상대방이 식당에서 무엇을 먹을지 내게 물어보면 고민한다거나, 혹은 사업방향을 놓고 어떻게 할지 고민하는 상황일 때, 귀찮게 내가 왈가불가하기 싫다면 간단히 "It's up to you."라고 말할 수 있죠.

ANNE : Well, then, **it's up to you.** 음, 그렇다면, 너한테 달렸구나.

Dialogue

A : Where do you want to go after work?

B : I don't know. It's up to you.

A : 너 퇴근 후에 어디로 가고 싶니?

B : 모르겠어. 네 마음대로 해.

She'll cool off in a few days. 그녀는 몇일 지나면 진정이 될 거예요.

흥분한 상황에서 마음을 '가라앉히다, 진정하다'란 뜻으로 사용할 수 있는 표현 중에 하나가 바로 cool off입니다. 우리말에도 보통 흥분을 하거나 열이 받으면 '화를 좀 식혀'란 말을 하는데 바로 이 '식히다'와 같은 뉘앙스로 사용되는 표현인 거죠. 참고로 cool off는 단순히 더워진 몸을 '식히다'란 뜻으로도 사용할 수 있습니다. ex) It's a good place to go swimming and cool off.(그곳은 수영하고 몸을 식히는 데 좋은 장소야.)

ANNE : **She'll cool off in a few days.** 그녀는 몇일 지나면 진정이 될 거예요.

Dialogue

A : Is Jane still mad at me?

B : Yeah, but don't worry. She'll cool off in a few days.

A : 제인이 아직도 내게 화나 있나요?

B : 네, 하지만 걱정 마요. 그녀는 몇일 지나면 진정이 될 거예요.

· be mad at : ~에게 화를 내다

앤이 추천하는 Pattern English

Who + 과거동사? 누가 ~했니?

"누가 이거 먹었니?" "누가 창문 깼니?" "누가 방귀 뀌었니?" 등의 질문들은 모두 의문사 'Who + 과거동사 ~?'의 패턴으로 질문을 던질 수 있습니다. 동사의 행위자가 누구인지를 묻는 질문이기에 이미 의문사 Who가 질문에서 주어 역할을 하게 되는 것이죠. 유명한 베스트셀러인 "누가 내 치즈를 옮겼을까?"의 영문 제목이 바로 이 패턴을 이용한 "Who moved my cheese?"랍니다.

ANNE : **Who** put the snake in my desk? 누가 내 책상에 뱀을 집어넣었니?

ex

Who took my ice cream? 누가 내 아이스크림 가져갔니?

Who said I was dead? 누가 내가 죽었다고 말한 거니?

Who told you to do that? 누가 너보고 그렇게 하라고 말한 거니?

Who stopped by today? 누가 오늘 들렸니? (· stop by 잠깐 들르다)

I'm not very good around + 명사. 저는 ~와 잘 어울리지 못해요.

be good at은 '~을 잘하다'란 뜻입니다. 전치사 at 대신에 around와 부정어 not가 함께 사용된 be good around A는 'A를 보게 되면 기겁을 하다' 혹은 'A와 잘 어울리지 못하다'란 뜻으로 사용이 되지요. 좀 더 의미를 강조해 주기 위해서 good 앞에 very 나 so 등의 부사를 붙여서 말할 수 있습니다.

ESSIE : **I'm not very good around** reptiles. 전 파충류를 보면 기겁해요.

ex

I'm not very good around blood. 난 피를 보면 기겁해요.

I'm not very good around strangers. 난 낯선 사람들과 잘 어울리지 못해요.

I'm not very good around girls. 난 여자들과는 잘 어울리지 못해요.

I'm not very good around kids. 난 아이들을과는 잘 어울리지 못해요.

I'm quite prepared to + 동사원형. 난 ~ 할 준비가 됐어.

바로 해도 되는 행동들이 있는 반면에, 심적으로나 혹은 물질적으로 무언가를 하기 위해서 사전에 준비를 해야 하는 경우가 있습니다. 이렇게 무언가를 할 준비가 되었음을 말할 때 유용하게 사용할 수 있는 패턴이 'I'm quite prepared to ~'입니다. prepare는 '준비하다'란 뜻을 가진 동사이기에 be prepared는 '준비가 되다'란 뜻이 되는 거죠. 구체적으로 무엇을 할 준비가 되었는지는 뒤에 to 부정사 이하로 말해주면 되지요.

JEN : **I'm quite prepared to** forgive your lack of manners.
난 너의 부족한 예절을 용서해 줄 준비가 됐어.

ex

I'm quite prepared to die. 난 죽을 준비가 됐어.

I'm quite prepared to go to Tokyo for an audition. 난 오디션을 보기 위해 동경에 갈 준비가 됐어.

I'm quite prepared to contribute to society. 난 사회에 공헌할 준비가 됐어.

I'm quite prepared to take risks. 난 위험을 감수할 준비가 됐어.

We won't let + 목적어 + 동사원형. 우린 ~가 ~하게 놔두지 않을 거야.

동사 let은 '~하게 하다, ~을 허락하다'란 뜻을 가지고 있습니다. 동사 let은 5형식 문장을 만드는 동사중의 하나로 'let + 목적어 + 목적보어'의 어순을 취해 ['목적어'가 '목적보어'하게 하다]란 뜻을 만들지요. 이때 목적보어 역할은 오직 동사원형만이 할 수가 있습니다. 그러므로 'We won't let + 목적어 + 동사원형'은 '우린 ~가 ~하게 놔두지 않을 거야'란 뜻의 패턴이 되는 거죠.

ANNE : **We won't let** it spoil the afternoon. 우린 그것이 오후를 망치게 놔두지 않을 거야.

ex

We won't let him go. 우린 그가 가게 놔두지 않을 거야.

We won't let you quit. 우린 네가 포기하게 놔두지 않을 거야.

We won't let them win so easily. 우린 그들이 그렇게 쉽게 이기게 놔두지 않을 거야.

We won't let her fail in school. 우린 그녀가 학교에서 낙제하게 내버려두지 않을 거야.

SCENE 31

Anne's room at college

밤에 앤의 방을 찾아온 에멜라인은 어제 빼앗긴 자전거를 찾아야한다며 도움을 요청합니다. 하지만 헛간의 문이 잠겨있어 꺼내지 못하자, 그녀는 침대시트를 방에 묶어 에멜라인과 함께 그것을 타고 내려오는데요, 낡은 지붕이 무너지는 바람에 쿵 소리와 함께 떨어지고 맙니다. 그리고 결국 교장선생님께 들키고 말죠.
이 처벌을 위해 교장은 에멜라인의 아버지를 부르게 되고, 그는 자신의 딸을 퇴학당하게 할 순 없다며 아이를 데려가겠다고 말합니다. 또한 재정 지원도 끊겠다고 말하죠.
한편 교실에서는 앤이 젠과 마이라가 과자를 먹으며 상자를 들고 있는 것을 보고 그것을 가져와 난로에 던지라고 합니다. 하지만 그 상자는 음식이 아닌 폭죽이 담긴 것이어서, 난로 속에서 폭죽이 튀어 교실은 온통 난리법석이 되죠. 결국 모두 교실을 뛰쳐나가고 맙니다. 이때 앤은 에멜라인의 아빠와 마주치게 되는데요. 그가 바로 이미 두 번이나 마주쳤던 모건임을 알게 됩니다.

Throw it in the stove.

그거 난로에 던지거라.

mp3

ANNE : I have warned you two about food in class. Bring that parcel here, Myra. Bring that parcel here! Throw it in the stove.

MYRA : Are you sure you really want me to do this?

ANNE : Myra, obey me at once!

(The room fills with billowing smoke.)

GIRLS : Why is she running?

ANNE : Run, girls! Girls, run! Run, girls!

ESSIE : No, my skirt is caught! My skirt is caught!

ANNE : 너희 둘한테 내가 교실에서 먹지 말라고 경고하지 않았니. 그 상자 이리 가져오거라, 마이라. 이리 가져와! 난로 안에 던지거라.

MYRA : 정말이세요?

ANNE : 마이라, 내 말대로 하거라!

(방안에 연기가 나기 시작한다.)

GIRLS : 쟤는 왜 도망가는 거예요?

ANNE : 도망가라, 얘들아! 도망가! 어서 뛰어!

ESSIE : 이런, 제 치마가 끼었어요! 제 치마가 끼었다고요!

Anne's Essential Expressions

I'm turning my light out. 제 불을 끌게요.

turn out은 전등 등을 '끄다'란 뜻과, 가스를 '잠그다'란 뜻을 가지고 있습니다. 그러므로 "I'm turning my light out."은 자신의 형광등 즉, "제 불을 끌게요."란 뜻이 됩니다. turn off 역시 전등이나 텔레비전 등을 '끄다'는 의미로 사용되기 때문에 "I'm turning my light off."라고 해도 같은 뜻이 됩니다.

ANNE : **I'm turning my light out.** 제 불을 끌게요.

Dialogue

A : I finished reading the book. I'm turning my light out.

B : Okay. Sleep tight. See you in the morning.

A : 나 책 다 읽었어. 나 불 끌게.

B : 그래, 잘 자. 아침에 보자.

He'll be fired. 그는 해고당할 거예요.

fire는 '불'이란 명사 뜻만 있는 것이 아니라, 동사로 '해고하다'란 뜻을 가지고 있습니다. 그러므로 수동태로 be fired는 '해고되다'란 뜻이 되는 거죠. '해고되다'란 뜻으로 사용되는 표현에는 이 외에도, be sacked, be laid off 등이 있으니 같이 외워두세요.

EMMELINE : Essie's brother needs the bicycle in the morning for his delivery or **he'll be fired.**

에시의 오빠는 아침에 배달을 가려면 그 자전거가 필요해요. 안 그러면 그는 해고당할 거예요.

Dialogue

A : If he can't get this job done, he'll be fired.

B : Then, why don't we give him some help?

A : 그는 이 일을 끝내지 못하면, 해고될 거예요.

B : 그렇다면, 우리가 그를 좀 도와주는 게 어때요?

Maybe we could saw the chain and pick the lock. 어쩌면 우리 체인을 톱으로 자르거나 자물쇠를 딸 수 있을지도 몰라요.

lock은 '자물쇠', '자물쇠를 따다'는 pick the lock이라고 하지요. 동사 pick은 다양한 표현에 사용되는데요, 다음 것들을 추가로 외워두도록 하세요.

· pick one's nose 코를 후비다 · have a bone to pick 따질 게 있다

ANNE : **Maybe we could saw the chain and pick the lock.**
어쩌면 우린 체인을 톱으로 자르거나 자물쇠를 딸 수 있을지도 몰라요.

Dialogue

A : Can you pick the lock on that door?

B : I'll try, but it'll take some time.

A : 저 문의 자물쇠를 딸 수 있으세요?

B : 해보죠, 하지만 시간이 좀 걸릴 겁니다.

This incident is the tip of the iceberg.

이 사건은 빙산의 일각일 뿐이야.

바다 위에 떠다니는 빙산은 겉으로는 그렇게 커 보이지 않지만, 바다 속에는 엄청나게 큰 얼음덩어리가 숨어 있습니다. 이처럼 겉에 보이는 것보다 더 큰 뭔가가 있다는 것을 가리켜 우리는 '빙산의 일각'이라고 말하는데요, 영어로는 the tip of the iceberg이라고 합니다.

MISS BROOKE : **This incident is the tip of the iceberg.**
이 사건은 빙산의 일각일 뿐이야.

Dialogue

A : A politician was arrested for accepting a bribe.

B : Well, that incident is the tip of the iceberg. Because most politicians in that country are corrupt.

A : 한 정치인이 뇌물을 받은 것으로 체포됐어.

B : 음, 그 사건은 빙산의 일각일 뿐이야. 왜냐면 그 나라의 대부분의 정치 인들은 부패했거든.

Let me be perfectly clear. 확실히 해두도록 하죠.

자신의 주장을 확실히 전달하고자 "확실히 해두죠." 혹은 "내 의사를 명확하게 하죠."란 뜻으로 쓸 수 있는 표현이 "Let me be perfectly clear."입니다. 이후 전달하고자 하는 말을 하면 됩니다. 멋진 연설로 유명한 오바마 대통령이 연설 중 즐겨 사용하는 표현 중에 하나가 바로 perfectly만 뺀, "Let me be clear."지요.

HARRIS : **Let me be perfectly clear**, Miss Brooke.
확실히 해두도록 하죠, 브룩 선생님.

Dialogue

A : I know you're into my girlfriend, right?

B : Hey, let me be perfectly clear. I don't have any interest in her.

A : 네가 내 여자 친구를 좋아하는 거 알아, 맞지?

B : 야, 확실하게 해두자. 난 걔한테 전혀 관심 없어.

· be into : ~를 좋아하다

Take off those ridiculous looking spectacles.
그 우스꽝스러워 보이는 안경을 벗어.

옷, 안경, 신발 등 몸에 걸치는 뭔가를 '벗다'란 뜻을 가진 표현이 바로 take off입니다. 그리고 '형용사 + looking'은 사람이나 사물의 외관을 설명해줄 수 있는데요, 예를 들어 good looking은 '잘생긴', ridiculous looking은 '우스꽝스럽게 생긴', scary looking은 '무섭게 생긴'이란 뜻이 됩니다.

ANNE : **Take off those ridiculous looking spectacles.**
그 우스꽝스러워 보이는 안경을 벗어.

Dialogue

A : Take off those ridiculous looking spectacles.

B : But I can't see without my glasses on.

A : 그 우스꽝스러워 보이는 안경을 벗어.

B : 하지만 난 안경을 안 쓰면 안 보여.

This is my teacher, Miss Shirley.

이분은 저희 선생님이신 Miss Shirley 십니다.

누군가를 소개할 때는 '이 분은 ~입니다' 혹은 '얘는 ~야'와 같이 말할 때 쓸 수 있는 것이 바로 'This is ~'입니다. 예를 들어, 옆에 나와 함께 있는 Eric을 다른 사람에게 소개시켜 줄 때, "He is Eric."이 아니라 "This is Eric."이라고 해야 맞는 표현입니다. 'This is ~'는 또한 전화통화에서 자신을 소개할 때도 사용됩니다. ex) Hello, this is Jenny. (여보세요, 전 제니에요.)

EMMELINE : This is my teacher, Miss Shirley.
이분은 제 선생님이신 Miss Shirley이십니다.

Dialogue

A : Jack, I'd like you to meet my brother.
Mike, this is my friend, Jack.

B : Nice to meet you, Jack.

A : 잭, 우리 형을 소개시켜줄게. 마이크 형, 얘가 내 친구 잭이야.
B : 만나서 반갑다, 잭.

We've met before, if I'm not mistaken.

내 기억으로는 우린 전에 만난 적이 있어요.

자신이 가지고 있는 기억을 바탕으로 무언가를 말할 때, 원어민들은 'If I'm not mistaken'이라는 문장을 자주 사용합니다. 이 말은 직역을 하면 '내가 틀린 게 아니라면'이란 뜻이지만, 결국 이렇게 말하는 이유가 자신의 기억을 바탕으로 하고 있으므로 '내 기억으로는'으로 의역할 수 있습니다. 'If I'm not mistaken'은 하고자 하는 말의 앞 혹은 뒤 모두에 위치할 수 있습니다.

HARRIS : We've met before, if I'm not mistaken.
내 기억으로는 우린 전에 만난 적이 있어요.

Dialogue

A : Who is that man in the red suit sitting next to John?

B : If I'm not mistaken, his name is Gordon Brown.

A : 존 옆에 앉아 있는 빨간 양복을 입은 저 남자 누구지?
B : 내 기억으로는 그의 이름은 고든 브라운이야.

앤이 추천하는 Pattern English

I suggest that you + 동사원형 ~. 네가 ~ 하길 권해.

상대방에게 뭔가를 하라고 권할 때 쓸 수 있는 패턴에 'I suggest that you + 동사원형'이 있습니다. 동사 suggest는 뭔가를 하라고 '권하다'란 뜻이 있기에, 본 패턴은 '네가 ~하길 권해'란 뜻이 되지요. 원래 'I suggest that you should + 동사원형 ~'이지만 should를 생략하고 원형만 쓸 수 있습니다.

ANNE : **I suggest that you** give up all together. 난 네가 전부 포기하길 권해.

ex

I suggest that you get some help. 난 네가 도움을 청하길 권해.

I suggest that you reconsider my offer. 난 네가 내 제안을 다시 생각해보길 권해.

I suggest that you get yourself an attorney. 난 네가 변호사를 선임하길 권해.

I suggest that you be a lot more careful. 난 네가 훨씬 더 조심하길 권해.

You've got to + 동사원형. ~해야 해.

상대방이 해야만 하는 일을 말해줄 때 'You've got to ~' 패턴을 사용해서 말할 수 있습니다. have got to는 '~해야만 하다'란 뜻으로 have to, should 등과 비슷한 의미를 갖고 있지요. have got to에서 got to는 gotta로 빠르게 발음이 되기 때문에 'You've gotta ~' 혹은 'You gotta ~'로 사용하셔도 됩니다.

EMMELINE : Oh, Miss Shirley, **you've got to** help us. 오, 셜리 선생님, 저희를 도와주셔야 해요.

ex

You've got to stay calm. 넌 침착해야 해.

You've got to do this for me. 넌 날 위해 이걸 해줘야 해.

You've got to start this treatment right away. 넌 당장 이 치료를 받아야해.

You've got to give us time. 넌 우리에게 시간을 줘야 해.

Would you please + 동사원형? ~ 해줄래요?

상대방에게 공손하게 무언가를 해달라고 요청할 때 사용할 수 있는 패턴이 바르 'Would you ~?'입니다. 여기에 please를 붙여서 'Would you please ~?'로 물으면 훨씬 더 정중하고 공손한 말투가 되지요. 친한 친구들 사이에서는 간단히 'Will you ~?' 패턴을 사용하는 게 더 자연스럽지만, 모르는 사람이나 나이가 드신 분들에게 부탁을 하거나 혹은 공식적인 자리에서 유용하게 사용할 수 있습니다.

ANNE : **Would you please** read the first four verses for us?
우리를 위해 처음 4줄을 읽어 줄래요?

ex

Would you please leave us alone? 우릴 그냥 좀 내버려 둘래요?

Would you please put the gun down? 그 총 좀 내려놓아 줄래요?

Would you please tell the court what you saw? 당신이 본 것을 법정에서 말해 줄래요?

Would you please step aside? 옆으로 좀 비켜 줄래요?

Are you trying to + 동사원형? 너 ~ 하려는 거니?

직접적으로 상대방에게 뭔가를 하냐고 질문하는 것이 아니라 간접적으로 뭔가를 하려는 것이냐고 물을 때 사용할 수 있는 질문 패턴이 바로 'Are you trying to ~?'입니다. 동사 try는 '노력하다, 시도하다'란 뜻이 있는데, 본 패턴을 직역하여 '너 ~ 하려고 노력하는 거니?'라고 해석하기 보다는 자연스럽게 '너 ~ 하려는 거니?'라고 외우시면 됩니다.

ESSIE : **Are you trying to** tell me that Emmeline is solely responsible for this misconduct? 이 부정행위의 책임이 에멜라인에게만 있다고 내게 말하려는 거니?

ex

Are you trying to buy us off? 우리를 매수하려는 거니?

Are you trying to get me drunk? 나를 취하게 하려는 거니?

Are you trying to lose weight? 살 빼려고 하는 거니?

Are you trying to be funny? 웃기려고 하는 거니?

빨강머리 앤 Pop Quiz

영어표현과 어울리는 해석을 찾아보세요.

1. There you are.	( )	a. 정신 차려.
2. What are you up to?	( )	b. 기분 나쁘게 하려 한 말은 아니에요.
3. You're a real pill.	( )	c. 안 좋은 일이 생길 것 같은 예감이 들어요.
4. Don't you dare tell anyone!	( )	d. 다른 사람한테 말하기만 해봐!
5. No offense meant.	( )	e. 난 몸치인 게 틀림이 없어.
6. It's the lesser of the two evils.	( )	f. 너 정말 귀찮은 애구나.
7. Pull yourself together.	( )	g. 비켜!
8. I smell trouble.	( )	h. 무슨 꿍꿍이야?
9. I must have two left feet.	( )	i. 좋을 대로 해.
10. Get out of the way.	( )	j. 너 거기 있구나.
11. Suit yourself.	( )	k. 넌 정신 차리게 될 거야.
12. Are you out of your mind?	( )	l. 그게 그나마 차선책이야.
13. You'll come to your senses.	( )	m. 너 제 정신이니?

정답 1. ⓙ 2. ⓗ 3. ⓕ 4. ⓓ 5. ⓑ 6. ⓛ 7. ⓐ 8. ⓒ 9. ⓔ 10. ⓖ 11. ⓘ 12. ⓜ 13. ⓚ

앞에서 배운 패턴을 활용하여 다음 영문을 완성해보세요.

1. 네가 그를 알지도 모를 거라고 생각했어. ____________ you might know him.

2. 나 이제 가보는 게 낫겠어. ________________ go now.

3. 너 어떻게 그녀를 여기에 데려 올 수 있어? _____________________ bring her here?

4. 만약에 그녀가 날 기억 못하면 어쩌지? ____________ she doesn't remember me?

5. 난 현금을 받는 게 더 좋아. ________________ take the cash.

6. 너 걱정하는 것 같아 보이지 않아. _____________________ worried.

7. 그녀는 여기에서 일했음에 틀림없어. _____________________ worked here.

8. 그들이 아직도 살아있는지 궁금합니다. _________________ they are still alive.

9. 난 그들의 사진을 사용할 자격이 없어. _______________________ use their photos.

10. 그는 그 정치인을 죽일 수도 있었을 텐데. _________________ killed the politician.

11. 꼭 아무 일도 그들에게 일어나지 않도록 해. ___________ nothing happens to them.

12. 난 너무나 기숙사에서 살고 싶었어요. _________________ live in the dorms.

정답 1. I supposed 2. I'd better 3. How could you 4. What if 5. I'd rather 6. You don't seem 7. She must have 8. I wonder if 9. I have no right to 10. He could have 11. Make sure 12. I was so eager to

It's a fine piece of work.

Anne of Green Ga

Anne of Green Gables

Part #4

SCENE 32

Miss Stacey's office

스테이시 선생님은 앤에게 프링글 집안의 학부모들이 앤을 반대하는 내용의 편지를 보낸 것을 이야기합니다. 그들은 재정지원을 끊겠다는 으름장을 놓았다고 하죠. 앤은 자신이 사직하기를 원하는지 묻자, 그녀는 절대 아니라며 그들의 코를 꺾어버리자고 합니다. 일단은 에멜라인의 아빠인 모건이 그녀를 학교에서 빼가면서 재정 지원을 끊었으니 돈을 모으기위해 학교에서 아이들을 데리고 연극을 하자고 하죠. 교장선생님은 이 의견에 반대하지만, 돈이 필요한 상황이니 어쩔 수 없다며 승낙합니다. 그렇게 모든 선생님들과 학생들은 연극을 준비하기 시작합니다.

I want you to stay here.

난 니가 여기에 머무르길 바란단다.

mp3

MISS STACEY : Captain Harris has withdrawn his rather substantial financial support towards the college mortgage and several of the other Pringle families are threatening to do the same...

ANNE : I see. So you want me to resign as well.

MISS STACEY : Never. The Board wants you to resign. I want you to stay here and make these Pringles eat their words. If money is deemed to be the power behind this institution, well then you my dear Anne, are going to compensate for every single penny that's been lost.

ANNE : But how? Shall I give up my salary?

MISS STACEY : Oh, no, my dear. Oh no, no, no... I am going to insist that the Board give you a probationary term at least until Christmas. In the meantime might you consider mounting a lavish benefit concert? Highlighting a play perhaps directed by Miss Anne Shirley...

ANNE : It'd have to be something with a number of superb roles in it though.

MISS STACEY : 해리스 씨가 학교측에 대한 상당한 재정지원을 중단했다. 다른 몇몇 프링글가 사람들도 그러겠다고 으름장을 놓고 있어.

ANNE : 알겠어요. 그러니까 선생님도 제가 그만두기를 바라시는 거죠.

MISS STACEY : 절대 아니다. 위원회에서는 네가 사임하길 바라지만, 난 네가 여기 머물면서 프링글가 사람들의 콧대를 꺾길 바란다. 이 학교가 돈으로 운영되는 거라면, 네가 모든 돈을 다 채워넣으면 되지 않니.

ANNE : 하지만 어떻게요? 제가 월급을 포기할까요?

MISS STACEY : 오, 아니야. 절대 아니지. 위원회에 크리스마스까지 유예기간을 달라고 말할 거다. 그동안 우리는 기금 마련 콘서트를 준비하는 거지. 앤 셜리 선생님이 감독한 연극 같은 거 말이다.

ANNE : 그렇다면 아주 화려한 역할들이 있어야겠네요.

Anne's Essential Expressions

I couldn't help myself. 저는 어쩔 수가 없었어요.

cannot help oneself는 '어쩔 수가 없다'는 뜻으로 스스로에 대한 통제력을 잃고 어떤 행동을 하게 될 때, 그에 대한 변명으로 원어민들이 즐겨 사용하는 표현입니다. 예를 들어, 식욕을 억제하지 못하고 냉장고에 넣어둔 애플파이를 먹은 아이가 나중에 엄마한테, "I'm sorry, mom. I couldn't help myself."(미안해요, 엄마. 나도 어쩔 수가 없었어요.)라고 변명할 수 있는 거죠.

ANNE : **I couldn't help myself.** 저는 어쩔 수가 없었어요.

Dialogue

A : You bought that dress, didn't you?

B : Oh, I'm sorry, honey. It was just so beautiful. I couldn't help myself.

A : 당신 그 드레스 샀지, 그렇지?

B : 아, 미안해, 여보. 너무 아름다웠어요. 나도 어쩔 수가 없었다고요.

That's an outrageous price! 터무니없는 가격이네!

형용사 outrageous는 사람에게 쓰일 경우에 '난폭한, 포악한'이란 뜻도 있지만, 물건의 가격이 outrageous 하다는 것은 그것이 터무니없이 비싸다는 것을 의미합니다. 즉, 어떤 물건이 터무니없이 비싸다면 "That's an outrageous price!"라고 외쳐주면 되지요. 가격이 비싸다고 할 때는 The price is steep.(=That's a steep price)도 즐겨 사용되는 표현이니 같이 기억해 두세요.

ANNE : **That's an outrageous price!** 터무니없는 가격이네!

Dialogue

A : I paid 4000 dollars for this new washing machine.

B : 4,000 dollars? Are you crazy? That's an outrageous price!

A : 나 이 새 세탁기를 사려고 4000 달러를 지불했어.

B : 4000 달러? 너 미쳤니? 터무니없는 가격이네!

Just a minute. 잠깐만 기다려요.

상대방에게 잠깐만 기다려달라는 의미로 사용되는 영어표현은 굉장히 많습니다. 그 중 하나가 바로 "Just a minute."이지요. 직역하면 "1분만요."란 뜻이지만, 굳이 1분이란 시간을 정확히 말한 것은 아니고, 단순히 아주 짧은 시간만 기다려 달라고 요청할 때 사용하는 말이지요. "Just a moment.", "Just a second." 역시 같은 뜻의 표현들입니다.

MISS STACEY : Just a minute, Anne. 잠깐만 기다려요, 앤.

Dialogue

A : I'm hanging up. I gotta go now.

B : Just a minute. Don't hang up.

A : 나 전화 끊을게. 나 이제 가봐야 해.

B : 잠깐만 기다려. 전화 끊지 마.

· **hang up** : (전화를) 끊다.

Class dismissed. 수업 끝.

'수업을 끝내다'를 영어로 'dismiss class'라고 합니다. 예를 들어, "김 선생님이 수업을 끝내셨다."란 말은 "Mr. Kim dismissed the class."라고 말하면 되지요. 그리고 선생님들이 학생들에게 "수업 끝!"이라고 말할 때는 간단히 "Class dismissed!"라고 합니다. 정확히는 class를 주어로 써서 수동태 형태인 Class is dismissed!이지만, 가운데 be동사를 생략하고 간단히 "Class dismissed!"라고 말하는 것이 관용표현처럼 굳어진 거죠.

ANNE : Class dismissed. 수업 끝.

Dialogue

A : That's all for today. Class dismissed.

B : Mrs. Johnson. But we still have 10 minutes left.

A : 오늘 수업은 이게 다다. 수업 끝.

B : 존슨 선생님. 하지만 아직 10분이나 남았는데요.

Good grief! 맙소사! / 세상에!

무언가에 의해 놀라거나, 감탄하거나, 혹은 당황했을 때 "맙소사!" 혹은 "세상에!"란 감탄사로 사용할 수 있는 영어표현이 바로 "Good grief!"입니다. 부정적인 내용에 대해서 아쉬움의 의미로 "Good grief!" 라고도 할 수 있고, 반대로 일이 긍정적으로 잘 풀린 상황에서 다행이란 의미로 "Good grief!"라고 할 수 있으니 상황에 맞춰 적절하게 사용하시면 됩니다.

MISS BROOKE : **Good grief** – crying over an English lesson!

맙소사 – 영어 수업에 울다니!

Dialogue

A : Jack gave me a job offer, but I turned it down.

B : Good grief! You should have taken It.

A : 잭이 내게 일자리를 제안했지만, 난 거절했어.

B : 맙소사! 그 제안을 받아들였어야지.

Exactly! 그렇죠! / 바로 그거죠!

상대방의 말에 강하게 긍정할 때, 한 단어로 쓸 수 있는 말이 바로 "Exactly!"입니다. 부사로 '정확하게'란 뜻인데, 회화에서는 "그렇죠! / 바로 그거죠!"란 강한 긍정의 뜻으로 사용할 수 있지요. 반대로, 상대의 말에 부정의 의미로 "꼭 그렇지는 않죠."란 말은 부정의 의미인 not을 붙여서 "Not exactly!" 라고 말하면 됩니다.

MISS BROOKE : **Exactly!** I was hoping you would assist me in the coaching.

바로 그거죠! 전 선생님께서 제가 가르치는 것을 도와주셨으면 하고 바래왔었어요.

Dialogue

A : He is not telling the truth. I'm sure he's lying.

B : Exactly. He is the last person you should trust.

A : 쟤는 사실을 말하고 있지 않아. 거짓말을 하고 있는 게 확실해.

B : 바로 그거야. 쟤는 네가 절대 믿어서는 안 될 사람이야.

It's all settled. 그럼 모든 게 결정됐어.

settle은 동사로 '결정하다'란 뜻이 있습니다. 결정해야 할 여러 가지 사안들이 모두 확정되었을 때는 "It's all settled."라고 말하면 됩니다. 물론 의논하고 있던 사항이 하나이고, 그것이 결정이 되었을 때는 간단히 "It's settled!"(결정됐어요.)라고 말하면 되지요.

MISS STACEY : Then, **it's all settled.** 그럼 모든 거 결정된거다.

Dialogue

A : Jack, we've decided to join the trip.

B : Good. Then, it's all settled. Let's hit the road!

A : 잭, 우리 여행에 같이 가기로 결심했어.
B : 좋아. 그럼 모든 게 결정됐네. 출발하자!

· hit the road : 출발하다

I'll see to the hiring of the hall and the band.

내가 홀과 밴드의 고용은 처리할게.

동사 see를 이용해 만들어지는 여러 가지 표현 중에 하나가 바로 see to입니다. 뭔가를 '해결하다, 처리하다'란 뜻이지요. 어떤 일을 자신이 처리하겠다는 의미로 원어민들이 즐겨하는 말 중에 하나가 바로 "I'll see to it."(내가 처리할게.)입니다. hiring은 '고용', '임대차'란 뜻이므로, see to the hiring of the hall and the band는 '밴드의 고용과 홀의 임대차 계약을 해결하다'란 뜻이 되는 거죠.

MISS BROOKE : **I'll see to the hiring of the hall and the band.**
내가 홀과 밴드의 고용은 처리할게.

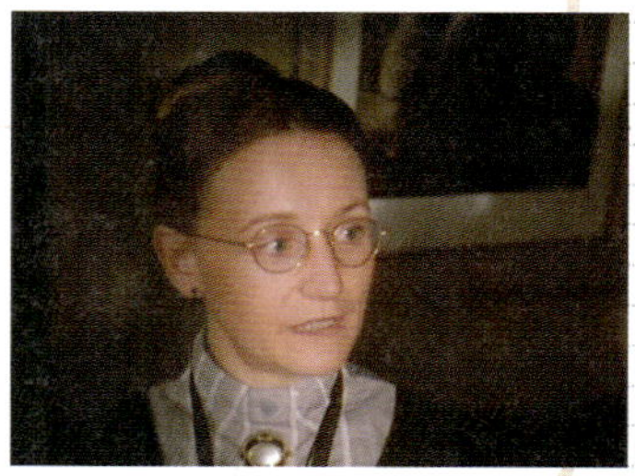

Dialogue

A : You're gonna win this game. I'll see to it.

B : Don't let me down.

A : 당신이 이 게임을 이기실 겁니다. 제가 처리하죠.
B : 날 실망시키지 말게.

앤이 추천하는 Pattern English

I'm determined to + 동사원형. 나 ~ 하기로 마음먹었어.

be determined to는 '~하기로 결심하다' 혹은 '~하기로 마음먹다'란 뜻이지요. 뭔가에 대해서 절대로 바뀌지 않을 굉장히 확고한 자신의 마음을 말하고자 할 때 유용하게 사용할 수 있는 패턴입니다.

ANNE : **I'm determined to** persevere. 전 인내하기로 마음먹었습니다.

ex

I'm determined to be optimistic. 난 낙관주의자가 되기로 마음먹었어.

I'm determined to have fun no matter what. 난 무슨 일이 있어도 즐기기로 마음먹었어.

I'm determined to become the best actor. 난 최고의 연기자가 되기로 마음먹었어.

I'm determined to lose weight. 난 살을 빼기로 마음먹었어.

I think that you should + 동사원형. 너 ~해야 할 것 같아.

상대방이 뭔가를 해야 함을 우회적으로 말할 때, 유용하게 쓸 수 있는 패턴이 바로 'I think that you should ~'입니다. 'You should ~'가 '넌 ~해야 해'라는 다소 직설적인 대화법이라면 앞에 자신의 생각이 그렇다는 단서로 I think를 붙여줘서 좀 더 말을 우회적으로 할 수 있는 것이죠. 이 때 that은 생략하고 'I think you should ~'의 패턴으로 사용해도 됩니다.

MISS STACEY : **I think that you should** have a look at these old diaries.
이 오래된 일기장들을 보셔야 할 것 같아요.

ex

I think that you should call him. 너 그에게 전화를 해야 할 것 같아.

I think that you should take a rest. 너 휴식을 취해야 할 것 같아.

I think that you should come to the wedding. 너 결혼식에 와야 할 것 같아.

I think that you should stop seeing her for a while. 너 당분간은 그녀를 만나지 말아야 할 것 같아.

She is here to + 동사원형. 그녀는 ~하러 여기에 오셨어요.

'She is here.'는 '그녀는 여기에 있다'란 뜻입니다. 그리고 왜 여기에 있는 건지 그 이유는 to 부정사를 뒤에 붙여서 설명해 줄 수 있지요. 즉, see you(널 보다)가 그녀가 이곳에 온 이유라면 "She is here to see you"라고 말하면 되는 겁니다.

MISS STACEY : **Miss Brooke is here to** discuss my suggestion of a play and benefit concert.

브룩 선생님은 연극과 자선콘서트에 대한 제 제안을 논의하시려고 여기에 오셨어요.

ex

She is here to talk to you. 그녀는 너와 이야기 하려고 여기에 온 거야.

She is here to arrest them. 그녀는 그들을 체포하려고 여기에 온 거야.

She is here to take him home. 그녀는 그를 집에 데려 가려고 여기에 온 거야

She is here to see her grandfather. 그녀는 할아버지를 보려고 여기에 온 거야.

I'll not allow A to 동사원형. 난 A가 ~하는 것을 허락지 않을 거야.

allow로 'allow + 목적어 + 목적보어'의 5형식 어순의 문장을 만들 수 있습니다. 이 때 해석은 ['목적어'가 '목적보어'하는 것을 허락하다]가 되죠. 목적보어의 위치에는 'to 부정사'만 올 수 있습니다. 이를 활용해, 누군가 어떤 행위를 하는 것을 용납하지 않겠다는 의지를 말할 수 있는 'I'll not allow A to + 동사원형'의 패턴을 연습해 두세요.

ANNE : **I will not allow** the Pringles **to** dictate our system of education.

난 프링글 가족이 우리의 교육시스템을 좌지우지 하는 것을 허락하지 않을 거야.

ex

I'll not allow you to stay here. 난 네가 여기 머무는 것을 허락하지 않을 거야.

I'll not allow him to insult me again. 난 그가 다시 날 모욕하는 걸 허락하지 않을 거야.

I'll not allow them to marry each other. 난 그들이 결혼하는 것을 허락하지 않을 거야.

I'll not allow her to behave like that. 난 그녀가 그렇게 행동하는 것을 허락하지 않을 거야.

SCENE33

School auditorium

연극 연습이 한창인 강당에서 앤은 직접 연기를 보여주며 아이들에게 연기 지도를 합니다. 그러던 중, 몰래 지켜보고 있던 에멜라인을 보고 쫓아나가는데요, 그녀는 자신도 연극을 정말 해보고 싶었다며 눈물을 흘립니다. 학교를 보내지 않기로 결심한 아빠 때문에 에멜라인은 할머니 집에서 홀로 시간을 보내는데요, 이에 앤은 그녀에게 자신이 찾아가 부탁해 보겠노라고 약속합니다. 하지만, 집에 들어가지도 못한 채 거절당한 앤은, 자신이 갖고 있는 프링글 가족에 대한 글을 핑계로 편지를 씁니다. 에멜라인의 할머니는 자신의 죽은 남편에 대한 안 좋은 글들이 쓰여 있는 그 글을 읽고는 앤이 그녀를 협박하러 온 줄 알고 얼마를 원하냐고 하지만, 앤은 그저 에멜라인을 자신이 가르칠 수 있게 해달라고 말합니다. 앤은 그렇게 그녀의 집을 방문해 개인지도를 해주게 되고, 그녀가 원하던 연극연습을 할 수 있도록 대본도 한 권 몰래 가져다줍니다.

Then I'm ready to negotiate.

그렇다면, 난 협상할 준비가 되어 있소.

mp3

MRS. HARRIS : Who else has seen these?

ANNE : No one, as far as I know.

MRS. HARRIS : Then I'm ready to negotiate. I will give you what you want if you give me your word not to reveal this monstrosity to the rest of the Pringles.

ANNE : I was only hoping I might convince you to let me tutor your granddaughter Emmeline as I understand that she will not be returning to school.

MRS. HARRIS : Oh, clever, aren't we? Sugarcoated blackmail! You want a regular salary to keep you quiet, is that it?

ANNE : I beg your pardon?

MRS. HARRIS : 또 다른 누가 이걸 봤지?

ANNE : 제가 아는 한, 아무도 없어요.

MRS. HARRIS : 그렇다면 협상하겠네. 다른 프링글가 사람들에게 이것에 대해서 말하지 않는다고 약속한다면 당신이 원하는 것을 주겠어.

ANNE : 전 단지 당신의 손녀딸인 에멜라인에게 과외를 해주도록 허락해주셨으면 해요. 그녀가 학교를 못 오니까요.

MRS. HARRIS : 오, 영리하군. 교묘한 협박이야! 비밀을 지키는 대가로 정기적으로 돈을 달라 이거지, 그렇지 않나?

ANNE : 무슨 말씀이세요?

Anne's Essential Expressions

No one, as far as I know. 내가 아는 한은 아무도 없어요.

as far as는 '~하는 한'이란 뜻으로 사용되는 표현입니다. 예를 들어, "내가 아는 한 그는 널 사랑해."란 말은 "As far as I know, he loves you."(=He loves you as far as I know)라고 말하면 되지요. 드라마에서는 편지를 읽은 사람이 또 있냐고 묻는 질문에 "자신이 아는 한은 없다."란 말을 "No one, as far as I know."라고 말해주고 있습니다.

ANNE : **No one, as far as I know.** 내가 아는 한은 아무도 없어요.

Dialogue

A : Does anyone else know where he is?

B : No one, as far as I know.

A : 그가 어디에 있는지 아는 다른 사람이 있나요?

B : 내가 아는 한은 아무도 없어요.

You're in luck. 너 운이 좋구나.

be in luck은 '재수가 있다, 운이 좋다'란 뜻의 표현입니다. 무언가 재수 좋은 일이 상대방에게 생긴다면 "You're in luck."이라고 말하면 되는 거죠. 혹은 간단히 '운좋은'이란 뜻의 형용사 lucky를 써서 "You're lucky."라고 말해도 되고요. 반대로 '운이 없다, 재수가 없다'는 be out of luck이라고 하면 됩니다. ex) You're out of luck.(너 재수가 없구나.)

ANNE : **Well, you're in luck.** 너 운이 좋구나.

Dialogue

A : Do you have any tickets left for the concert?

B : You're in luck. We just have one left.

A : 콘서트 표 남은 게 있으신가요?

B : 운이 좋으시네요. 한 장이 남았습니다.

I promise I will come by tomorrow. 내일 들르겠다고 약속할 게.

어느 장소에 오래 머물 목적이 아니라 '잠깐 들르다'란 의미로 사용할 수 있는 표현이 바로 come by입니다. 상대방에게 "잠깐 우리 집에 들러."라고 하고 싶다면 come by를 사용해서 "Come by my house."라고 말하면 되지요. come by와 비슷한 표현으로 drop by와 swing by도 같이 기억해 두세요. ex) I'll drop[swing] by your house later.(나중에 네 집에 들를게.)

ANNE : **I promise I will come by tomorrow.**
내일 들르겠다고 약속할게.

Dialogue

A : I promise I will come by tomorrow.

B : Okay. See you then.

A : 내일 들르겠다고 약속할게.
B : 알았어. 그 때 보자.

May I speak with Emmeline Harris?

에멜라인 해리스 씨와 얘기를 나눌 수 있을까요?

상대방에게 공손하게 무언가를 해도 되는지 여부를 물어볼 때는 'May I ~?'로 말을 시작하면 됩니다. 우리말로 '~해도 될까요?'란 뜻이지요. 누군가와 이야기를 나누고 싶다면 speak with(~와 이야기하다)를 넣어서 'May I speak with ~?'라고 질문을 던지시면 됩니다. 이 질문은 전화 통화시에도 유용하게 쓰일 수 있지요. speak with 대신에 speak to를 넣어서 'May I speak to ~?'라고 물어도 되지요.

ANNE : **May I speak with Emmeline Harris?**
이멜라인 해리스 씨와 얘기를 나눌 수 있을까요?

Dialogue

A : May I speak with John?

B : Okay. Please wait here. I'll go get him.

A : 존과 얘기를 나눌 수 있을가요?
B : 알았어요. 여기서 기다려요. 가서 데려올게요.

Off you go. 그만 가봐요.

상대방에게 이제 그만 가보라고 말할 때는 "Off you go."라고 말하세요. 단순히 Go!라고 하면 명령문으로 "가!"라는 뜻이 되지만 "Off you go."는 좀 더 부드럽게 상대방에게 가도 된다는 의미로 사용할 수 있는 표현이지요. "You may go now."(이제 가셔도 돼요.)란 문장도 같이 기억해 두도록 하세요.

ANNE : **Off you go.** 그만 가 보거라.

Dialogue

A : Can you meet me at the playground in 10 minutes?

B : All right. Off you go.

A : 10분 후에 운동장에서 나랑 만날 수 있어요?

B : 알았어요. 그만 가봐요.

Innocent as doves, cunning as serpents.

비둘기처럼 순진한 척하지만, 뱀처럼 교활하구나.

as 형용사 as는 '~만큼 …한'이란 뜻으로 사용되는 원급 비교 표현입니다. 즉, as innocent as doves는 '비둘기처럼 순진한'이란 뜻이고, as cunning as serpents는 '뱀처럼 교활한'이란 뜻이죠. 성경에 나오는 "Be as shrewd as snakes and as innocent as doves."(뱀처럼 기민하고 비둘기처럼 순진해라.)란 구절을 응용한 대사인데요, 원래 완전한 문장은 "She's as innocent as doves, but cunning as serpents."이지만 앞부분과 접속사는 생략하고 간단히 핵심만 집어서 말을 한 문장입니다.

MRS. HARRIS : **Innocent as doves, cunning as serpents.**
비둘기처럼 순진한 척 하지만, 뱀처럼 교활하구나.

Dialogue

A : I don't like that girl. She only tries to look as innocent as doves.

B : Yeah, you're right. She's as cunning as serpents.

A : 난 재 마음에 안 들어. 잰 순진한 척하려는 것뿐이야.

B : 응, 네 말이 맞아. 교활한 애지.

I beg your pardon? 뭐라고 하셨죠?

상대방이 한 말을 제대로 알아듣지 못했을 때, "뭐라고 하셨죠?"라고 할 때 "I beg your pardon?"을 끝을 올려 말하면 됩니다. 그냥 평서문처럼 내려서 말하면 "용서해 주십시오."란 전혀 다른 의미가 됩니다. 상대방에게 "뭐라고 하셨죠?"란 뜻으로 쓸 수 있는 기타 표현에는 Pardon? / I'm sorry? / Excuse me? / Come again? 등이 있으니 같이 기억해 두세요.

ANNE : **I beg your pardon?** 뭐라고 하셨죠?

Dialogue

A : Excuse me, can you tell me how to get to the City Hall?

B : I beg your pardon? Please speak slowly.

A : 실례합니다. 시청에 어떻게 가는지 좀 알려 주시겠어요?

B : 뭐라고 하셨죠? 천천히 말씀해 주세요.

He's very occupied with his business affairs.

그는 사업 일로 굉장히 바빠요.

be occupied with는 '~으로 바쁘다'란 표현입니다. 전치사 with 대신에 in을 쓸 수도 있지요. 제목의 표현은 뭔가에 몰두하느라 바쁜 상황에 쓸 수 있는 표현이지요. business affairs는 '사업, 업무'란 뜻이므로 "He's very occupied with his business affairs."는 "그는 사업 일로 굉장히 바빠요."란 뜻이 됩니다. 참고로 affair는 '불륜'이란 뜻도 있으니 혼동하지 않도록 주의하세요. ex) He is having an affair.(그는 바람을 피우고 있어요.)

EMMELINE : **He's very occupied with his business affairs.**
그는 사업 일로 굉장히 바빠요.

Dialogue

A : Have you talked to Jason lately?

B : No, I haven't. I think he's very occupied with his business affairs.

A : 너 최근에 제이슨과 얘기를 나눠봤니?

B : 아니, 못 해봤어. 걔 사업 일로 굉장히 바쁜 것 같아.

앤이 추천하는 Pattern English

You don't want to + 동사원형. 너 ~ 하고 싶지 않을 거야.

상대방에게 '너 ~하고 싶지 않을걸'이란 뜻으로 사용할 수 있는 패턴이 바로 'You don't want to ~'입니다. 직역해서 '넌 ~ 하길 원하지 않는다'란 식으로 해석하면 어색하고, 상황에 맞게 '너 ~ 하고 싶지 않을걸' 혹은 '너 ~ 하고 싶지 않을 거야'로 해석해 주면 됩니다. want to는 주로 wanna로 부드럽게 말하죠.

EMMELINE : **You don't want to** fall behind. 너 뒤쳐지고 싶지 않을 걸.

ex

You don't want to find out the truth. 너 진실을 알고 싶지 않을 거야.

You don't want to piss me off. 너 날 화나게 하고 싶지 않을걸.

You don't want to do that. 너 그러고 싶지 않을 거야.

You don't want to see that movie. 너 그 영화 보고 싶지 않을걸.

She isn't allowed to + 동사원형. 그녀는 ~ 하면 안 돼요.

동사 allow는 무언가를 하는 것을 '허락하다'란 뜻입니다. 이를 수동형인 'be allowed to'로 쓰면 '~하는 것이 허락되다', 부정형인 'be not allowed to'는 '~하는 것이 허락되지 않다'란 의미가 되죠. can't가 할 수 있는 능력이 없는 거라면 'not allowed to'는 외부 세력에 의해서 할 수 없는 것이므로 의미상 차이가 있는 겁니다.

MAID : **She isn't allowed to** have visitors. 그녀는 면회자를 받으실 수 없습니다.

ex

She isn't allowed to go anywhere today. 그녀는 오늘 어디에도 가서는 안 돼요.

She isn't allowed to hang around with Ron. 그녀는 론이랑 어울리면 안 돼요.

She isn't allowed to have a boyfriend. 그녀는 남자친구를 사귀면 안 돼요.

She isn't allowed to drink dairy products. 그녀는 유제품을 마셔서는 안 돼요.

We tend to + 동사. 우린 ~하는 경향이 있어요.

tend to는 '~하는 경향이 있다'란 뜻입니다. 반드시 그런 것은 아니지만 확률적으로 봤을 때, 그럴 가능성이 더 크다는 것을 말할 때 쓸 수 있는 표현이지요. to 뒤에는 동사원형이 위치해야 합니다. 주어를 바꾸어 I tend to~ / You tend to ~ / We tend to ~ 등으로 다양하게 연습하세요.

MRS. HARRIS : Well, **we tend to** be a little suspicious of strangers in Kingspo.
음, 킹스포에서는 낯선 사람들에 대해 다소 의심을 하는 경향이 있어요.

ex

We tend to judge others by their behavior. 우리는 다른 사람들을 그들의 행동으로 판단하는 경향이 있어요.

We tend to ignore young people. 우리는 젊은 사람들을 무시하는 경향이 있어요.

We tend to forget history. 우리는 역사를 잊는 경향이 있어요.

We tend to be late in responding to new trends. 우리는 새로운 유행에 늦게 반응하는 경향이 있어요.

I've never had much of a chance to + 동사원형. 난 ~ 할 기회가 결코 많지 않았어요.

'I've never + p.p.'는 과거에도 그렇고 지금도 그렇고 뭔가를 결코 해 본 적이 없다는 뜻입니다. 이를 활용해, '지금까지 뭔가를 해볼 기회가 많지 않았다'는 말은 'I've never had much of a chance to ~' 패턴을 사용해 말할 수 있습니다.

MRS. HARRIS : **I've never had much of a chance to** do anything.
난 그 어떤 것도 해볼 만한 기회가 결코 많지 않았어요.

ex

I've never had much of a chance to talk to my dad. 난 아버지랑 대화를 할 기회가 결코 많지 않았어요.

I've never had much of a chance to enjoy my youth. 난 내 젊음을 즐길 기회가 결코 많지 않았어요.

I've never had much of a chance to travel abroad. 난 해외로 여행할 기회가 결코 많지 않았어요.

I've never had much of a chance to know Susan. 난 수잔을 알 기회가 결코 많지 않았어요.

SCENE 34

Emmeline's room

에멜라인의 집에 간 앤은 그녀의 할머니가 딸인 폴린을 사촌의 결혼기념일 파티에 못 가게 하는 것을 알게 됩니다. 앤은 할머니를 설득해서 그녀를 가게 허락을 받아주고, 대신 자신이 함께 있어주기로 하죠. 폴린은 뛸듯이 기뻐하지만, 입고 갈 옷이 없어 걱정을 합니다. 이에 앤이 할머니 몰래 자신의 옷을 빌려주고, 그녀는 그 옷을 자신의 검정 옷 안에 숨긴 채 파티에 가죠.

에멜라인의 할머니와 시간을 보내기로 한 앤은 몰래 계획해둔 것이 있는데요. 자신의 학생들에게 할머니가 초대했다며 모두 불러냅니다. 그리고 밖으로 한 발짝도 나가지 않던 할머니를 설득해 밖으로 모시고 나가죠.

Miss Shirley and I can even stay with you.

셜리 선생님과 제가 할머니를 봐드릴 수 있어요.

mp3

MRS. HARRIS	:	I'm not stopping her. I left it to her own conscience.
ANNE	:	No one will ever believe that excuse.
EMMELINE	:	Miss Shirley and I can even stay with you, Grandmama.
ANNE	:	Why, Pauline could probably be there and back in a day!
MRS. HARRIS	:	There's something behind all this, isn't there? Why are you all so set on her going?
ANNE	:	Because she's a good kind daughter who needs a day off now and then.

MRS. HARRIS	:	내가 그녀를 못 가게 하는 게 아니야. 그녀의 양심에 맡긴 거지.
ANNE	:	그 변명은 아무도 안 믿을 거예요.
EMMELINE	:	셜리 선생님과 제가 할머니랑 같이 있을게요.
ANNE	:	그럼요, 폴린은 가서 하루도 안 돼서 돌아올 텐데요.
MRS. HARRIS	:	뭔 꿍꿍이가 있구나, 그렇지? 왜 다들 그렇게 재를 못 보내서 안달이야?
ANNE	:	그녀는 착한 딸이잖아요. 그녀도 가끔은 쉬는 날이 있어야죠.

Anne's Essential Expressions

How do I look? 저 어때요?

새 옷을 입거나 새 머리를 했을 때 상대방에게 "나 어때?"라고 물어볼 때 사용할 수 있는 영어 표현이 How do I look?입니다. 이에 대한 답변으로는 'You look + 형용사'의 패턴을 활용해 You look great.(너 멋져 보여), You look pretty.(너 귀여워 보여)처럼 대답해 주시면 됩니다.

PAULINE : Oh, Miss Shirley, **how do I look?**
아, 셜리 선생님, 저 어때요?

Dialogue

A : How do I look?
B : You look so beautiful.

A : 저 어때요?
B : 정말 아름다워요.

That piano isn't meant to be played!

저 피아노는 연주해서는 안 돼요.

'be meant to + 동사원형'은 '~하기로 되어있다'란 뜻의 표현입니다. 본 문장을 직역하면 "저 피아노가 연주되어지게 되어 있지 않다." 즉, "저 피아노는 연주하지 않기로 되어 있다."(=저 피아노는 연주해서는 안 된다)란 뜻이 되는 거죠.

MRS. HARRIS : **That piano isn't meant to be played!**
저 피아노는 연주해서는 안돼요.

Dialogue

A : I just played that piano. It sounded fine.
B : Hey, that piano isn't meant to be played!

A : 나 방금 저 피아노 쳤어. 소리가 괜찮더라.
B : 뭐? 저 피아노는 연주해서는 안 되는 거야.

It hurts. 아파!

어디가 다쳤을 때나 아플 때 우리는 "아파!"라고 합니다. 영어로는 '아프다'란 뜻의 동사 hurt와 가주어 it을 사용해서 "It hurts!"라고 말하면 됩니다. "I'm sick."는 일반적으로 "몸이 아프다."라는 것을 뜻하지만 "It hurts."는 어느 특정 부위가 아프다고 말할 때 쓸 수 있는 표현이지요.

MRS. HARRIS : Oh, oh my back, my back, **it hurts!**

아, 내 등, 내 등, 아파!

Dialogue

A : I've always wanted to know what it felt like to be shot.

B : It hurts. I don't recommend it.

A : 난 항상 총에 맞으면 어떤 기분이 들지 알고 싶었어요.

B : 아파. 별로 추천하고 싶지 않아.

I've got such a pain in my head. 머리가 너무 아파요.

pain은 '고통'이란 뜻의 명사입니다. 신체의 어느 부분에 크게 아픔이 느껴진다면 'have got such a pain in + 신체부위'의 표현을 사용하면 그 신체 부위에 커다란 고통(such a pain)이 있다는 뜻이 되죠. 예를 들어, '배가 너무 아프다'는 'have got such a pain in one's stomach', '등이 너무 아프다'는 "have got such a pain in one's back'이라고 말하면 되는 거죠.

MRS. HARRIS : Oh, **I've got such a pain in my head.**

오, 머리가 너무 아파요.

Dialogue

A : Got some asprin? I've got such a pain in my head.

B : I think I have. Hold on a sec. I'll go get it.

A : 너 아스피린 있니? 머리가 너무 아파서.

B : 있는 것 같아. 잠깐만. 내가 가서 가져올게.

I'm sure you'll get along with Miss Shirley.

셜리 선생님과 잘 어울리실 거라고 확신해요.

get along은 다른 사람들과 '어울리다, 잘 어울리다'란 뜻의 표현입니다. 뒤에 부사 well이 붙어서 get along well이라고 해도 되고, 그냥 get along이라고 해도 되지요. 구체적으로 누구와 어울려 지내는지를 말할 때는 전치사 with와 함께 그 대상을 언급해 주면 됩니다.

PAULINE : **I'm sure you'll get along with Miss Shirley** splendidly. Mama!
난 엄마가 셜리 선생님과 더할 나위 없이 잘 어울리실 거라고 확신해요.

Dialogue

A : Did you get along with your father?

B : No, he had his own point of view.

A : 당신은 아버지와 잘 어울려 지내셨나요?

B : 아니요. 아버진 자신만의 사고방식이 있으셨어요.

· point of view : 사고방식, 견해

I have an announcement to make.

발표할 게 있어요. / 말씀드릴 게 있어요.

공식적으로 사람(들)에게 전달할 말이 있을 때, 교실이나 회사, 공공장소 등에서 주로 사용되는 표현입니다. 'I have + 명사 + to make'(나 ~ 할 게 있어)는 마치 패턴처럼 사용할 수가 있는데요, 가령 "나 결정을 할 게 있어."는 "I have a decision to make.", "나 고백할 게 있어."는 "I have a confession to make."라고 말하면 됩니다.

ANNE : Before you go, **I have one announcement to make.**
가시기 전에 제가 발표할 게 있어요.

Dialogue

A : Listen, guys. I have an announcement to make.

B : We're listening.

A : 들어봐, 얘들아. 나 발표할 게 있어.

B : 듣고 있어.

Have it you way. 하고 싶은 대로 해.

버거킹 광고에서도 등장하는 문구가 바로 "Have it your way."입니다. 여기서 way는 '길'이 아니라 '방식'이란 뜻으로, 즉 이 문장은 "당신 방식대로 하세요." "하고 싶은 대로 하세요."란 뜻이 됩니다. 버거킹에서는 햄버거의 내용물을 원하는 대로 정해서 드시라는 의미로 "Have it your way!"라는 광고 문구를 사용했습니다.

MRS. HARRIS : **Have it your way.** 하고 싶은 대로 해.

Dialogue

A : Do you think I should lend him the money he asked?

B : I don't know. Have it your way.

A : 너 내가 그에게 그가 요구한 돈을 빌려 주어야 한다고 생각하니?

B : 모르겠어. 하고 싶은 대로 해.

You're going to have the "day off" of your life.

넌 네 인생에 있어서 가장 멋진 하루 휴가를 얻게 될 거야.

직장인들에게 있어서 일상 속에서 하루의 휴가만큼 달콤한 것은 없습니다. 정기휴가가 아닌 '쉬는 날'을 영어로 day off라고 부릅니다. 하루 쉬는 것은 a day off, 이틀 쉬는 것은 two days off라고 하지요. 동사 have, get, take를 써서 have a day off / get a day off / take a day off는 모두 '하루 휴가를 얻다'란 뜻입니다. 본 문장에서의 have the day of your life는 '네 인생에 있어서 가장 멋진 하루 휴가를 얻다'란 뜻이지요.
ex) have the time of your life (네 인생에서 가장 멋진 시간을 보내다)

ANNE : **You're going to have the "day off" of your life.**
넌 네 인생에 있어서 가장 멋진 하루 휴가를 얻게 될 거야.

Dialogue

A : Mr. Johnson. Can I take a day off tomorrow?

B : May I ask why?

A : 존슨 씨, 저 내일 하루 쉬어도 될까요?

B : 이유를 물어도 될까요?

앤이 추천하는 Pattern English

She is here for + 명사. 그녀는 ~를 위해 여기에 왔어요.

이 표현은 'She is here to + 동사원형'과 의미는 같지만, 전치사 for 뒤에 명사를 붙여서 온 이유를 설명하는 패턴입니다. ex) I'm here for the party.(나 파티를 위해 여기에 왔어요.)

MAID : **Miss Shirley is here for** your tutorial, Miss.
셜리 선생님이 개별지도를 위해서 여기에 오셨습니다.

ex

She is here for the holidays. 그녀는 휴가를 위해 여기에 왔어요.

She is here for the cultural exchange. 그녀는 문화 교류를 위해 여기에 왔어요.

She is here for the adventure. 그녀는 모험을 위해 여기에 왔어요.

She is here for a reason. 그녀는 여기 온 데는 이유가 있습니다.

Who gave you permission to + 동사원형? 누가 네게 ~하라는 허락을 했니?

permission은 '허가, 허락'이란 뜻의 명사입니다. 즉, give permission은 '허락을 하다, 허가를 하다'란 뜻이 되고, 무엇을 하는 것에 대한 허가인지를 설명하기 위해서는 뒤에 'to 부정사'로 문장을 연결해 주면 됩니다.

MRS. HARRIS : **Who gave you permission to** play that piano?
누가 네게 피아노를 쳐도 된다고 허락했니?

ex

Who gave you permission to come in here? 누가 네게 이 안으로 들어오라고 허락했니?

Who gave you permission to take a day off? 누가 네게 하루 쉬라고 허락했니?

Who gave you permission to take a picture? 누가 네게 사진을 찍어도 된다고 허락했니?

Who gave you permission to post my picture on the internet?
누가 네게 인터넷에 내 사진 올리라고 허락했니?

I'm told that + 주어 + 동사 ~. 전 ~ 라는 말을 들(었)어요.

tell은 '말하다'란 동사입니다. 수동형인 be told는 무언가를 다른 사람으로부터 '듣다'란 뜻이 되지요. 즉, 다른 사람으로부터 내가 전해들은 이야기를 말 할 때는 'I'm told that ~' 패턴을 사용하시면 됩니다. 우리말로 '전 ~라고 들었어요'라고 해석해 주면 되지요. that절 이하는 구체적으로 들은 내용을 '주어 + 동사 ~'의 완전한 문장으로 연결시켜서 말해주면 되는 거지요.

ANNE : <u>**I'm told that**</u> most of the young Pringle girls in Kingsport have private lessons.
전 킹스포트의 대부분의 젊은 프링글 가 여자들은 개인수업을 받는다는 말을 들었어요.

ex

I'm told that I'm very talented and funny. 전 제가 굉장히 재능이 많고 재미있다는 말을 들었어요.

I'm told that it's a scary movie. 전 그게 무서운 영화라는 말을 들었어요.

I'm told that they are full of shit. 그들은 허풍뿐이라는 말을 들었어요.

I'm told that the food is not good for our health. 전 그 음식이 우리 건강에 좋지 않다는 말을 들었어요.

There's no need to + 동사원형. ~ 할 필요는 없어요.

There is는 '~가 있다'는 뜻의 유도부사구문입니다. need는 '필요성'이란 명사 뜻을 가지고 있어서 'There is no need to ~'는 '~할 필요가 없다'는 뜻이 되지요. 예를 들어, 이미 다 밝혀진 사실을 대해서 상대방이 계속 거짓말을 하려고 한다면 "There's no need to lie anymore."(더 이상 거짓말을 할 필요가 없습니다.)라고 말하면 되는 거죠.

MRS.HARRIS : <u>**There's no need to**</u> throw my age up in my face.
내 앞에서 내 나이를 끄집어 낼 필요는 없다.

ex

There's no need to panic. 당황할 필요는 없어요.

There's no need to rush anything. 어떤 것도 서두를 필요는 없어요.

There's no need to complicate things. 일들을 복잡하게 만들 필요는 없어요.

There's no need to put on a happy face. 행복한 얼굴인 척할 필요 없어요.

SCENE 35

Maple hurst

앤은 에멜라인과 그녀의 할머니를 모시고 피크닉을 나가는데요. 할머니는 자신은 절대 밖에 나가지 않는다며 큰소리를 치지만 결국 앤을 못 이기는 척 따라갑니다. 정말 오랜만에 밖에 나온 할머니는 아이들이 준비해온 선물을 받고 기뻐하며 나름 즐거운 시간을 보냅니다. 피크닉이 끝난 후 모두 집으로 돌아오고, 그 때 마침 집으로 오던 폴린은 자신의 엄마가 밖에 나와 있는 것을 보고는 깜짝 놀라 달려갑니다.

모두가 각자 집으로 갈 준비를 하고 있는데, 에멜라인의 아빠인 모건이 오게 되고, 그는 자신의 딸이 학교 친구들과 있는 것을 보고는 화를 내며 딸에게 집으로 당장 들어가라고 하죠. 그리고 앤을 불러 이야기를 하는데요. 대화를 나누던 중, 서로 화를 내게 되고, 모건 또한 기분이 상합니다. 앤은 그에게 에멜라인이 아빠에게 보냈지만 돌아온 편지를 건네주며, 딸에게 관심을 가지라고 조언하죠.

I don't care to discuss it.

난 그것에 대해서 얘기하고 싶지 않아요.

mp3

HARRIS	:	Whoa, whoa. Come back here, miss. You're upset by what the Pringles think of you?
ANNE	:	I don't care to discuss it, if you don't mind.
HARRIS	:	I'm sorry. You're afraid the Pringle rumours might reinforce my conclusions about you…
ANNE	:	Your conclusions? Don't flatter yourself!
HARRIS	:	You might be interested in listening to what I actually had to say in your defense!
ANNE	:	You ought to look around and see if there's anyone you would like to listen to better than yourself! I took it upon myself to see that this was delivered to you. I'm sure you're far too busy to forward a change of address to your daughter. If you weren't so self absorbed, sir, you'd realize there's a little girl who desperately loves you.

HARRIS	:	워, 워. 이리 와봐요. 당신 프링글스 사람들이 하는 말 때문에 화가 났군요.
ANNE	:	괜찮으시다면, 전 그것에 대해서 말하고 싶지 않은데요.
HARRIS	:	미안해요. 그들이 하는 말이 당신에 대한 내 생각에도 영향을 미칠까봐 걱정하는군요.
ANNE	:	당신 생각이요? 잘난 척하지 마세요!
HARRIS	:	내가 당신을 두둔하려고 뭐라고 말했는지 궁금하실 걸요.
ANNE	:	당신 자신 말고 누가 당신 말을 듣고 싶어하는지 주변을 둘러보세요. 이건 당신에게 배달됐던 편진데, 제가 갖고 있었어요. 딸에게 바뀐 주소도 안 알려줄 만큼 많이 바쁘셨나 보네요. 당신이 자신밖에 모르는 사람이 아니었다면 당신을 사랑하는 어린 딸이 있다는 걸 깨달았을 거예요.

Anne's Essential Expressions

Don't flatter yourself. 잘난 척하지 마세요.

우리말로 "잘난 척하지 마세요." 혹은 "우쭐해 하지 마세요."란 뜻으로 사용할 수 있는 표현이 바로 "Don't flatter yourself."입니다. flatter는 '아첨하다'란 뜻을 가진 동사인데, 잘난 척하거나 우쭐해 하는 사람은 마치 스스로가 자신에게 아첨을 하는 것과 같은 것이기에 "Don't flatter yourself."라고 말할 수 있는 것이죠.

ANNE : **Don't flatter yourself.** 잘난 척하지 마세요.

Dialogue

A : I know you're into me. You always blushes when I look at you.

B : Oh, don't flatter yourself. You're not my type.

A : 네가 날 좋아하는 거 알아. 내가 널 볼 때마다 넌 얼굴이 빨개지잖아.

B : 아, 잘난 척하지 마. 넌 내 타입이 아냐.

I'll catch up. 내가 곧 따라갈게요.

catch up은 뒤쳐져 있던 사람이 앞서 있던 사람을 '따라잡다'란 의미로 사용되는 표현입니다. 꼭 거리상으로 따라잡는 것 외에도 학교공부, 밀린 숙제, 간만에 만난 친구끼리의 소식 등에도 이 표현을 쓸 수 있죠. 구체적으로 어떤 대상을 따라잡는지는 전치사 with를 써서 뒤에 언급해 줄 수 있습니다.

ANNE : You run along, Miss Kerr. **I'll catch up.**
먼저 뛰어가세요, 커 선생님. 제가 곧 따라갈게요.

Dialogue

A : Hurry up. We're running late.

B : Why don't you go ahead? I'll catch up.

A : 서둘러. 우리 늦었어.

B : 너 먼저 가는 게 어때? 내가 곧 따라갈게.

We'll have a lovely carriage ride.

우린 멋진 마차 드라이브를 할 거예요.

명사 ride는 차, 마차 등에 '탐, 태움, 타고 감'이란 뜻을 가지고 있습니다. 그래서 have a ride는 '타다, 드라이브 하다'란 뜻이 되지요. 상대방의 차에 타도 되는지를 물을 때는 "Can I have a ride?", 내게 차를 태워 줄 수 있는지를 물을 때는 "Can you give me a ride?"라고 하면 됩니다. 여기서는 a ride를 구체적으로 a lovely carriage ride(멋진 마차 드라이브)라고 말해 주고 있지요.

ANNE : We'll have a lovely carriage ride. 우린 멋진 마차 드라이브를 할 거예요.

Dialogue

A : Hey, Jack. I'm going to the mall. Can I have a ride?

B : Yeah, sure. Hop in.

A : 야, 잭. 나 몰에 가는 중이야. 나 차에 타도 돼?

B : 응, 물론이지. 타.

· Hop in! : (차에) 타!

Yes, served him right. 응, 걔 꼴좋다.

잘못을 한 상대방에게 그에 합당한 어떤 일이 벌어졌을 때, 우린 보통 "꼴좋~다."라고 말하고는 합니다. 상대방에게 벌어진 나쁜 일을 고소해 하는 것이죠. 이에 해당하는 영어표현이 바로 "It serves someone right."입니다. 이때 의미가 없는 주어 역할을 하는 It은 생략하고 간단히 "Serve(d) someone right."이라고만 해도 됩니다.

MRS. HARRIS : Yes, served him right. 응, 걔 꼴좋다.

Dialogue

A : Tom finally got kicked out of school.

B : Served him right. He's just a trash.

A : 탐이 마침내 퇴학당했어.

B : 꼴좋다. 걘 그냥 쓰레기야.

· get kicked out of school : 퇴학당하다

You'll pay for this. 어디 두고 보자.

복수를 다짐하며 상대방에게 "어디 두고 보자"란 뜻으로 할 수 있는 말이 바로 "You'll pay for this."입니다. 동사 pay는 물건에 대한 값을 지불한다는 뜻도 있지만, 어떤 잘못이나 행동에 대한 '대가'를 지불한다는 뜻도 있기 때문이죠. 즉, "You'll pay for this."는 상대방이 한 행동이나 어떤 상황에 대해서 그 사람이 대가를 치르게 될 것이란 의미로 우리말 "어디 두고 보자."로 해석될 수 있는 문장입니다.

MRS. HARRIS : You'll pay for this. 어디 두고 보자.

Dialogue

A : You S.O.B. You just broke my nose! You'll pay for this.

B : Oh, yeah? What are you gonna do?

A : 너, 개자식. 너 내 코를 부러뜨렸어. 어디 두고 보자.

B : 오, 그래? 뭘 어쩔 건데?

· S.O.B. : = Son Of Bitch. 개자식.

Thanks to you, I was very nearly fired!

당신 때문에, 전 정말 거의 해고당할 뻔했어요.

'Thanks to + 사람'은 '~ 덕분에'란 뜻입니다. Thanks to you는 '네 덕분에'란 뜻이 되는 거죠. 감사의 의미로 상대방에게 'Thanks to ~'를 쓸 수도 있지만, 반대로 누구 때문에 이렇게 됐다는 식의 비꼼의 의미로도 사용할 수 있습니다. 동사 fire는 '해고하다'란 뜻이고, be fired는 '해고당하다'란 뜻입니다.

ANNE : Thanks to you, I was very nearly fired!
당신 때문에, 전 정말 거의 해고당할 뻔 했어요.

Dialogue

A : Thanks to you, I was very nearly fired.

B : I know, and I'm really sorry. I didn't mean to get you fired.

A : 당신 덕분에, 전 정말 거의 해고당할 뻔 했어요.

B : 알아요, 그리고 정말 미안해요. 당신을 해고당하게 하려 했던 건 아니었어요.

If I catch cold, I shall hold you responsible.

내가 감기에 걸리면 네 책임이라고 할 거야.

hold someone responsible은 '~에게 책임을 지우다'란 뜻입니다. shall은 '~할 것이다'란 미래를 나타내므로, "I shall hold you responsible."은 "난 너희들에게 책임을 지울 거야."란 뜻이 되는 거죠. 참고로, make oneself responsible은 '스스로 책임을 지다'란 뜻이니 같이 기억해 두세요.

MRS. HARRIS : **If I catch cold, I shall hold you responsible.**
내가 감기에 걸리면 네 책임이라고 할 거야.

Dialogue

A : If things go wrong, I will hold you responsible.

B : What? That's nonsense. You're the one who planned all this.

A : 일이 잘못 되면, 난 네게 책임을 지울 거야.
B : 뭐? 그건 말도 안 돼. 이 모든 걸 계획한 건 너잖아.

Heaven knows, you might get to wear it again.

누가 알겠어, 네가 그걸 다시 입게 될지.

모든 일의 결과를 우리 인간들은 알 수가 없습니다. 오직 하늘만이 그 결과를 알고 있죠. Heaven knows는 직역을 하면 '하늘이 안다'란 뜻으로 무엇이 어떻게 될지 그 결과를 모르는 상황을 말할 때 '누가 알겠어?'란 뜻으로 사용할 수 있는 표현입니다. 본 문장에서 'get to + 동사원형'은 '~하게 되다'란 뜻이므로 "Heaven knows, you might get to wear it again."은 "누가 알겠어, 네가 그걸 다시 입게 될지."란 뜻입니다.

ANNE : **Heaven knows, you might get to wear it again.**
누가 알겠어, 네가 그걸 다시 입게 될지.

Dialogue

A : Don't throw away the clothes. Heaven knows, you might get to wear them again.

B : Trust me. I'll never wear these ridiculous clothes again.

A : 그 옷 버리지 마. 누가 알겠어, 네가 그걸 다시 입게 될지.
B : 내 말 믿어. 내가 이 우스꽝 스러운 옷을 입는 일은 다시는 없을 거야.

앤이 추천하는 Pattern English

It won't be long before + 주어 + 동사 머지않아 ~하게 될 거야.

'It won't be long before'는 직역을 하면 '~하기 전에 길지 않을 것이다'란 해석이 되지요. 뭔가가 일어나거나 발생하기 전까지의 시간이 길지가 않다는 뜻으로 의역하여 '머지않아 ~ 하게 될 거야'란 해석이 됩니다. 'It won't be long before ~'를 패턴으로 해서 곧 다가올 일에 대해서 말하는 연습을 해보세요.

MRS. HARRIS : **It won't be long before** we're together.
머지않아 우리는 함께 하게 될 거야.

ex

It won't be long before you see her again. 머지않아 넌 그녀를 다시 보게 될 거야.

It won't be long before he knows you're in town. 머지않아 그는 네가 돌아온 걸 알게 될 거야.

It won't be long before the spring comes. 머지않아 봄이 올 거야.

It won't be long before you lose your customers. 머지않아 넌 네 고객들을 잃게 될 거야.

I can't stand + 명사. 난 ~를 견딜[참을] 수가 없어.

싫어하는 정도를 넘어서 참을 수 없다는 것을 나타내는 표현입니다. 예를 들어, "I hate him."은 "난 그가 싫어."란 뜻이지만, "I can't stand him."은 "난 그를 참을 수가 없어."란 뜻으로 싫어하는 정도가 더 강하게 느껴지는 말입니다. 내가 견딜 수 없을 만큼 싫은 대상에 대해서는 'I can't stand ~' 패턴을 사용해서 말을 해 보세요.

MRS. HARRIS : **I can't stand** all this fresh air. 난 이 신선한 공기를 견딜 수가 없어.

ex

I can't stand the thought of losing you. 난 널 잃는다는 생각을 견딜 수가 없어.

I can't stand the woman. 난 그 여자를 참을 수가 없어.

I can't stand those guys. 난 저 자식들을 참을 수가 없어.

I can't stand that smell. 난 그 냄새를 참을 수가 없어.

They're all waiting for me to + 동사원형.

그들은 모두 내가 ~하기를 기다리고 있어요.

'wait for + A'에서 A 뒤에 to 부정사가 붙게 되면 문장이 확장되어 'A가 ~ 하기를 기다리다'란 뜻이 만들어집니다. 가령, John 뒤에 to sleep이 붙어 "I am waiting for John to sleep."(난 존이 자기를 기다리는 중이에요.)이 되는 겁니다.

MRS. HARRIS : **They're all waiting for me to** die so they can get their hands on the money.

그들은 모두 내가 죽기를 기다리고 있어. 그래야 그들이 내 돈에 손을 댈 수 있으니까요.

ex

They are all waiting for me to say something funny.
그들은 모두 내가 재미있는 뭔가를 말하기를 기다리고 있어요.

They are all waiting for me to come home. 그들은 모두 내가 집에 오기를 기다리고 있어요.

They are all waiting for me to screw up. 그들은 모두 내가 일을 망치기를 기다리고 있어요

They are all waiting for me to pick up the call. 그들은 모두 내가 전화 받기를 기다리고 있어요.

I can't remember the last time + 주어 + 동사.

난 ~가 마지막으로 ~한 게 기억이 안나.

이 문장에서 the last time은 '마지막'이란 뜻으로 뒤에 '주어 + 동사 ~'로 이루어진 완전한 문장이 붙어서 '~가 ~한 마지막'이란 뜻이 됩니다.

PAULINE : **I can't remember the last time** you wore a hat.

난 네가 마지막으로 모자를 썼던 게 기억이 안 나

ex

I can't remember the last time I saw her. 난 내가 마지막으로 그녀를 본 게 기억이 안 나.

I can't remember the last time you smiled at me. 난 네가 마지막으로 날 보고 웃었던 게 기억이 안 나.

I can't remember the last time he scored a goal. 난 그가 마지막으로 골을 넣었던 게 기억이 안 나.

I can't remember the last time he said he loved me.
난 그가 마지막으로 내게 사랑한다고 말했던 게 기억이 안 나.

SCENE 36

Miss Brooke's office

드디어 연극 당일, 모든 게 제대로 준비되어지는 듯했으나, 주인공인 젠의 집에서 전화가 걸려와 젠이 아파 갈 수가 없다는 소식을 전합니다. 앤은 자신을 그만두게 하려고 일부러 수작을 부리는 거라며 화를 내고, 교장선생님은 그러게 자신이 연극을 말리지 않았냐고 합니다. 하지만 앤은 자신에게 방법이 있으니 예정대로 준비하라고 하고는 사라지는데요.
모건의 집으로 가, 딸을 연극에 참여할 수 있게 해달라고 부탁합니다. 에멜라인에게 그동안 연습을 시켰으니 잘해낼 거라고 사정하죠. 모건은 이를 허락하고 앤은 감사해하며 에멜라인을 데리고 학교에 갑니다.
연극은 성황리에 끝나고 모든 학부모들이 감동받아 앤을 칭찬합니다. 모건 또한 기뻐하며 앤과 기분 좋게 화해를 하죠.
기분 좋게 기숙사로 돌아온 앤은 캄캄한 곳에서 혼자 서있는 교장선생님을 발견하고는 다가가서 대화를 하려고 하는데요. 그녀는 언제나 그렇듯 퉁명스런 태도로 대합니다.

You were wonderful.

넌 정말 대단했어.

mp3

ANNE : Emmeline. Oh, you were wonderful.

EMMELINE : Thank you!

HARRIS : Looks like you single handedly routed the entire Pringle clan.

ANNE : Well, let's just say the winds of persecution have blown over. Thank you, Sir. This has meant a great deal to me.

EMMELINE : I'll never forget it as long as I live.

ANNE : Nor will I. Goodnight, Emmeline.

HARRIS : Miss Shirley! I'd like you to go on tutoring my daughter so she'll be caught up when she returns to the college. I'm prepared to make it worth your while.

ANNE : 에멜라인. 오, 너 너무 멋졌어.

EMMELINE : 고맙습니다!

HARRIS : 프링글 가를 모두 한 방에 날려버린 것 같군요.

ANNE : 음, 정의의 심판이 내려졌다고 말해두죠. 감사해요. 제겐 정갈 중요한 일이었어요.

EMMELINE : 전 평생 잊지 못할 거예요.

ANNE : 나도 못 잊을 거다. 잘 가거라, 에멜라인.

HARRIS : 셜리 선생님! 당신이 제 딸 개인지도 해주는 걸 계속 해주셨으면 해요. 그녀가 학교로 돌아갔을 때 따라갈 수 있도록요. 보상은 해드릴게요.

Anne's Essential Expressions

You have a deal! 네 말대로 하자! / 그렇게 합시다!

deal은 명사로 '거래'란 뜻입니다. 즉, have a deal은 '거래가 이루어지다'란 뜻이지요. 보통은 "We have a deal."이란 말을 많이 쓰나, 상대방의 요구 조건을 단순히 내가 받아들이는 입장이라면 "You have a deal."이라고 말할 수 있습니다.

HARRIS : You have a deal! 그렇게 하죠!

Dialogue

A : Jack, I'll let you use my bike if you let me use your laptop.

B : You have a deal.

A : 잭, 니 노트북을 쓰게 해주면 나도 내 자전거를 타게 해줄게.

B : 그렇게 하자.

We shall simply have to return the tickets and put it off. 우리는 그냥 티켓들을 반환하고 (연극을) 연기해야 합니다.

put off는 뭔가를 '연기하다, 미루다'란 뜻이지요. put과 관련한 다음 표현들도 외워두도록 하세요.

· Put down the box.(박스를 내려놓아요.) · Put on the shirt.(셔츠를 입어요.)

MISS BROOKE : We shall simply have to return the tickets and put it off.

우리는 그냥 티켓들을 반환하고 (연극을) 연기해야 합니다.

Dialogue

A : It's raining cats and dogs. What should we do?

B : Well, we shall simply have to return the tickets and put the game off.

A : 비가 억수같이 오고 있어요. 우리 어떻게 해야 하죠?

B : 음, 우리는 그냥 티켓들을 반환하고 게임을 연기해야 합니다.

I'll be back in an hour. 한 시간 후에 돌아올게요.

너무나도 유명한 영화 터미네이터 시리즈의 명대사 하면 바로 "I'll be back."이죠. 우리말로 "난 돌아올 거다."란 뜻입니다. in an hour는 우리말로 '한 시간 뒤에'란 뜻인데요. 전치사 in이 들어가기에 우리말로 '한 시간 안으로'로 해석하는 사람도 있는데, 그건 잘못된 해석입니다. 원어민들은 '한 시간 안으로'라는 개념은 within an hour라고 하지요.

ANNE : I'll be back in an hour. 한 시간 후에 돌아올게요.

Dialogue

A : I have to go to the airport to pick up my sister.
I'll be back in an hour.

B : Okay. Drive safely.

A : 나 여동생 데리러 공항에 가야 해요. 한 시간 이따가 돌아올게요.
B : 알았어. 운전 조심해 해라.

· pick up : ~를 데리러가다[오다]

Carry on as we planned. 우리가 계획한 대로 계속하세요.

'운반하다'란 뜻을 가진 동사 carry는 전치사 on과 결합하여 '계속하다, 꾸준히 해나가다'란 뜻이 됩니다. 회화에서 상대방에게 "계속해"라고 말할 때 보통 "Carry on."이라고 말하지요. 그리고 as는 '~한 대로'란 뜻이 있기에, as we planned는 '우리가 계획한 대로'란 뜻이 되어 "Carry on as we planned."는 "우리가 계획한 대로 계속하세요."란 뜻의 문장이 되는 겁니다.

ANNE : Carry on as we planned until you hear from me.
제게서 연락을 받으실 때까지 우리가 계획한 대로 계속하세요.

Dialogue

A : Are there gonna be any changes to our plan?

B : No, Just carry on as we planned.

A : 우리 계획에 변경사항이 있을 예정인가요? .
B : 아뇨, 계획한 대로 계속하세요.

Our leading performer has called in ill at the last minute. 저희 주연 배우가 막판에 아파서 오지 못한다고 알려왔어요.

call in ill은 '몸이 아파서 출근을 하지 못하겠다고 통보하다'란 뜻입니다. 보통은 전화로 통보한다는 의미를 담고 있는데, 현대영어에서는 call in sick이란 표현을 주로 사용합니다. at the last minute은 '막판에 가서'란 뜻으로 사용되는 표현입니다.

ANNE : **Our leading performer has called in ill at the last minute.**
저희 주연 배우가 막판에 아파서 오지 못한다고 알려왔어요.

Dialogue

A : Where is Susan? She should get on the stage now.
B : She called in ill at the last minute. We're screwed.

A : 수잔 어디 있어? 지금 무대 위에 올라가야 해.
B : 막판에 가서 공연 못 하겠다고 통보가 왔어. 우리 이제 망했어.

· be screwed. : (사람, 상황이) 엉망이 되다, 망하다, X되다.

It all feels like a dream. 모든 게 마치 꿈같아요.

너무나 황홀하고 기분이 좋아서 꿈 같이 느껴질 때는 "It all feels like a dream."이라고 말해 보세요. feel like는 '마치 ~처럼 느껴지다'란 뜻으로, 제목의 문장은 "모든 게 마치 꿈같아요."란 뜻이 됩니다.

EMMELINE : **It all feels like a dream.** 모든 게 마치 꿈같아요.

Dialogue

A : I heard you're got engaged.
B : Yeah, Mike asked me to marry him. I'm so happy. It all feels like a dream.

A : 너 약혼했다는 소식 들었어.
B : 응, 마이크가 내게 청혼했어. 너무 행복해. 모든 게 마치 꿈같아.

· get engaged : 약혼하다

I agree with you. 네 말에 동의해.

상대방의 말에 동의를 표할 때 쓸 수 있는 대표적인 표현이 바로 "I agree with you."입니다. "네 말에 동의해."란 뜻이죠. with you를 생략하고 간단히 "I agree."라고 대답해도 됩니다. 이 외에도 상대방의 동의를 나타내는 표현들에는 You can say that again. / You said it. / I couldn't agree with you more. / That makes two of us. 등이 있으니 같이 외워두도록 하세요.

MISS BROOKE : **I agree with you**, Mrs. Pringle.
당신 말에 동의합니다. 프링글 씨.

Dialogue

A : I guess it was Tom who broke the window.

B : Yeah, I agree with you.

A : 창문을 깬 건 탐이었던 것 같아.
B : 응, 네 말에 동의해.

· It was A who ~ . : ~ 한 건 A였다.

Settle down. 진정해.

상대방이 흥분해 있을 때 "진정해."란 의미로 사용할 수 있는 표현이 바로 "Settle down."입니다. "진정해."란 의미로 쓸 수 있는 표현에는 Settle down 외에도, Calm down / Cool Down / Relax / Chill 등이 있지요. Settle down은 또한 여기저기 떠돌아다니지 않고, 한 곳에 '자리를 잡다, 정착하다'란 뜻도 가지고 있으니 같이 기억해 두도록 하세요.
ex) I would like to settle down and get married.(난 자리를 잡고 결혼하고 싶어.)

ANNE : **Settle down.** 진정해.

Dialogue

A : It wasn't your idea. It was my idea!

B : Hey, settle down.

A : 그건 네 아이디어가 아니었어. 내 아이디어였다고!
B : 야, 진정해.

앤이 추천하는 Pattern English

I told you (that) + 주어 + 동사 ~. ~ 라고 내가 말했잖아요.

남이 한 말을 기억 못하거나, 무시한 채 자기 고집대로 진행하다가 낭패 보는 사람들이 꼭 있습니다. 'I told you + 주어 + 동사 ~'는 바로 이런 사람들에게 책망하듯 쓸 수 있는 유익한 표현입니다. 또한, 간단히 'I told you!'(내가 말했잖아!) 라고만 말할 수도 있습니다.

MISS BROOKE : **I told you** it was foolish to get up a play this time of year.
연중 이맘때 연극을 올리는 건 어리석다고 내가 말했잖아요.

ex

I told you I'd never leave you. 널 결코 떠나지 않을 거라고 내가 말했잖아.

I told you I would never wanna see her again. 다시는 그녀가 보고 싶지 않을 거라고 내가 말했잖아.

I told you it was dangerous to park there. 저기에 주차하는 건 위험하다고 내가 말했잖아.

I told you you should have invested in that stock. 저 주식에 투자했어야 한다고 내가 말했잖아.

I regret to say (that) + 주어 + 동사 ~.
~라고 말하게 되어서 유감입니다.

regret은 to 부정사와 함께 쓰여 '~해서 유감이다'로 해석이 됩니다. 즉, 'I regret to say ~'는 '~라고 말하게 되어서 유감입니다'란 뜻이 되는 거죠. say 뒤에는 that이 '주어 + 동사 ~'로 이루어진 절을 이끌어 유감으로 생각하는 내용을 받아주면 됩니다. (이때 that은 생략될 수 있습니다.)

MAID : **I regret to say** he won't be disturbed. 그를 보실 수 없다고 말씀드리게 되어서 유감입니다..

ex

I regret to say you didn't get admission to Harvard.
하버드에 입학하지 못하셨다고 말씀드리게 되어 유감입니다.

I regret to say you failed the exam. 네가 시험에 떨어졌다고 말하게 되어 유감이야.

I regret to say I am not your fan. 제가 당신의 팬이 아님을 말씀드리게 되어 유감입니다.

I regret to say I cannot help you. 내가 널 도울 수 없다고 말하게 되어 유감이야.

You're asking me to + 동사원형? 너 내게 ~해달라고 부탁하는 거야?

동사 ask는 '요청하다, 부탁하다'란 뜻이 있습니다. 5형식 형태를 취해서 '동사 + 목적어 + 목적보어'의 어순을 취하며 이때 목적보어는 to 부정사가 와야 하지요. 해석은 '~에게 ~해달라고 요청(부탁)하다'가 됩니다. 그러므로 'You're asking me to ~'는 '너 내게 ~ 해달라고 부탁하다'가 되지만, 끝의 억양을 질문식으로 올려서 말하면 '너 내게 ~ 해달라고 부탁하는 거야?'란 질문이 됩니다. 이처럼 회화에서는 평서문을 굳이 의문문으로 바꾸지 않고, 간단히 끝 부분을 올려서 질문처럼 사용하는 경우가 많습니다.

HARRIS : <u>**You're asking me to**</u> renegotiate? 재협상을 하자고 부탁하는 거예요?

ex

You're asking me to leave? 너 내게 떠나달라고 부탁하는 거야?

You're asking me to marry you? 너 내게 너와 결혼해달라고 부탁하는 거야?

You're asking me to move to Japan? 너 내게 일본으로 이사가라고 부탁하는 거야?

You're asking me to make a choice? 너 내게 선택하라고 부탁하는 거야?

The truth is, 주어 + 동사 ~. 사실은, ~야.

truth는 '진실, 사실'이란 뜻의 명사입니다. 말하고자 하는 내용이 지금까지는 알려져 있지 않던 것일때 원어민들은 The truth is로 말문을 연 후에 말하고자 하는 내용을 전달하고는 합니다. 예를 들어, 애인에게 자신이 부자라고 거짓말을 하다가 마침내 그렇지 않다는 진실을 말하고자 할 때는 'The truth is'로 말문을 연 후에 'I'm not rich'(난 부자가 아니야)라고 말하면 되는 거죠.

MISS BROOKE : <u>**The truth is,**</u> I hate teaching. 사실은, 난 가르치는 게 싫어.

ex

The truth is, I am not your father. 사실은, 난 네 아빠가 아니다.

The truth is, he just doesn't want to take the tests. 사실은, 갠 그냥 시험을 보기가 싫은 거야.

The truth is, we don't have any money left. 사실은, 우린 남은 돈이 하나도 없어.

The truth is, I don't hate you. 사실은, 난 널 미워하지 않아.

SCENE 37

Anne's classroom 1

앤은 수업시간에 자신들의 연극에 대해서 기사가 난 신문을 들고 와 아이들에게 읽어줍니다. 쏟아지는 칭찬에 아이들은 모두 기뻐하죠. 수업이 끝나고 아이들이 모두 나가기를 기다린 젠은 자신이 연극에 오지 못한 것에 대해 사과하며, 조심스레 계속 연극을 하고 싶다는 의지를 밝힙니다. 앤은 흔쾌히 허락하고 젠은 기뻐하며 나가죠.

스테이시 선생님은 앤에게 이사회에서도 너무 기뻐한다며 5년 계약을 하고 싶다는 소식을 전하고, 모건 또한 꽃다발과 함께 감사의 편지를 보내며 가족 여행에 초대합니다. 모건의 가족들과 보스턴으로 여행을 간 앤은 그와 조금씩 친해지며 즐거운 여행을 하는데요. 서로에게 조금씩 감정이 싹트게 되죠. 하지만 앤은 한편으로는 마릴라가 있는 집을 그리워합니다.

I hope we shall see you often when I return to Kingsport.

제가 킹스포트로 돌아갔을 때 자주 볼 수 있게 되길 바래요.

mp3

ANNE	:	What is it that keeps you away from Kingsport?
HARRIS	:	Keeping occupied with the all consuming problems of my business.
ANNE	:	Running away?
HARRIS	:	No. Perhaps holding out for a reason to return.
ANNE	:	Well, I hope you found one. I'm very grateful to you for all your hospitality.
HARRIS	:	Well, I'm very grateful to you for the pleasure of such high spirits. Good night.
ANNE	:	Good night, Morgan Harris.
HARRIS	:	Anne Shirley, I hope we shall see you often when I return to Kingsport.

ANNE	:	왜 그렇게 킹스포트에서 떠나 있으려고 하는 거예요?
HARRIS	:	사업상 바빠서 그런 거예요.
ANNE	:	도망가는 건 아니고요?
HARRIS	:	아니요. 돌아갈 이유를 찾고 있는 건지도 모르죠.
ANNE	:	어서 찾기를 바래요. 잘해 주셔서 너무 감사해요.
HARRIS	:	저도 너무 감사해요. 덕분에 기분이 좋아졌어요. 잘 자요.
ANNE	:	안녕히 주무세요, 모건 해리스.
HARRIS	:	앤 셜리, 제가 킹스포트로 돌아갔을 때 자주 볼 수 있게 되기를 바래요.

Anne's Essential Expressions

I'd be flattered. 아주 기쁠 거예요.

be flattered는 상대방에게 칭찬을 들었을 때 이에 대한 응답으로 '우쭐해지다, 굉장히 기쁘다'란 뜻이지요. 참고로, "I'm flattered."는 상대방의 칭찬에 "과찬의 말씀입니다."란 뜻으로 사용됩니다.

ANNE : Tell your mother **I'd be flattered.**
어머니께 내가 굉장히 기쁠 거라고 말씀드리렴.

Dialogue

A : How would you feel if we ask you to play for our team?

B : I'd be flattered.

A : 우리가 당신에게 저희 팀을 위해서 뛰어달라고 부탁하면 어떤 기분이시겠어요?

B : 아주 기쁠 거예요.

I am completely worn out. 나 완전히 기진맥진해졌어.

wear out는 '닳아 없어지게 하다'란 뜻을 가지고 있습니다. 그러므로 수동형인 be worn out은 외부적 요인에 의해서 '닳아 없어지다'란 뜻이 되죠. worn out을 사람에게 적용하면 '기진맥진한'이란 뜻이 됩니다. 참고로, "나 피곤해."란 뜻으로 사용할 수 있는 표현들에는 I'm tired / I'm exhausted / I'm beat 등이 있습니다.

MRS. HARRIS : **I am completely worn out** with all the worry and motion sickness.
나는 모든 근심과 멀미로 완전히 기진맥진해졌어.

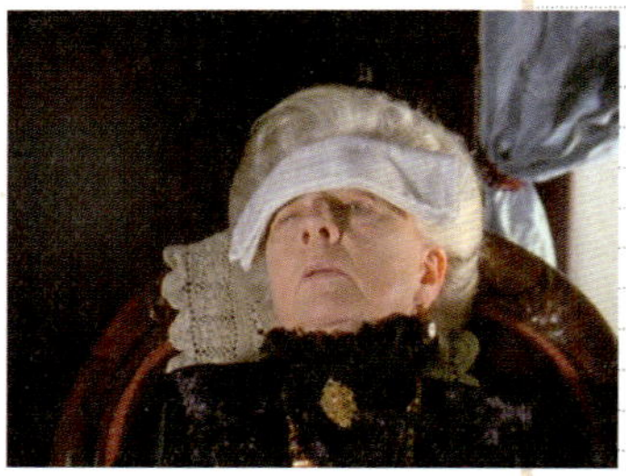

Dialogue

A : I'm completely worn out. I don't think I can go any further.

B : Come on, we're almost at the top of the mountain.

A : 나 완전히 기진맥진해졌어. 더 이상은 못 갈 것 같아.

B : 왜 그래, 우리 거의 산 정상에 다 왔어.

I'll see what I can procure. 제가 뭘 조달할 수 있는지 알아볼게요.

상대방의 부탁에 "한 번 알아볼게요."란 의미로 원어민들이 즐겨 사용하는 말이 바로 I'll see what I can ~'입니다. 여기서 동사 see는 방법을 '알아보다' 정도로 해석이 되지요. 보통 조동사 can 뒤에는 동사 do를 써서 "I'll see what I can do."(제가 할 수 있는 게 뭔지 알아볼게요.)라고 말하는 게 가장 일반적입니다. 물론 본 예문처럼 '조달하다'란 뜻을 가진 동사 procure를 넣어서 "I'll see what I can procure."라고 말할 수도 있지요.

ANNE : Yes, Mrs. Harris. **I'll see what I can procure.**
알겠습니다, 해리스 씨. 제가 뭘 조달할 수 있는지 알아볼게요.

Dialogue

A : I don't want to eat this food. Do you have anything else?
B : I'll see what I can procure.

A : 난 이 음식 먹기 싫어요. 다른 건 없나요?
B : (제가 뭘 조달할 수 있는지) 한 번 알아볼게요.

Papa thinks very highly of you.

아빠는 당신을 굉장히 좋게 생각하세요.

어떤 사람을 굉장히 존중하고 그에 대해 좋게 생각할 때 영어로 think very highly of란 표현을 사용할 수 있습니다. highly는 '격찬하여, 칭송하여'란 뜻이 있으니 말 그대로 아주 격찬하듯 누구에 대해서 좋게 생각한다는 뜻이 되는 거죠. 동사 think 대신에 speak을 넣어서 speak very highly of라고 하면 누군가에 대해서 '굉장히 좋게 칭찬하다'란 뜻이 됩니다.

EMMELINE : My **papa thinks very highly of you.**
저희 아빠는 선생님을 굉장히 좋게 생각하세요.

Dialogue

A : The truth is, we think very highly of you.
B : Oh, really? Thank you very much.

A : 사실은, 우린 널 굉장히 좋게 생각해.
B : 아, 정말? 정말 고마워.

Will you keep out of this? 이 일에서 넌 빠져줄래?

keep out of this는 '이 일에서 빠져라'는 뜻입니다. out of는 '~의 밖으로'란 뜻이고 keep은 '유지하다'란 뜻으로 상대방에게 이 일에 상관 말라는 뜻의 표현이 되는 거죠. 동사 keep 대신에 stay를 넣어서 stay out of this라고 해도 동일한 뜻입니다. 이 외에도 keep과 관련한 몇 가지 표현들을 외워두세요.

· Keep it up! : 계속 그렇게 해! / 파이팅! · Keep in touch! : 연락해! · Keep it down! : 조용히 해!

MRS. HARRIS : **Will you keep out of this?** 이 일에서 넌 빠져줄래?

Dialogue

A : You should reconsider your strategy.

B : Will you keep out of this? This is not your business.

A : 너 전략을 다시 생각해 봐야 해.

B : 이 일에서 넌 빠져줄래? 네가 상관할 바 아니잖아.

Face up to your responsibilities. 너의 의무들에 맞서.

face up to는 '직면하다, 맞서다'란 뜻을 가지고 있습니다. responsibility는 '책임, 의무'란 뜻의 명사이므로, "Face up to your responsibilities."는 "너의 의무들을 피하지 말고 맞서라."는 뜻이 됩니다. 참고로 간단히 상대방에게 "맞서!, 부딪쳐봐!"라고 할 때는 목적어 it을 써서 "Face it!"이라고 말할 수 있습니다.

MRS. HARRIS : **Face up to your responsibilities** and behave like a man!
너의 의무들에 맞서 그리고 남자답게 행동해!

Dialogue

A : Stop lying and face up to your responsibilities.

B : It's easy for you to say so.

A : 거짓말 그만하고, 너의 의무들에 맞서.

B : 넌 그렇게 말하기가 쉽겠지.

We can't make up our minds. 우린 우리 맘을 정할 수가 없어.

make up one's mind는 decide와 같이 '마음을 정하다, 결심하다'란 뜻을 가진 표현입니다. 무엇을 결심했는지 구체적으로 말하고 싶을 때는 뒤에 to 부정사로 그 내용을 이어주면 됩니다. 가령, "나 집에 가기로 결심했다."는 "I made up my mind to go home."이라고 말하면 되는 거죠.

ANNE : **We can't make up our minds** which of these hats look more sophisticated!
우린 이 모자들 중 어느 것이 더 세련된 건지 정할 수가 없어!

Dialogue

A : So did you guys make up your minds?

B : Yeah, we made up our minds. We're going to adopt the child.

A : 그럼 마음을 정하셨나요?

B : 네, 결심했습니다. 우린 그 아이를 입양할 거예요.

· adopt : 입양하다

There's nothing more to be said. 더 이상 나눌 말이 없습니다.

어떤 상황에 더 이상 할 말이 없을 때는 "There's nothing more to be said."라고 말할 수 있습니다. There's nothing more는 '더 이상은 아무것도 없다'는 뜻이고 to be said는 사람들에 의해서 '말해져야 할 것'이란 뜻이므로 "There's nothing more to be said."는 "더 이상 나눌 말이 없습니다."란 뜻이 되는 거죠.

MARILLA : Well, **there's nothing more to be said.**
It's in the hands of Providence.
음, 더 이상 나눌 말이 없습니다. 신의 섭리에 맡겨야죠.

Dialogue

A : Well, if you choose not to trust me, there's nothing more to be said.

B : I didn't say I don't trust you,

A : 음, 절 믿지 않기로 하신다면, 더 이상 할 말이 없습니다.

B : 제가 당신을 믿지 않는다고 말한 적 없습니다.

앤이 추천하는 Pattern English

I have a feeling + 주어 + 동사. ~ 할 것 같은 예감이 들어.

feeling은 '예감'이란 뜻이 있습니다. 명확한 어떤 근거가 있는 것이 아니라 막연하게 이러이러한 것 같다는 말을 할 때 사용할 수 있는 패턴이 바로 'I have a feeling (that) 주어 + 동사 ~'입니다. that 이하에는 '주어 + 동사 ~'의 완전한 문장으로 자신이 예감이 드는 내용을 말해주면 되는거죠.

ANNE : **I have a feeling** we're all here on approval.
우리 모두 여기에 승인을 받기 위해서 온 것 같은 느낌이 들어.

ex

I have a feeling he'll be back. 그가 돌아 올 것 같은 예감이 들어요.

I have a feeling this project will not work. 이 프로젝트가 실패할 것 같은 예감이 들어.

I have a feeling the situation is going to get a lot worse. 이 프로젝트가 실패할 것 같은 예감이 들어.

I have a feeling I'm gonna regret this. 내가 이걸 후회할 것 같은 예감이 들어.

How many times have I + 과거분사 ~ ? 내가 몇 번이나 ~ 했지?

How many times는 '몇 번이나'란 뜻으로 횟수를 물을 때 사용할 수 있습니다. 현재완료 'have + p.p.'를 이용한 'How many times have I ~?'는 '내가 몇 번이나 ~했지?'라는 질문 패턴이 되죠. 단순히 횟수를 물을 때 사용되기도 하지만, 자신이 뭔가를 정말 많이 했음을 강조하기 위한 표현도 되지요.

MRS. HARRIS : **How many times have I** sat up at night, nursing you?
내가 몇 번이나 밤에 일어나서 네게 젖을 먹였지?

ex

How many times have I told you? 내가 몇 번이나 네게 말했지?

How many times have I saved your ass? 내가 몇 번이나 네 목숨을 구해줬지?

How many times have I asked you for a favor? 내가 몇 번이나 네게 부탁을 했지?

How many times have I said "I love you"? 내가 몇 번이나 널 사랑한다고 말했지?

I'm very grateful to you for + 명사 ~에 정말 감사드립니다.

상대방에게 감사를 표할 때 사용할 수 있는 패턴으로 앞에서 배운 'I appreciate ~' 'Thank you for ~'와 함께 'I'm very grateful to you for ~'도 함께 기억해 두세요. grateful은 '감사하는'이란 뜻의 형용사로 굉장히 정중하고 예의바르게 자신의 고마움을 전달할 때 사용할 수 있습니다. grateful 뒤에는 전치사 to와 함께 고마움을 전달하고자 하는 사람을 언급해 주면 되지요.

cf) I'm grateful to him.(난 그에게 감사드려.)

ANN : I'm very grateful to you for all your hospitality.
귀하의 호의에 정말 감사드립니다.

ex

I'm very grateful to you for your help. 귀하의 도움에 정말 감사드립니다.

I'm very grateful to you for this wonderful gift. 이 멋진 선물에 정말 감사드립니다.

I'm very grateful to you for your generosity. 귀하의 아량에 정말 감사드립니다.

I'm very grateful to you for your support on this. 이 부분에 대한 귀하의 지지에 정말 감사드립니다.

I apologize for + 명사. ~에 대해 사과드릴게요.

동사 apologize는 '사과하다, 사죄하다'란 뜻이 있습니다. 자신의 잘못에 사과를 표시할 때 "I'm sorry." 라고 하는 것보다 좀 더 정중하고 격식을 갖춘 표현이 바로 'I apologize for ~' 패턴이지요. 전치사 for 뒤에는 구체적으로 사과를 하고자 하는 것이 무엇인지 그 대상이 언급됩니다.

HARRIS : I apologize for mother's behaviour. 어머니의 행동에 대해 사과드릴게요.

ex

I apologize for the trouble. 번거롭게 해드린 것에 대해 사과드릴게요.

I apologize for the misunderstanding. 오해를 일으킨 것에 대해 사과드릴게요.

I apologize for that remark. 그 말을 한 것에 대해 사과드릴게요.

I apologize for my choice of words. 제 단어 선택에 대해 사과드릴게요.

SCENE 38

Kingsport

앤은 길에서 우연히 길버트를 만나게 되고, 둘은 너무 기뻐합니다. 길버트는 안 그래도 만나고 싶었다며, 자신의 약혼 사실을 전합니다. 그리고 기차시간이 다되어간다며 성황리에 마친 연극을 축하한다는 쪽지를 전해주고는 가버리죠. 앤은 쪽지를 보고는 기차역으로 뛰어가 길버트에게 작별인사를 합니다.

한편 킹스포트의 병원 자선 행사를 돕고 있던 앤은 사람들이 하는 가십을 듣다가 모건이 바람둥이이며, 돈 많은 여자와 데이트를 하고 있다는 말을 듣습니다. 그 후, 길에서 우연히 모건을 만난 앤은 그에게 쌀쌀맞게 대하고, 모건은 왜 그러냐고 묻지만 그녀는 대답해주지 않죠. 그리고 자선행사에서 둘은 다시 만나게 되는데요, 모건은 데이트를 데려왔고, 그녀와 함께 춤을 추는 것을 본 앤은 마음이 좋지 않죠. 결국 자리를 일찍 뜨려하는데, 모건이 쫓아 나옵니다. 그를 뿌리치고 밖으로 나가지만, 모건은 밖에까지 나와 그녀를 붙잡고, 그녀에게 청혼을 하죠. 충격에 멍하니 있던 앤은 자신이 꿈꿔온 거지만, 왠지 자신은 고향으로 돌아가고 싶다며 청혼을 거절합니다.

I want to ask you to marry me.

저와 결혼해 달라고 하고 싶어요.

mp3

HARRIS	:	I want to ask you to marry me.
ANNE	:	What did you say?
HARRIS	:	I'm in love with you.
ANNE	:	You really mean that, don't you?
HARRIS	:	My life on it. I only know I could never bear to lose you. Would you do me the honour of giving me your hand in marriage? Anne, what is it?
ANNE	:	I do care a great deal for you and Emmeline. But I can't.
HARRIS	:	What do you mean?

HARRIS	:	저와 결혼해달라고 하고 싶어요.
ANNE	:	뭐라고요?
HARRIS	:	당신과 사랑에 빠졌다고요.
ANNE	:	진심이시군요?
HARRIS	:	제 삶이 걸려있어요. 당신을 잃는 건 못 견딜 것 같아요. 당신과 결혼하는 영광을 누리게 해주겠어요? 앤, 뭐 때문에 그래요?
ANNE	:	당신과 에멜라인은 제게 정말 소중해요. 하지만 전 결혼 할 수 없어요.
HARRIS	:	무슨 말이에요?

Anne's Essential Expressions

I'm so happy for you! 나도 정말 기뻐!

상대방의 기쁜 소식에 대해 이쪽의 기쁜 마음을 표현할 때 원어민들은 "I'm so happy for you."라고 합니다. for you는 '너를 위해'가 아니라 '당신의 일로'라는 뜻입니다. 반대로 상대방이 자신에게 벌어진 나쁜 소식에 대해 유감을 나타낼 때 주로 "I'm sorry for you!"(정말 유감이구나!)라고 하죠.

ANNE : **I'm so happy for you**, Gil. 나도 정말 기뻐, 길.

Dialogue

A : Jack finally popped the question!

B : Oh, Amy. I'm so happy for you!

A : 잭이 마침내 청혼을 했어!

B : 오, 에이미, 나도 정말 기뻐!

I was actually hoping we'd run into each other.

난 사실 우리가 서로 우연히 마주치기를 바랬어.

우연히 거리나 어떤 장소에서 누군가와 마주치는 것을 영어로 run into라고 합니다. I was actually hoping은 '사실 ~ 하기를 바랬어'란 뜻이고 조동사 would는 가능성을 나타내므로 "I was hoping we'd run into each other."는 "난 사실 우리가 서로 우연히 마주치기를 바랬어."란 뜻의 문장이 됩니다.

GILBERT : **I was actually hoping we'd run into each other.**
난 사실 우리가 서로 우연히 마주치기를 바랬어.

Dialogue

A : Hey, John. What's up? It's good to see you here.

B : It's good to see you, too.
I was actually hoping we'd run into each other.

A : 야, 존, 별 일 없지? 여기서 보니까 좋다.

B : 나도 그래, 난 사실 우리가 서로 우연히 마주치기를 바랬어.

I enjoyed your company in Boston.

보스턴에서 너랑 함께 해서 즐거웠어.

company는 명사로 '회사'란 뜻 이외에, 서로 같이 자리를 하는 '동석, 동행'이란 뜻이 있습니다. 그래서 enjoy one's company는 '~와 함께 해서 즐겁다'란 뜻이 되지요. 상대방과 즐거운 시간을 보내고 헤어질 때 함께 있어서 즐거웠던 의미로 "I enjoyed your company."라고 말할 수 있습니다. "I enjoyed being with you."라고 말해도 역시 "너와 함께 해서 즐거웠어."란 말이 됩니다.

ANNE : **I enjoyed your company in Boston.**
보스턴에서 너랑 함께해서 즐거웠어.

Dialogue

A : It was a lovely night. I enjoyed your company.

B : Same here.

A : 멋진 밤이었어요. 함께 해서 즐거웠어요.

B : 저도 그렇습니다.

I'm putting Miss Shirley in charge here.

난 셜리 씨를 여기 책임자로 임명할 거예요.

charge는 '책임, 의무'란 뜻으로 in charge는 '감독하는, 관리하는'이란 뜻입니다. 그래서 회사에 고객이 불만사항을 제시할 때 책임자가 누구냐는 질문을 "Who's in charge?"라고 물어보곤 하지요. 그래서 'put A in charge'는 곧, 'A를 책임자로 놓다, A를 책임자로 임명하다'란 뜻이 됩니다.

MRS. TOM PRINGLE : **I'm putting Miss Shirley in charge here.**
난 셜리 씨를 책임자로 임명할 거예요.

Dialogue

A : Who are you going to put in charge for the new operation?

B : Well, I'm putting Tom Johnson in charge, and the decision is final.

A : 새로운 운영에 있어 누구를 책임자로 임명하실 겁니까?

B : 음, 전 탐 존슨을 책임자로 임명할 겁니다. 이 결정이 최종입니다.

He has been seeing Elvira Evans.

그는 엘비라 에반스와 교제해왔어요.

동사 see가 단순히 무언가를 '보다'란 의미로 사용되게 되면, 진행형으로 쓸 수 없습니다. 하지만, see가 진행형으로 쓰이는 경우들이 몇 가지 있는데, 그 중 하나가 바로 '~와 사귀다'란 의미로 쓰일 경우입니다. 즉, be seeing someone 형태로 쓰이게 되면 '~와 사귀다'란 뜻이 되는 거죠. 예를 들어, "나 요즘 맥스와 사귀고 있어."란 말은 "I'm seeing Max these days."라고 말하면 되지요.

MRS. JOHN PRINGLE : I know for a fact that **he has been seeing Elvira Evans.**

난 그가 엘비라 에반스와 사귀고 있었다는 건 확실히 알아요.

Dialogue

A : How long have you and Alicia been together?

B : I have been seeing her for about 3 years.

A : 너랑 앨리시아는 얼마나 오래 함께 지냈니?

B : 전 그녀와 약 3년 정도 사귀어왔어요.

What's nagging you? 무슨 일 있어?

상대방이 심적으로 굉장히 힘들어 하거나 괴로워 할 때, 뭐가 널 그렇게 괴롭게 하느냐란 의미로 사용할 수 있는 표현 중 하나가 바로 What's nagging you?입니다. 동사 nag는 '괴롭히다, 잔소리하여 괴롭히다'란 뜻이 있지요. 동일한 상황에서 사용할 수 있는 표현들에는 What's bothering you? / What's eating you? / What's bugging you? 등이 있으니 같이 외워두도록 하세요.

HARRIS : **What's nagging you**, Miss Shirley?

무슨 일 있나요, 셜리 양?

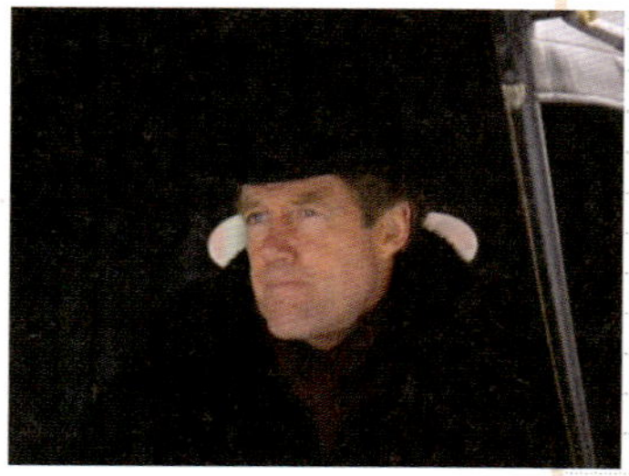

Dialogue

A : What's nagging you? You don't look good today.

B : No, I'm fine. There's nothing bothering me.

A : 무슨 일 있어? 너 오늘 안 좋아 보여.

B : 아냐, 괜찮아. 그런 일 없어.

My schedule is so jam packed. 내 일정이 너무 꽉 찼어요.

일정이나 교통이 '꽉 찬, 꽉 막힌' 의미로 사용할 수 있는 표현이 바로 jam packed입니다. jam packed의 jam은 딸기잼, 포도잼 할 때의 잼처럼 엉겨 붙어서 꽉 차(packed) 있다는 뜻 이죠. 그러므로 "My schedule is so jam packed."는 "내 일정이 너무 꽉 찼어."란 뜻이 되는 거죠. 형용사 tight을 써서 "My schedule is so tight."(내 일정이 너무 빡빡해.)라고 말하셔도 됩니다.

ANNE : But **my schedule is so jam packed.**
하지만 내 일정이 너무 꽉 찼어요.

Dialogue

A : Did you take a bus to work this morning?

B : Yeah, I should have taken the subway. It was so jam packed!

A : 너 오늘 아침 버스 타고 출근했니?
B : 응, 전철을 탔어야 했는데. 길이 너무 꽉 막혔었어.

Don't get stuck behind that table all night.

밤새 탁자 뒤에만 앉아 있지 말아요.

'get + 과거분사'는 '~하게 되다'란 뜻의 수동형 표현을 만듭니다. stuck은 '꼼짝 못하게 하다'란 뜻의 동사 stick의 과거분사로 get stuck은 어딘가에 '끼다, 옴짝달싹 못하게 되다'란 뜻이 됩니다. 예를 들어, "길이 막혀서 꼼짝 못했다."는 "I got stuck in traffic."이라고 하면 됩니다. 영화에서는 계속 테이블에 뒤에 앉아만 있지 말고, 나와서 같이 어울리라는 뜻으로 "Don't get stuck behind that table all night."이라고 말을 합니다.

MRS. TOM PRINGLE : **Don't get stuck behind that table all night.**
밤새 탁자 뒤에만 앉아 있지 말아요.

Dialogue

A : Make a left turn, or you'll get stuck behind cars.

B : Oh, too late. You should've told me earlier.

A : 좌회전해요 안 그러면 차들 뒤에서 옴짝달싹 못하게 될 거예요.
B : 아, 너무 늦었어요. 좀 더 일찍 말해 줬어야죠.

앤이 추천하는 Pattern English

I wasn't sure whether you would + 동사원형 ~ or not.

네가 ~할[일]지 아닐지 확신이 없었어

whether A or not은 'A인지 아닌지'란 뜻입니다. 여기서 or not은 A의 반대되는 상황을 뜻하지요. 'I wasn't sure whether you would + 동사원형 ~ or not'은 '네가 ~ 할[일]지 아닐지 확신이 없었어'란 뜻의 패턴이 됩니다. or not을 생략하고 말해도 역시 같은 의미의 표현이 됩니다.

GILBERT : **I wasn't sure whether you'd** be happy to see me **or not.**

네가 날 보고 기뻐할지 아닐지 확신이 없었어.

ex

I wasn't sure whether you would agree with me **or not.** 난 네가 내 의견에 동의할지 안 할지 확신이 없었어.

I wasn't sure whether you would show up **or not.** 난 네가 나타날지 안 나타날지 확신이 없었어.

I wasn't sure whether you would be able to do it **or not.** 난 네가 그것을 할 수 있을지 없을지 확신이 없었어.

I wasn't sure whether you would come see me **or not.** 난 네가 나를 보러 올지 안 올지 확신이 없었어.

I won't be able to + 동사원형. 난 ~할 수 없을 거야.

미래에 있을 일에 대해서 자신은 그것을 할 수 없을 거라고 말할 때는 'I won't be able to ~' 패턴을 사용하시면 됩니다. be able to는 can과 마찬가지로 '~할 수 있다'는 뜻입니다. won't는 will not의 줄임말이므로, 'I won't be able to ~'는 '난 ~ 할 수 없을 거야'란 뜻이 되는 거죠.

ANN : I am sure **I won't be able to** squeeze it in. 난 분명 그 일정을 껴 넣을 수 없을 거야.

ex

I won't be able to trust her again. 난 다시는 그녀를 믿을 수 없을 거야.

I won't be able to stay over. 나 자고갈 수는 없을 거야.

I won't be able to graduate with my friends. 난 친구들과 함께 졸업할 수 없을 거야.

I won't be able to pay the bills. 난 요금을 낼 수 없을 거야.

Are you not capable of + 동사 ing ~? 넌 ~ 할 수는 없는 거니?

be capable of은 '~을 할 능력이 있다, ~ 할 수 있다'란 뜻으로 be able to나 can과 동일한 의미로 사용되지지만, 전치사 of 뒤에는 동사의 -ing 형태가 와야 합니다. 상대방에게 뭔가를 할 수 있는지 여부를 물을 때는 Are you capable of ~? / Can you ~? / Are you able to ~?를, 뭔가를 할 수 없는지 여부를 물을 때는 Are you not capable of ~? / Can't you ~? / Are you not able to ~? 패턴을 사용할 수 있지요.

ANNE : **Are you not capable of saying** anything pleasant?
넌 기분 좋은 말은 할 수 없는 거니?

ex

Are you not capable of making decisions by yourself? 넌 혼자서는 결정을 할 수 없는 거니?

Are you not capable of being honest? 넌 정직해 질 수는 없는 거니?

Are you not capable of forming your opinion? 넌 네 의견을 낼 수는 없는 거니?

Are you not capable of saying thanks? 넌 고맙다는 말은 할 수 없는 거니?

Would you do me the honor of + 동사ing ? ~ 해주시겠습니까?

'Would you do me the honor of ~' 패턴은 'Would you like to ~' 패턴과 동일한 의미로 '~해주시겠습니까?'란 뜻입니다. do a person the honor는 '~에게 경의를 표하다, ~에게 면목이 서게 하다'란 뜻입니다.

HARRIS : **Would you do me the honor of giving** me your hand in marriage?
결혼식에 당신이 도움을 주시겠습니까?.

ex

Would you do me the honor of being my wife? 제 아내가 되어주시겠습니까

Would you do me the honor of dancing with me? 저와 춤을 춰주시겠습니까?

Would you do me the honor of autographing my T-shirt? 제 셔츠에 사인을 해주시겠습니까?

Would you do me the honor of visiting my blog and leave me a comment?
제 블로그를 방문하셔서 댓글을 남겨주시겠습니까?

SCENE 39

Anne's classroom 2

며칠째 상태가 좋지 않던 해리스 부인은 세상을 떠나게 되고 앤은 장례식장에 갑니다. 그리고 거기서 모건을 다시 만나게 되죠. 그는 폴린이 아이작의 청혼을 받아들여서, 킹스포트의 집을 팔고 에멜라인을 데리고 보스턴으로 간다는 소식을 전하며, 자신과의 결혼을 다시 한 번 생각해보지 않겠냐고 합니다. 앤은 그럴 수 없다고 말하고 둘은 슬픈 이별을 하게 되죠.

한편 학교가 방학을 맞게 되자, 앤은 사표를 내고 고향으로 돌아가려고 합니다. 교장선생님께 인사를 하러 갔다가 학교에 머무르겠다는 그녀를 자신의 집으로 초대하죠. 그녀는 동정은 필요 없다고 말하지만, 결국 앤과 함께 마릴라가 있는 집으로 가게 되는데요. 그 곳에서 처음으로 집다운 곳에 있는 느낌을 받은 그녀는 눈물을 흘리고 말죠.

Alright, I accept.

좋아요, 받아들이죠.

mp3

MISS BROOKE : You asked me because you feel sorry for me.

ANNE : I am sorry for you. You shut out life and now life is shutting you out. Now are you coming or not?

MISS BROOKE : What would you say if I accepted?

ANNE : I'd say that's the first faint glimmer of common sense I've ever detected in you.

MISS BROOKE : Alright, I accept.
Now you can go through the motions of telling me how delighted you are and how I'll have a wonderful time.

ANNE : I am delighted. But as to a wonderful time that will depend entirely on you, Katherine.

MISS BROOKE : 당신은 내가 불쌍해서 그냥 물어본 거잖아요.

ANNE : 당신이 안됐어요. 당신이 삶을 닫아버렸잖아요. 이제 삶이 당신을 옥죄고 있고요.
자, 같이 갈 거예요, 말 거예요?

MISS BROOKE : 내가 가겠다면 뭐라고 하겠어요?

ANNE : 처음으로 당신의 삶에 희망의 빛이 보인다고 하겠어요.

MISS BROOKE : 좋아요, 가겠어요. 자 이제 당신이 얼마나 기쁜지 그리고 내가 얼마나 멋진 시간을 보낼지에 대해 떠들어도 돼요.

ANNE : 전 기뻐요. 하지만 멋진 시간을 보내는 건 전적으로 당신한테 달려 있어요, 캐서린.

Anne's Essential Expressions

I got homesick all at once. 난 갑자기 향수병에 걸렸어.

영어로 homesick은 '향수병에 걸린'이란 뜻의 형용사입니다. 물론 향수병이 직접적인 질병은 아니지만 보통 병을 '얻다'라고 말할 때 사용되는 동사 get과 함께 써서 get homesick은 '향수병에 걸리다'란 뜻이 되지요. 위 예문에서 all at once는 '갑자기'란 뜻입니다.

ANNE : **I got homesick all at once.** 난 갑자기 향수병에 걸렸어.

Dialogue

A : Jack! What are you doing here? I thought you were in Spain.

B : Well, I got homesick all at once, and came a day earlier.

A : 잭, 너 여기서 뭐하고 있는 거야? 난 너 스페인에 있는 줄 알았는데.

B : 음, 갑자기 향수병에 걸려서 하루 일찍 왔어.

Poor Aunt Pauline is beside herself.

불쌍한 폴린 아줌마는 제 정신이 아니에요.

beside oneself는 큰 걱정, 흥분 등으로 인해서 '이성을 잃은, 제 정신이 아닌'이란 뜻으로 사용됩니다. 즉, 감정 컨트롤이 스스로가 되지 않을 정도에 이르러 더 이상 자기 자신(oneself)이 아니라는 것을 내포하는 표현입니다.

EMMELINE : **Poor Aunt Pauline is beside herself** to know what we should do.
불쌍한 폴린 아줌마는 우리가 뭘 해야 할지 알아내느라
제 정신이 아니에요.

Dialogue

A : My kids are beside themselves to see Beyonce.

B : You kidding? Is Beyonce coming to your house?

A : 우리 애들은 비욘세를 만나게 되서 제 정신이 아냐.

B : 농담하는 거지? 비욘세가 너희 집에 오는 거니?

Please hear me through. 제발 내 말을 끝까지 들어주세요.

전치사 through는 여러 가지 의미를 가지고 있는데, 그 중에 '최후까지, 끝까지'란 의미도 내포하고 있습니다. 즉, hear A through는 'A의 말을 끝까지 듣다'란 뜻이지요. 요즘에는 상대방에게 내 말을 잘 들어보라고 할 때, 전치사 out을 붙여서 "Hear me out!"이라는 말을 자주 사용합니다.

ANNE : Mrs. Harris. **Please hear me through** patiently.
해리스 씨. 침착하게 제 말을 끝가지 들어주세요.

Dialogue

A : I don't understand. Why did you chicken out at the last minute?

B : Please hear me through. I will explain everything to you.

A : 난 이해가 안 가. 왜 막판에 가서 꽁무니를 뺀 거니?

B : 제발 내 말을 끝까지 들어 줘. 네게 모든 걸 설명해 줄게.

That means a great deal to me. 그 말은 제게 큰 힘이 돼요.

상대방이나 제 3자로부터 칭찬 혹은 격려를 들었을 때, "그 말은 제게 큰 힘이 됩니다."란 뜻으로 사용하라 수 있는 말이 바로 "That means a great deal to me."입니다. a great deal은 '많이, 상당히'란 뜻으로 쉽게 말해 내게 있어서 굉장히 큰 의미가 된다는 것이죠. 회화에서는 좀 더 간단히 a great deal과 같은 뜻인 a lot을 써서 "That means a lot to me."라고 말하는 경우가 더 많습니다.

ANNE : She was never one to throw away a compliment.
That means a great deal to me.
그녀는 결코 칭찬을 하시는 분이 아니었는데.
그 말은 제게 큰 힘이 되네요.

Dialogue

A : It's all gonna be okay. Don't forget that I always got your back.

B : Thanks. That means a great deal to me.

A : 다 괜찮아 질 거야. 내가 항상 네 편이란 거 잊지마.

B : 고마워. 그 말이 내게 큰 힘이 돼.

She was very keen on you. 그녀는 너를 매우 좋아했어.

be keen on은 두 가지 뜻을 가지고 있습니다. 하나는 본 예문에서 알 수 있듯이, 누구를 '매우 좋아하다'란 뜻이지요. 그러므로 "She was very keen on you."는 "그녀는 너를 아주 매우 좋아했어."란 뜻으로, "She liked you very much."와 같은 의미라고 할 수 있겠습니다. 또 하나의 뜻은 '~에 열중하다'로 이때는 전치사 on 뒤에 '동사ing'가 와야 합니다.
ex) She was keen on watching the program. (난 그 프로그램 보는 데 열중했어.)

HARRIS : **She was very keen on you.** 그녀는 너를 아주 매우 좋아 했어.

Dialogue

A : Didn't you know that she was keen on you?

B : I had no idea. I thought she was way out of my league.

A : 넌 그녀가 널 좋아했다는 거 몰랐었니?

B : 전혀 몰랐어. 난 걔가 내가 상대할 수 없는 여자라고 생각했었어.

· way out of one's league : ~가 상대할 수 없는

You've paid your lip service. 너 입에 발린 말을 했잖니.

우리도 흔히 행동은 그렇게 하지 않으면서 입에 발린 말만 하는 사람을 가리켜 '립 서비스'한다고 합니다. 실제로 영어에 이와 동일한 표현이 있는데요, 바로 pay (one's) lip service이지요. 우리말로 '빈말하다, 입에 발린 말하다'란 뜻을 가진 표현입니다. 비슷한 상황에서 쓸 수 있는 표현으로 all talk and no action도 같이 외워두세요. 우리말로 '입만 산'이란 뜻으로 "You're all talk and no action."(넌 입만 살았구나.)처럼 말할 수 있습니다.

MISS BROOKE : **You've paid your lip service.** 너 입에 발린 말을 했잖니.

Dialogue

A : The boss told me that he would give me a raise, but I think he was paying me lip service.

B : Yeah, he's all talk and no action.

A : 사장님이 내 연봉을 인상해 준다고 말했지만, 그냥 빈 말을 한 것 같아.

B : 응, 그 사람은 입만 살았잖아.

Mrs. Harris has kept silent all week.

해리스 씨는 일주일 내내 침묵했어요.

silent는 '침묵하는, 말 없는'이란 뜻의 형용사입니다. '(~한 상태를) 유지하다'란 뜻의 동사 keep과 어울려 keep silent는 '침묵하다, 잠자코 있다'란 뜻이 되지요. 'have + p.p.'는 '계속해서 ~ 해왔다'란 뜻이 되므로 "Mrs. Harris has kept silent all week."는 "해리스 씨는 일주일 내내 침묵했다."란 뜻이 됩니다.

ALEC MCGUINNESS : **Mrs. Harris has kept silent all week.**

해리스 씨는 일주일 내내 침묵했어요.

Dialogue

A : Did the man say anything?

B : No, he has kept silent all day.

A : 그 남자가 무슨 말을 했나요?

B : 아뇨, 하루 종일 침묵하고 있습니다.

She'll want to spill out all the news of Avonlea.

그녀는 에이번리의 모든 소식들을 말하고 싶게 될 거야.

spill out은 문제나 소식, 비밀 등을 '말하다, 털어놓다'란 뜻으로 사용됩니다. 회화에서 간단히 상대방에게 비밀을 "말해!"라고 할 때, 대명사 it을 넣어서 "Spill it out!"(말해!/털어놔!)라고 말하지요. 앞에서 배웠던 표현인 "What's nagging you?"와 함께 써서 뭔가로 근심하고 있는 듯한 친구에게 "What's nagging you? Spill it out."(무슨 일 있어? 털어놔봐.)이라고 말해 볼 수 있겠죠?

MARILLA : **She'll want to spill out all the news of Avonlea.**

그녀는 에이번리의 모든 소식들을 말하고 싶게 될 거야.

Dialogue

A : Could you please tell me more about this organization?

B : No, I'm not going to spill out every single information so don't expect me.

A : 이 조직에 대해서 제게 좀 더 말씀해 주시겠습니까?

B : 아니요. 전 모든 세세한 정보들을 밝히지 않을 겁니다. 그러니 기대하지 마세요.

앤이 추천하는 Pattern English

I advised her to + 동사원형. 난 그녀에게 ~하라고 충고했어.

상대방에게 무엇을 하라는 조언이나 충고를 할 때는 동사 advise를 사용할 수 있습니다. advise는 '충고하다, 조언하다'란 뜻의 동사죠. '동사 + 목적어 + 목적보어'의 5형식 형태로 '목적어에게 목적보어 하라고 충고하다'란 뜻이 되지요. 이때 목적보어에는 to 부정사가 와야 합니다. 주어와 목적어를 달리하여 다양하게 변화를 주어 패턴연습을 해보세요.

ANNE : **I advised her to** be married. 난 그녀에게 결혼하라고 충고했어.

ex

I advised her to start making copies of documents. 난 그녀에게 문서들의 복사본을 만드는 거 시작하라고 충고했어.

I advised her to dine early and take more exercise. 난 그녀에게 식사를 일찍 하고, 운동을 더 하라고 충고했어.

I advised her to keep away from him. 난 그녀에게 그를 멀리하라고 충고했어.

I advised her to take the subway instead. 난 그녀에게 대신에 전철을 타라고 충고했어.

If I were you, I wouldn't + 동사원형. 만약 내가 너라면, 난 ~ 하지 않을 거야.

If I were you는 '만약 내가 너라면'이란 뜻의 가정법 표현입니다. 이 때 be 동사는 과거형이지만, 현재의 반대 상황을 가정하여 말하는 것이며, 주어에 관계없이 be 동사는 were가 되어야 하지요. 현재의 반대 상황을 가정하기에 '만약 내가 너였다면'이 아닌 '만약 내가 너라면'이란 현재시제로 해석됩니다.

HARRIS : **I wouldn't** fret **if I were you**, Rachel. 만약 내가 너라면, 난 호들갑 떨지 않을 거야, 레이첼.

ex

If I were you, I wouldn't be here. 만약 내가 너라면, 난 여기 있지 않을 거야.

If I were you, I wouldn't go in there. 만약 내가 너라면, 난 거기에 들어가지 않을 거야.

If I were you, I wouldn't disturb him. 만약 내가 너라면, 난 그를 방해하지 않을 거야.

If I were you, I wouldn't buy that coat. 만약 내가 너라면, 난 그 코트 사지 않을 거야.

I have so much to + 동사원형. 나 ~할 게 정말 많아요.

해야 할 것이 굉장히 많을 때 '나 ~ 할 게 정말 많아요'란 뜻으로 사용할 수 있는 패턴이 바로 'I have so much to ~'입니다. I have so much는 '나 정말 많아'란 뜻이고, 구체적으로 무엇을 할 것이 많은지는 뒤에 to 부정사를 사용해서 문장을 확장시켜 말해주면 되지요.

ANNE : Oh Rachel, **I have so much to** tell you!
오, 레이첼. 나 네게 말해줄 게 정말 많아.

ex

I have so much to thank them for. 나 그들에게 감사해야 할 게 정말 많아.

I have so much to confess to you. 나 너에게 고백해야 할 게 정말 많아.

I have so much to prepare for our trip. 나 우리 여행을 위해 준비해야할 게 너무 많아.

I have so much to learn from you. 나 너에게서 배워야 할 게 너무 많아.

I've always wanted to + 동사원형. 전 항상 ~하고 싶었어요.

누구에게나 아주 오랜 시간에 걸쳐서 간절히 하길 원하는 것들이 있습니다. 저 같은 경우는 아주 어릴 때부터 지금에 이르기까지 항상 통장에 10억을 갖게 되는 날을 간절히 바라고 있지요. 이와 같이 오랜 시간에 걸쳐 간절히 원하는 것을 말할 때는 'I've always wanted to ~' 패턴을 사용하시면 됩니다. want(원하다) 동사를 계속적 용법의 현재완료형으로 표현하고 '항상'이란 뜻의 always를 붙여서 오랜 시간의 간절함을 말해줄 수 있지요.

MISS BROOKE : **I've always wanted to** travel and see that place.
전 항상 여행을 해서 그 장소를 보고 싶었어요.

ex

I've always wanted to live in Denmark. 전 항상 덴마크에서 살고 싶었어요.

I've always wanted to learn how to scuba dive. 전 항상 스쿠버다이빙 하는 법을 배우고 싶었어요..

I've always wanted to experience a white Christmas. 전 항상 화이트 크리스마스를 경험하고 싶었어요.

I've always wanted to have a million dollars in my bank account.
전 항상 은행계좌에 100만 달러를 갖고 싶었어요.

SCENE 40

Diana's house

다이애나의 집에 간 앤은 그녀의 아기를 보며 너무 행복해 하는데요. 모두 다시 만나니 너무 좋다며 그간 소식을 전해달라는 말에, 미니 메이가 길버트가 죽어간다는 말을 합니다. 앤이 놀라서 무슨 일이냐고 묻자, 다이애나는 그가 병에 걸려 상태가 안 좋다는 이야기를 해주죠. 앤은 자신의 마음도 전하지 못한 채 보내면 어떻게 하냐며 마릴라 앞에서 눈물을 흘립니다.

한편 앤은 드디어 자신의 책이 출판되어 집에서 책을 받게 되는데요. 그 때 마침 길버트네 집에서 일을 하고 있는 사람이 지나가자, 앤은 책을 들고 뛰쳐나가 그에게 책을 길버트에게 전해달라고 부탁하죠. 그가 같이 가서 직접 전해주는 게 어떻겠냐고 하자, 앤은 그를 따라 나섭니다. 그리고 침대에 힘없이 누워있는 그에게 책을 전해주죠.

다행히 얼마 후, 길버트는 병이 나았고, 앤은 그에게 자신의 마음을 고백하며 둘은 결국 함께 하게 됩니다.

Did you know that Gilbert Blythe was dying?

길버트가 죽어가는 거 알고 있었어요?

mp3

ANNE	:	It feels so good to see you dear folk again. I want to hear all the Avonlea news.
MINNIE MAY	:	I've grown a whole inch since you left, Anne. And now that squirt Anthony Pye can't pick on me anymore.
DIANA	:	Can't you think of any more interesting news than that, Minnie May!
MINNIE MAY	:	Did you know that Gilbert Blythe was dying?
DIANA	:	Minnie May, hold your tongue!
ANNE	:	What do you mean, Diana?
DIANA	:	We didn't mean to tell you so suddenly, Anne.

ANNE	:	모두 다시 만나니 너무 좋아요. 에이번리의 모든 소식을 듣고 싶어요.
MINNIE MAY	:	선생님이 떠난 이후로 전 1인치나 더 컸어요. 그리고 이제 앤소니 파이가 절 괴롭히지 않아요.
DIANA	:	미니 메이, 재밌는 소식이 그것밖에 없니!
MINNIE MAY	:	길버트가 죽어가는 거 알고 있어요?
DIANA	:	미니 메이, 말 조심해!
ANNE	:	무슨 말이야, 다이애나?
DIANA	:	이렇게 갑작스럽게 얘기하려고 했던 건 아니야, 앤.

Anne's Essential Expressions

Anthony Pye can't pick on me anymore.

앤소니 파이는 더 이상 날 괴롭히지 못해.

크고 힘센 아이가 작고 약한 아이를 괴롭히는 것을 영어로 pick on(괴롭히다, 못살게 굴다)이라고 합니다. 그리고 이렇게 pick on하는 아이를 bully라고 부르지요. 참고로 bully는 동사로도 쓰여서 '~를 괴롭히다'란 의미가 있으므로 pick on과 bully를 동시에 외워서 기억해 두시면 좋습니다.

MINNIE MAY : I've grown a whole inch since you left.
And now that squirt **Anthony Pye can't pick on me anymore.**
선생님이 떠나고 전 1인치나 컸어요. 그리고 이제 건방진 앤소니 파이는 더 이상 절 괴롭히지 못해요.

Dialogue

A : Why do you always pick on Jimmy?

B : Because I don't like the way he looks.

A : 넌 왜 항상 지미를 괴롭히는 거니?

B : 왜냐면 그 자식 생긴 게 마음에 안 들거든.

How sick is he really? 그는 정말 얼마나 아픈가요?

누군가가 얼마나 아픈지 묻고 싶다면 'How sick is + 사람?'으로 물어보세요. 의문사 How는 뒤에 형용사와 함께 'How + 형용사 + be동사 + 주어?'의 형태로 질문을 만들 수 있으며, 이때 해석은 '주어가 얼마나 ~ 하나(이나)요?'가 되죠. 따라서, "How sick is he?"는 "그가 얼마나 아픈가요?"란 뜻입니다.

ANNE : **How sick is he really?** 그는 정말 얼마나 아픈가요?

Dialogue

A : How sick is my father?

B : It's hard to say. We're running some tests.

A : 저희 아버지가 얼마나 아프신 건가요?

B : 말씀 드리기가 어렵네요. 몇 가지 검사를 하고 있는 중입니다.

The summer's flown by so quickly.

여름이 너무 빨리 지나가 버렸어.

영어에서는 시간이 빨리 가는 것을 두고 '시간이 날아간다'고 표현하지요. 그래서 "세월은 화살처럼 빨리 지나간다."에 해당하는 속담표현이 영어로 "Time flies by."입니다. "The summer's flown by so quickly."는 현재완료의 결과용법을 활용해 나타낸 문장으로 이미 여름이 너무나 빠르게 지나가 버렸기에 현재완료로 has flown by로 나타낸 겁니다.

BROOKE : **The summer's flown by so quickly.**
여름이 너무 빨리 지나가 버렸어.

Dialogue

A : It's fall again. The summer's flown by so quickly

B : Yeah, time really flies like an arrow.

A : 다시 가을이네. 여름이 너무 빨리 지나가 버렸어.

B : 응, 세월이 정말 화살처럼 빨리 지나간다.

I wish I could. 내가 그럴 수 있으면 좋을 텐데.

상대방의 부탁이나 요청을 거절할 때, "내가 그럴 수 있으면 좋을 텐데."라고 아쉬움을 표현할 때 쓸 수 있는 말이 바로 "I wish I could."입니다. 현재 자신이 상대방이 요청한 내용을 따를 수 없는 상황에 대해서 아쉬움을 나타내는 문장이죠. 이 표현은 I wish 가정법에서 나온 것으로 'I wish + 주어 + 과거동사~'는 현재의 실현되지 않는 소망을 나타낼 때 사용할 수 있습니다.

ANNE : **I wish I could.** 내가 그럴 수 있으면 좋을 텐데.

Dialogue

A : Excuse me, but can you speak Chinese by any chance?

B : I wish I could.

A : 실례합니다. 혹시 중국어 하실 수 있으세요?

B : 할 수 있으면 좋겠네요.

· by any chance : 혹시라도

I called it off. 난 그 일을 취소했어.

예정되어 있던 일이나 행사를 부득이하게 취소해야 하는 상황이 있습니다. 이 때 쓸 수 있는 표현이 call off로 '취소하다'란 뜻이 있지요. 예를 들어, 다른 사람에게 "회의를 취소해."라고 말하고 싶다면 "Call off the meeting."이라고 하면 됩니다. call off는 구동사로 취소를 하려는 목적어가 대명사일 경우 call과 off 사이에만 대명사가 위치할 수 있습니다. 그래서 "I called it off."는 "난 그 일을 취소했어."란 뜻입니다.

GILBERT : **I called it off.** 난 그 일을 취소했어.

Dialogue

A : Isn't today your wedding day? What are you doing here?

B : I called it off. I'm not getting married.

A : 오늘이 네 결혼식 날 아니니? 너 여기서 뭐하는 거니?

B : 취소했어. 나 결혼 안 해.

You give yourself far too little credit.

넌 지나치게 스스로를 믿지 못해.

give a person credit는 우리말로 '누구를 신용하다'란 뜻입니다. 명사 credit가 '신용'이란 뜻이 있기 때문이지요. 본 문장에서 give yourself credit는 '너 자신을 신용하다' 즉 '네 자신을 믿다'란 뜻이 되죠. far too little은 '지나칠 정도로 너무 적은'이란 뜻이므로 위 문장은 "넌 지나치게 스스로를 믿지 못해."란 뜻이 되는 거죠.

ANNE : **You give yourself far too little credit.** 넌 지나치게 스스로를 믿지 못해.

Dialogue

A : Do you really think I can pull this off?

B : Of course! You give yourself far too little credit.
You are much stronger than you think.

A : 정말로 제가 이 일을 해낼 수 있을 거라고 생각하세요?

B : 물론이지. 넌 지나치게 스스로를 믿지 못해. 넌 네가 생각하는 것 보다 훨씬 더 강하다고.

· pull off : 성공하다, 해내다

I'm not quite my old self yet. 난 아직은 예전의 내가 아냐.

어떤 일로 인해서 더 이상 자신이 과거의 내가 아닐 때는 "I'm not quite my old self yet."이라고 할 수 있습니다. 여기서 one's old self는 '과거의 나'란 뜻으로, 즉 이 문장은 "난 아직은 예전의 내가 아냐."란 뜻이 됩니다. 만약 "난 예전의 나로 돌아왔어."란 말을 하고 싶다면 '돌아온'이란 뜻을 가진 back을 사용해서 "I'm back to my old self."라고 말하면 됩니다.

GILBERT : **I'm not quite my old self yet.** 난 아직은 예전의 내가 아냐.

Dialogue

A : How are you feeling today, Mr. Jordan?

B : Good. I'm not quite my old self yet, but I'm getting better every day.

A : 오늘 기분이 어떠세요, 조단 씨?

B : 좋습니다. 아직은 예전의 제가 아니지만, 매일 나아지고 있어요.

· get better : 나아지다, 좋아지다

It's a fine piece of work. 그건 훌륭한 작품이야.

책이든 조각이든 건물이든 뭔가 예술적 창작품을 가리켜 a piece of work라고 합니다. 우리말로 '작품'이란 뜻이지요. 앞에 fine / great / good 등의 형용사를 붙여서 '멋진 작품, 훌륭한 작품'이란 뜻을 만들어 내지요. 참고로 a piece of work는 사람에게도 빗대어 사용할 수 있는데요, 뉘앙스에 따라 긍정적인 의미가 될 수도 혹은 '참 대~단 하십니다'란 비꼬는 투의 부정적인 의미가 될 수도 있습니다.

GILBERT : I finally read your book. **It's a find piece of work.**
나 마침내 네 작품을 읽었어. 훌륭한 작품이더구나.

Dialogue

A : I hear you are a connoisseur. What do you think of that painting?

B : It's a fine piece of work.

A : 미술품 감정가시라고 들었습니다. 저 그림에 대해 어떻게 생각하시나요?

B : 훌륭한 작품입니다.

앤이 추천하는 Pattern English

I happen to + 동사원형 내가 마침 ~ 다.

의도하거나 자신의 의지로 인해서 벌어진 상황이 아니라, 우연에 의해서, 마침 혹은 공교롭게도 이러이러 하다란 내용을 말할 때, 사용할 수 있는 패턴이 바로 'I happen to ~'입니다. happen to는 우리말로 '마침[우연히, 공교롭게도] ~다'란 뜻을 가지고 있지요.

ANNE : <u>I happen to</u> know of two eligible young men who've asked about you.
내가 마침 너에 대해서 물어본 두 명의 바람직한 총각들을 알고 있어.

ex

I happen to have extra tickets to the concert. 내가 마침 콘서트 표 여분을 가지고 있어.

I happen to know a few students in that town. 내가 마침 저 마을 학생들을 몇몇 알고 있어.

I happen to be a police captain. 내가 공교롭게도 경감이라네.

I happen to think she's beautiful. 내가 마침 그녀가 아름답다고 생각을 했어.

Care for + 명사? ~할래?

상대방에게 음식, 음료나 혹은 산책과 같은 activity 등을 하자고 권할 때 원어민들이 즐겨 사용하는 패턴 중 하나가 'Care for ~?'입니다. care for는 '~을 바라다, ~을 원하다'란 뜻이다. 원래는 'Would you care for ~?'가 완전한 문장이지만 제목처럼 Would you는 빼고, 간단히 'Care for ~?'라고 물을 수도 있는 거죠.

GILBERT : <u>Care for</u> a stroll down the lane?
길을 따라 산책할래요?

ex

Care for a cup of coffee? 커피 한 잔 드실래요?

Care for a snack? 과자 좀 드실래요?

Care for some cherries? 체리 좀 드실래요?

Care for a dance? 춤추실래요?

It's just that 주어 + 동사 ~. 그냥 ~ 다.

상대방이 언급한 말이 자신이 의도하는 것과 다를 때, '그건 아니고, 그냥 이러이러한 거야'라고 말할 때 쓸 수 있는 패턴이 바로 'It's just that ~'입니다. 예를 들어, 고양이들의 생김새가 싫어서 고양이를 피하는 친구에게 "너 고양이에 물린 적 있어 피하는구나?"라고 물어본다면, 그 친구는 "No, It's just that I don't like their looks."(아니 그냥 난 고양이들의 외모가 싫어.)라고 말할 수 있는 거죠.

BROOKE : **It's just that** I went looking for my ideals outside of myself.
그냥 내가 내 자신 밖에서 나의 이상을 찾았어.

ex

It's just that we have some things in common. 그냥 우린 몇 가지 공통점이 있는 거야.

It's just that I needed to talk to you. 그냥 내가 너와 얘기를 할 필요가 있었어.

It's just that I'm a little bit worried. 그냥 내가 조금 걱정이 돼서요.

It's just that this problem is messing with my head. 그냥 이 문제가 내 머리를 복잡하게 해.

How about I + 동사? 내가 ~하는 게 어떨까?

상대방에게 '~하는 게 어때?'라고 물을 때 쓸 수 있는 질문 패턴 중 하나가 How about + 동사ing?' 입니다. 예를 들어, "영화 보러 가는 게 어때?"는 영어로 "How about going to the movies?"죠. 근데 문법에는 맞지 않지만 회화에서는 'How about I + 동사 ~?' 형태르 질문을 던지기도 합니다. 이때는 나를 중심으로 해서 '내가 ~ 하는 게 어때?'라고 질문을 던지는 게 되죠.

ANNE : **How about I** walk you across the pond?
내가 연못을 가로질러 널 바래다주는 게 어떨까?

ex

How about I call you a cab? 제가 택시 불러드리는 게 어떨까요?

How about I come by Saturday and take a look? 제가 토요일에 들려서 보는 게 어떨까요?

How about I sing you a song? 제가 노래를 불러드리면 어떨까요?

How about I just call you by your first name? 제가 그쪽을 (성이 아닌) 이름으로 부르는 게 어떨까요?

빨강머리 앤 Pop Quiz

영어표현과 어울리는 해석을 찾아보세요.

1. I couldn't help myself.	( )	a. 하고 싶은 대로 해.
2. Good grief!	( )	b. 잘난 척 하지 마세요.
3. You're in luck.	( )	c. 그만 가 봐요.
4. Off you go.	( )	d. 맙소사!
5. Have it your way.	( )	e. 무슨 일 있어?
6. You'll pay for this.	( )	f. 너 운이 좋구나.
7. Served him right.	( )	g. 제발 내 말을 끝까지 들어주세요.
8. Don't flatter yourself.	( )	h. 어디 두고 보자.
9. You have a deal!	( )	i. 걔 꼴좋다.
10. I'm completely worn out.	( )	j. 나도 어쩔 수가 없었어요.
11. There's nothing more to be said.	( )	k. 네 말대로 하자!
12. What's nagging you?	( )	l. 나 완전히 기진맥진해졌어.
13. Please hear me through.	( )	m. 더 이상 나눌 말이 없습니다.

정답 1. ⓙ 2. ⓓ 3. ⓕ 4. ⓒ 5. ⓐ 6. ⓗ 7. ⓘ 8. ⓑ 9. ⓚ 10. ⓛ 11. ⓜ 12. ⓔ 13. ⓖ

앞에서 배운 패턴을 활용하여 다음 영문을 완성해보세요.

1. 난 최고의 연기자가 되기로 마음먹었어. ____________________ become the best actor.

2. 그녀는 유제품을 마셔서는 안 돼요. ______________________ drink dairy products.

3. 전 그게 무서운 영화라는 말을 들었어요. __________________ it's a scary movie.

4. 행복한 얼굴인 척할 필요 없어요. _____________________ put on a happy face.

5. 머지않아 넌 그녀를 다시 보게 될 거야. _____________________ you see her again.

6. 네가 시험에 떨어졌다고 말하게 되어 유감이야. ________________________ you failed the exam.

7. 너 내게 떠나달라고 부탁하는 거야? ________________________ leave?

8. 내가 몇 번이나 네게 말했지? _________________________________ told you?

9. 오해를 일으킨 것에 대해 사과드릴게요. __________________________ the misunderstanding.

10. 만약 내가 너라면, 난 여기 있지 않을 거야. ___________________________ be here.

11. 내가 마침 콘서트 표 여분을 가지고 있어. ______________ have extra tickets to the concert.

12. 커피 한 잔 드실래요? __________________ a cup of coffee?

정답 1. I'm determined to 2. She isn't allowed to 3. I'm told that 4. There's no need to
5. It won't be long before 6. I regret to say 7. You're asking me to 8. How many times have I
9. I apologize for 10. If I were you, I wouldn't
11. I happen to 12. Care for